JACOB GORENDER
Uma vida extraordinária

Diego Monteiro Gutierrez

JACOB GORENDER
Uma vida extraordinária

1ª edição
São Paulo – 2024

Fundação Perseu Abramo
Instituída pelo Diretório Nacional do Partido dos Trabalhadores em maio de 1996.

Presidente: Paulo Okamotto
Vice-presidenta: Vívian Farias
Diretoria: Elen Coutinho, Naiara Raiol, Alberto Cantalice, Artur Henrique, Carlos Henrique Árabe, Jorge Bittar, Valter Pomar, Virgílio Guimarães

Conselho editorial
Albino Rubim, Alice Ruiz, André Singer, Clarisse Paradis, Conceição Evaristo, Dainis Karepovs, Emir Sader, Hamilton Pereira, Laís Abramo, Luiz Dulci, Macaé Evaristo, Marcio Meira, Maria Rita Kehl, Marisa Midori, Rita Sipahi, Silvio Almeida, Tassia Rabelo, Valter Silvério

Coordenador editorial
Rogério Chaves

Assistente editorial
Raquel Costa

Editoração eletrônica
Design – Antonio Kehl

Curadoria de imagens
Fotos do acervo de família, gentilmente selecionadas e cedidas por Ethel Gorender

Capa
Thereza Nardelli

Gutierrez, Diego Monteiro
G674 Jacob Gorender : uma vida extraordinária / Diego Expressão Popular, 2024.

336 p.

ISBN 978-65-5626-093-8 (Fundação Perseu Abramo)
ISBN 978-65-5891-132-6 (Expressão Popular)

1. Gorender, Jacob, 1923-2013 2. Biografia 3. Vida e obra I. Título
---

Fundação Perseu Abramo
Rua Francisco Cruz, 234 – Vila Mariana
04117-091 São Paulo – SP
Fone: (11) 5571 4299
www.fpabramo.org.br

Editora e Livraria Expressão Popular
Endereço: Alameda Nothmann, 806/816
- Salas 06 e 08 - Campos Elíseos
01216-001 São Paulo-SP
www.expressaopopular.com.br
www.facebook.com/ed.expressaopopular

SUMÁRIO

Testemunho – Memória, Política e Afetos – *Helenita M. Sipahi* 9
Introdução 17

PARTE 1 – PRENÚNCIO DE UMA VIDA EXTRAORDINÁRIA
1. A escadaria de Odessa 23
2. Da Rússia czarista a Salvador da Bahia: a saga de um judeu comunista 26
3. O tempo da República do Café 32
4. A infância pobre numa comunidade solidária 36

PARTE 2 – SUPERAÇÃO E COMUNISMO
5. O colégio 43
6. A faculdade de direito e o jornalismo 48
7. O comunismo 55
8. O Partido Comunista Brasileiro e a revista *Seiva* 58
9. Comunismo e stalinismo 64

PARTE 3 – A CORAGEM E A COERÊNCIA
10. O Brasil vai à guerra 73
11. Gorender se alista na FEB 78
12. A preparação e a viagem para a Europa 82
13. Gorender entra na guerra 89
14. Um comunista mais culto e, literalmente, abençoado segue combatendo 94
15. O jornalista combatente conhece Togliatti e a obra de Gramsci 101

PARTE 4 – JORNALISMO, CURSOS E A IMERSÃO NA ILEGALIDADE

16. O jornalismo.. 111
17. A obra de Gramsci chega ao Brasil.. 116
18. A cassação do PCB... 121
19. A influência do stalinismo... 127
20. Apolônio de Carvalho... 130
21. A ascensão no partido... 137
22. Marighella.. 141
23. Os cursos para formação de quadros 146

PARTE 5 – O AMOR NA RÚSSIA E A DIFÍCIL TAREFA DE DISCUTIR A VERDADE

24. Estudar na pátria
dos trabalhadores... 161
25. Idealina vai à URSS.. 167
26. A vida na *datcha*... *172*
27. Stalinismo e desestalinização... 176
28. Uma viagem pela Rússia.. 180
29. A política no Brasil... 184
30. A URSS mostra sua força no Leste Europeu 188

PARTE 6 – A FAMÍLIA, A ASCENSÃO NOS QUADROS DO PARTIDO E A CRISE POLÍTICA

31. A crítica ao stalinismo chega ao PCB.. 199
32. Os "Abridistas", os "fechadistas" e o pântano 205
33. Cinquenta anos em cinco.. 210
34. Revolução em Cuba... 213
35. Jânio Quadros e João Goulart... 217

PARTE 7 – O GOLPE, A CLANDESTINIDADE E O DILEMA DA LUTA ARMADA

36. O golpe militar.. 227
37. O partido tenta reagir.. 233
38. Buscando culpados.. 241
39. Novas estratégias, o Partido Comunista Brasileiro Revolucionário ... 247
40. A repressão organizada... 253
41. O fim do PCBR... 258

PARTE 8 – TORTURA, PRESÍDIO, JULGAMENTO E A SOBREVIVÊNCIA NUMA COMPLICADA LIBERDADE

42. Prisão e tortura.. 265
43. O presídio Tiradentes.. 272
44. Idealina 275

45. Inquérito policial militar 278
46. Mário Alves e Apolônio 282
47. O "aparelhão" 284
48. Os sequestros 290
49. O processo 293
50. O difícil recomeço em liberdade 296
51. A publicação do *O escravismo colonial* 300
52. O trabalho na Editora Abril..305
55. O combate nas trevas 311

PARTE 9 – O FIM DA URSS, A QUIMERA E AS ÚLTIMAS REFLEXÕES
54. Cai o Muro..317
55. *Honoris Causa*..323
56. Idealina, *idishe mame*...325

Referências 337
Sobre o autor 343

TESTEMUNHO – MEMÓRIA, POLÍTICA E AFETOS
Helenita M. Sipahi[1]

Antes de tudo, quero louvar a brilhante iniciativa do autor Diego Gutierrez, parabenizá-lo pelo conteúdo primoroso da pesquisa e agradecê-lo; e também aos companheiros da Fundação Perseu Abramo, por me confiarem o prefácio.

Prefaciar uma obra biográfica de Jacob Gorender é para mim uma tarefa hercúlea, tamanha a importância do biografado! Por isto optei por uma abordagem mais pessoal e afetiva, já que não me sinto capaz de dar conta de todos os "escaninhos" históricos, políticos e culturais que traduzem a vida desse grande homem que conheci. Resolvi fazer do meu jeito...

Eu ainda não tinha 30 anos quando conheci Jacob Gorender numa reunião do recém-criado Partido Comunista Brasileiro Revolucionário (PCBR), uma dissidência do Partido Comunista Brasileiro (PCB), e na qual era apenas uma ouvinte deslumbrada. Fiquei encantada e, pela minha juventude e entusiasmo, procurei naquele personagem o perfil imaginário do ser político que eu já conhecia em teoria e que projetara mentalmente. Mas a minha primeira impressão cognitiva dele – e que guardo carinhosamente na memória até hoje –, foi a de um maestro de orquestra de violinos.

Só depois fui entender que a orquestra que ele trazia dentro de si e tocava com maestria era a visão humanitária e humanista que tinha do mundo, do país e das ações – políticas, econômicas e culturais – que poderiam e deveriam ser realizadas para tentar atingir o ideal de bem-estar social de todos os seus indivíduos, fosse aonde fosse. Este foi o Jacob Gorender que conheci – visionário, revolucionário, incansável em sua busca e sua luta!

Aquela reunião inicial foi um verdadeiro privilégio que poucos como eu tiveram, porque, além do Jacob, estavam presentes dois outros ícones da resistência brasileira contra a ditadura militar-empresarial, entre outras lutas – Mário Alves[2] e o Apolônio de Carvalho[3] – a quem nós, bem mais jovens, que estávamos ali nos iniciando, e por conta do ambiente de acolhimento e da nossa irreverência juvenil, passamos a tratar simplesmente por Mário, Apolônio e "seu" Jacob (para o público externo usávamos seus "nomes de guerra", clandestinos). Os mais jovens da "célula" éramos eu e o Aytan, meu marido; o Sérgio Sister; o Valdizar Pinto do Carmo, recentemente falecido; a Sônia, sua mulher; e o Adilson Citelli. Seguiram-se, a partir daí, inúmeras outras reuniões, leituras e aulas magistrais de política, tática e estratégia para contornar e enfrentar as ações da ditadura que se impunha cada dia mais cruel. Que sufoco!

Ao lado da atividade política, nos conhecíamos e reconhecíamos como integrantes do momento histórico, mas, também, como indivíduos que tinham suas histórias pessoais, famílias e sonhos.

Nesse período de clandestinidade (dos três líderes e não dos mais jovens que tínhamos identidade legal e profissão definida) só conhecemos a família do Mário – a esposa Dilma e a filha Lucinha; "ainda não havia para mim" a Renée do Apolônio e seus filhos, René e Raul –, e muito menos a Idealina, companheira de vida do "seu" Jacob e sua filhinha Ethel – fui conhecê-las depois das nossas prisões no início de 1970 e, os outros, na volta do exílio do Apolônio, com a anistia em 1979. Viramos todos uma grande família! Infelizmente sem o Mário, brutalmente assassinado nos porões do Exército no Rio de Janeiro, no mesmo dia em que fomos presos em São Paulo, 16 de janeiro de 1970, e desde então desaparecido.

O Jacob foi preso em nossa casa depois de nós, chegando para uma reunião previamente agendada – ele levava tão a sério a segurança e a pontualidade que, apesar da chuva torrencial e dos esforços de companheiros que souberam da nossa prisão e tentaram avisá-lo para que não fosse, não foi possível interceptá-lo. Ele chegou na hora marcada e os agentes do Dops, lá de plantão, esperavam que chegasse mais alguém. Após o período no Dops do Fleury, com seus horrores correspondentes, os homens foram transferidos para o presídio Tiradentes e as mulheres liberadas sob regime de condicional (chamava-se *"ménage"*).

Um episódio inusitado, quase folclórico, à época da prisão ocorreu durante o julgamento do processo do PCBR na Auditoria Militar. "Seu" Jacob foi todo paramentado com as medalhas da Força Expedicionária Brasileira (FEB) e os militares que participavam do julgamento, a maioria jovens ou nem tanto, ficaram fascinados com a cena e retiveram-no na sala ao lado, durante uma pausa, para que ele lhes contasse todos os detalhes de sua participação na guerra; ele quase não volta para o julgamento porque os milicos queriam saber de tudo!

Após dois anos, uns antes outros depois, nossa "célula" original estava toda em liberdade e pronta para retomar a vida e continuar a luta. Nesse período de trevas, que ainda continuava, amargamos a perda e o desaparecimento de muitos, mas, ao mesmo tempo, se construiu uma geração de combatentes que não desistiram de lutar – Jacob Gorender foi um deles!

Conhecer a Idealina (sua história e militância ativa estão registradas numa excelente entrevista publicada na revista *Teoria e Debate* de 1993)[4] e a Ethel foi outro presente que a liberdade nos deu. No apartamento deles, na Heitor Penteado, nós e outros ex-PCBR, em alguns almoços domingueiros, bebíamos política, solidariedade e a confiança inabalável no fim da ditadura – continuávamos sendo todos militantes –, nos engajamos em várias frentes, desde a busca pelos desaparecidos, a luta pela Anistia, a criação do Partido dos Trabalhadores (PT), a volta dos exilados etc. Livre do peso da clandestinidade, "seu" Jacob se tornou mais comunicativo e as ideias e propostas de ação fluíam facilmente para as diversas vertentes. Naquelas reuniões ou almoços domingueiros, os nossos filhos, ainda crianças – Guilherme, Fabiano e Isabel –, completavam a "confraria". Temos o maior orgulho de ser os padrinhos do casamento civil do casal histórico Jacob Gorender e Idealina Fernandes em 1975 – o registro está presente na seleção de fotos históricas deste livro.

A música clássica era um dos deleites do Jacob e o Sérgio Sister o levava com frequência a concertos no Teatro Municipal, no centro de São Paulo. Certa vez, chegando em seu apartamento, nos mostrou um aparelho de som que acabara de comprar e o Aytan, só para provocá-lo, falou que ele estava se tornando um pequeno-burguês; ele, modesto como era, passou meia hora justificando que era apenas pela qualidade do som, que lhe permitia ouvir com mais clareza a sinfonia de suas músicas eruditas – assim era "seu" Jacob!

Jacob Gorender, presente!

Por fim, após o episódio do Rio Centro[5] e os assassinatos de Manoel Fiel Filho[6] e Vladimir Herzog[7] no DOI-CODI, a ditadura perdera a sustentação e estavam dadas as condições para a redemocratização do país – e ela veio em 1985!

O que mais conheço da bela história de Jacob Gorender que não esteja presente neste livro de Diego Gutierrez? Amparado numa pesquisa minuciosa e competente, ele nos revela e permite compreender com riqueza de detalhes os caminhos percorridos com altivez e coragem por esse personagem maior do cenário político e intelectual brasileiro. Permito-me apenas o resumo.

Nascido filho mais velho de judeus russos em 1923, a infância pobre em Salvador (BA), a trajetória de estudante e a formação em Direito na Bahia, depois tornou-se jornalista e historiador; sua importante militância desde jovem no Partido Comunista Brasileiro (PCB), chegando a dirigente; a participação nas forças da FEB na Segunda Guerra Mundial; a longa estadia na antiga União Soviética, onde conheceu e se enamorou de Idealina (Idê para nós); a clandestinidade após a cassação do PCB; a dissidência no Partidão e criação do PCBR; seu heroísmo e resistência na prisão em 1970; e, desde então, a vida de coerência pessoal, política e intelectual que manteve até sua morte, em 2013, aos 90 anos. Uma trajetória inigualável!

Dois instantes derradeiros durante sua despedida no Cemitério Judeu foram emblemáticos e inesquecíveis. A cerimônia de corpo presente foi uma das mais comoventes que já assisti, conduzida pelo rabino Alexandre Leoni, seu ex-aluno no curso de Estudos Avançados da USP – ao mesmo tempo que enfatizava a condição dele de judeu ateu, equiparava suas virtudes aos valores humanitários do judaísmo. E no momento do sepultamento, de repente alguém começou a cantar a *Internacional*, sendo acompanhado por todos os presentes, incluindo o rabino, o que se repetiu por dezena de vezes ante a perplexidade dos coveiros que aguardaram respeitosamente o final da homenagem.

As obras mais conhecidas de Jacob Gorender – *O Escravismo Colonial*[8] (1985), *Combate nas Trevas* (1987), *A Burguesia Brasileira* (1990), *A Escravidão Reabilitada* (1990), *Marcino e Liberatore* (1992), *Marxismo sem Utopia* (1999) – além de centenas de artigos, ensaios, conferências, aulas e entrevistas que produziu ao longo da vida, constituem um farol para o campo progressista e uma fonte de conhecimento sobre as atrocidades cometidas pela ditadura militar no Brasil e a evolução geopolítica e social do país desde o período colonial até os dias atuais. Jacob foi um ser político excepcional, um historiador e escritor completo e honesto intelectualmente e, além de tudo, um ser humano da maior dimensão.

Foi um privilégio conhecê-lo e ter convivido com ele grande parte da vida. Continuo ouvindo as cordas dos violinos que ele magistralmente conduzia.

Jacob Gorender, presente!

NOTAS

[1] Formada pela Faculdade de Medicina da Universidade Federal do Ceará, doutorada pela Universidade de São Paulo (USP) e pós-doutorado pela Universidade de Bologna (Itália). Foi assistente e preceptora de Ensino Médico em Gastroenterologia no Hospital do Servidor Público Estadual (Iamspe).

[2] Mário Alves de Souza Vieira (1923-1970), nasceu em Sento Sé (BA), jornalista, fundador e dirigente do Partido Comunista Brasileiro Revolucionário (PCBR). Preso no dia 16 de janeiro de 1970, foi morto um dia depois, aos 46 anos, por agentes do Estado brasileiro. Conforme testemunhas, foi torturado até a morte nas dependências do quartel da polícia do I Exército na rua Barão de Mesquita, no bairro Tijuca, onde foi instalado o DOI-CODI do Rio de Janeiro. Seu corpo nunca foi encontrado. [N.E.]

[3] Apolônio de Carvalho (1912-2005) nasceu em Corumbá (MS), militante e dirigente comunista brasileiro, internacionalista, foi combatente das Brigadas Internacionais, na Guerra Civil Espanhola lutando ali contra o fascismo entre 1937 e 1939. Foi coronel e herói da Resistência Francesa, durante a Segunda Guerra Mundial. Foi um dos fundadores do Partido Comunista Brasileiro Revolucionário (PCBR). Com a redemocratização, foi um dos primeiros a se filiar ao Partido dos Trabalhadores (PT). [N.E.]

[4] A entrevista com Idealina Fernandes Gorender foi publicada na edição 22 (01.set.1993) da Revista Teoria e Debate, realizada por Alipio Freire, Carlos Eduardo Carvalho e Rose Nogueira. Está disponível no link https://teoriaedebate.org.br/1993/09/01/idealina-fernandes-gorender/. [N.E.]

[5] O Atentado do Riocentro foi um ataque terrorista organizado por setores do Exército Brasileiro e da Polícia Militar do Rio de Janeiro na noite de 30 de abril de 1981. Planejavam incriminar grupos que se opunham à ditadura e, assim, fortalecer o aparato de repressão e retardar a abertura política ora em andamento. Previam uma série de explosões no Centro de Convenções do Riocentro, no Rio de Janeiro, quando cerca de 20 mil pessoas participavam de um show de MPB em comemoração do Dia do Trabalhador. Uma das bombas explodiu longe do alvo e outra detonou prematuramente, vitimando dois dos terroristas ainda dentro do veículo, o sargento Guilherme Pereira do Rosário, que morreu instantaneamente, e o capitão Wilson Dias Machado, que ficou gravemente ferido. O episódio e seus desdobramentos marcou a decadência e o esgotamento da ditadura civil-militar. [N.E.]

[6] Manoel Fiel Filho (1927-1976), operário, nasceu em Quebrangulo (AL). No Partido Comunista Brasileiro (PCB) era responsável pela difusão do jornal Voz Operária e pela organização do partido entre os operários das fábricas na Mooca, bairro de São Paulo. Ao meio-dia de 16 de janeiro de 1976, foi levado da fábrica onde trabalhava por homens identificados como funcionários da prefeitura à sede do Destacamento de Operações de Informações – Centro de Operações de Defesa Interna (DOI-CODI do II Exército). No dia 19 de janeiro, o comando do II Exército divulgou nota informando que Manoel fora encontrado morto às 13h do dia 17, enforcado em uma cela com suas próprias meias. As manifestações ocorridas em resposta à morte de Manoel levaram ao afastamento do comandante do II Exército, Ednardo D'Ávila Mello no dia 20 de janeiro, e à demissão do chefe do Centro de Informações do Exército (CIE), Confúcio Danton de Paula Avelino, pelo presidente Ernesto Geisel. Em setembro de 2014, a Comissão Nacional da Verdade (CNV) produziu laudo pericial indireto acerca da morte de Manoel, desconstruindo a falsa versão de autoestrangulamento. Dessa forma, ficou confirmado que Manoel Fiel Filho foi morto nas dependências do DOI-CODI do II Exército/SP e que os órgãos de repressão simularam seu suicídio para acobertar o crime. [N.E.]

[7] Vladimir Herzog (1937-1975), jornalista, professor e cineasta, nasceu na cidade de Osijsk, na Croácia (na época, parte da Iugoslávia), morou na Itália e emigrou para o Brasil com os pais em 1942. Foi criado em São Paulo e naturalizou-se brasileiro. Achou que seu nome de batismo, Vlado, não soava bem no Brasil e decidiu passar a assinar como Vladimir. Em 1975, foi escolhido pelo secretário de Cultura de São Paulo, José Mindlin, para dirigir o jornalismo da TV Cultura. Em 24 de outubro daquele ano foi chamado para prestar esclarecimentos na sede do DOI-Codi sobre suas ligações com o Partido Comunista Brasileiro (PCB). Sofreu torturas e, no dia seguinte, foi morto. A versão oficial da época, apresentada pelos militares, foi a de que teria cometido suicídio por enforcamento com um cinto, e divulgaram a foto trágica que ficou amplamente conhecida. Testemunhos de jornalistas presos no local apontaram que foi assassinado sob tortura. Em 1996, a Comissão Especial dos Desaparecidos Políticos reconheceu oficialmente que ele foi assassinado. O atestado

de óbito, porém, só foi retificado mais de 15 anos depois. O documento foi entregue pelo Estado para a família em março de 2013, no lugar da anotação de que Vladimir morreu devido a uma asfixia mecânica (enforcamento), no documento passou a constar que "a morte decorreu de lesões e maus-tratos sofridos durante o interrogatório em dependência do II Exército – SP (DOI-Codi)". [N.E.]

[8] Relançado pela Fundação Perseu Abramo, em parceria com a Expressão Popular, disponível no link https://fpabramo.org.br/publicacoes/wp-content/uploads/sites/5/2021/11/Escravismo-Colonial-Web.pdf [N.E.]

INTRODUÇÃO

A escritora bielorrussa Svetlana Alexijevich, ganhadora do Nobel, escreve no seu livro *O último homem soviético* a respeito do que vai chamar de *Homus Soviéticus*. A experiência comunista buscou criar um novo homem, melhor e mais evoluído, que superasse os velhos vícios do capitalismo. Essa experiência, que nunca foi de fato muito bem-sucedida, teve um fim abrupto em 1989, com a queda do muro de Berlim. Chegava ao fim a União das Repúblicas Socialistas Soviéticas (URSS) e, com ela, o *Homus Soviéticus*.

A autora não vai narrar histórias heroicas ou grandes feitos, mas em suas páginas desfilam pessoas normais, com suas qualidades e defeitos, habitantes da URSS que acreditavam no regime socialista vigente e procuravam seguir as suas vidas, buscando fazer o melhor para si e para a comunidade. Essas pessoas subitamente se viram sem país em 1989, o mundo mudou muito rápido e elas não conseguiriam acompanhar as transformações, incapazes de compreender o novo regime, presas a regras e ideias que ninguém mais parecia entender e compartilhar. Muitas dessas pessoas tinham uma vida dedicada ao comunismo e permaneceram incapazes de aceitar que todo o esforço tivesse sido em vão.

O que Svetlana deixa de apontar é que o homem soviético vai muito além da velha URSS. Em todo o mundo, milhões de comunistas trabalhavam incansavelmente em nome da revolução, buscando cada um à sua maneira se tornar um novo homem, ou mulher. Há muitas narrativas contando as histórias dos grandes heróis, que lutaram e morreram pelas suas ideias. O esforço revolucionário, porém, ia muito além disso, contando com uma vasta organização, um trabalho de formiguinha menos glamoroso, mas não menos importante. A maior parte dessas pessoas nunca visitou um país comunista, mas todas se tornaram apátridas em 1989. O sonho de uma revolução mundial chegava ao fim, os habitantes da pátria dos trabalhadores gritavam a plenos pulmões que o comunismo era uma farsa e se amontoavam nas lojas para comprar um Big Mac com Coca-Cola. Svetlana se pergunta se o *Homus Soviéticus* não seria uma figura trágica, como tantas outras na literatura russa e, de fato, existe um pouco de tragédia na trajetória de Jacob Gorender.

Gorender faleceu em 11 de junho de 2013, aos 90 anos de idade, passando os seus últimos tempos em um pequeno sobrado no bairro da Pompeia, na cidade de São Paulo. Uma velhice digna e confortável garantida pela aposentadoria do exército e da atividade de jornalista. O que os habitantes do bairro não desconfiavam, ao ver aquela diminuta figura ocupada com os afazeres diários, era a sua história única e as angústias que transbordavam na mente do velhinho. Os 23 anos que separam o fim da URSS de sua morte foram dominados por questões angustiantes: o que fazer com o fim da experiência socialista? Para onde o mundo iria agora que o capitalismo havia vencido? O que fazer da sua própria história? Gorender discutiu essas ideias em diversos livros, mas quase ninguém mais se interessava pelo que os velhos comunistas tinham a dizer e seus livros venderam muito menos do que o autor esperava.

Os últimos anos de Gorender são apenas uma pequena parte deste livro. O foco aqui está na sua trajetória, uma vida extraordinária que tem como fio condutor o esforço revolucionário. O comunismo seria a parte mais importante de sua vida, fonte das suas alegrias e angústias, todos os aspectos da sua vida estariam relacionados de alguma forma ao partido e à militância, uma relação que está presente na sua história muito antes do seu próprio nascimento.

Jacob nasceu em Salvador, em 1923, em uma família de judeus russos. Seu pai, Nathan, já comunista convicto, chegará à cidade baiana fugindo da repressão. Em 1905 estava na cidade de Odessa durante a primeira Revolução Russa, ou a antessala da revolução comunista, como definiu Lenin. Da escadaria da cidade que levava ao mar, viu a entrada no porto do encouraçado Potemkin, cena que seria imortalizada no filme de Sergei Eisenstein. A revolução falharia e a repressão que se seguiu, principalmente contra a comunidade judaica, forçaria Nathan a deixar sua terra. Depois de idas e vindas pelo mundo terminaria no Brasil.

Na Bahia, Gorender cresceu na pobreza, vivendo com os irmãos nos cortiços da capital. A sua inteligência e o apoio da pequena comunidade judaica garantiram, porém, que estudasse em boas escolas e fosse aceito na faculdade de direito. Gorender deixaria a Bahia para participar da luta da Força Expedicionária Brasileira (FEB) na Itália, em 1944, e nunca mais voltaria a morar na cidade. Mas a experiência baiana teria um impacto profundo nas suas ideias, a vida no caldeirão cultural de Salvador oscilando entre a elite tradicional da faculdade de direito, os negros dos cortiços e a pequena comunidade judaica contribuiriam para formar seu espírito inquisitivo, o desejo de aprender e a capacidade de pensar por si mesmo.

De volta ao Brasil se estabeleceria em São Paulo, se tornando militante profissional, posição que ocuparia por 25 anos. A militância então ocuparia praticamente toda a sua existência, no partido travou suas grandes batalhas, teria suas maiores alegrias e dissabores. Nele fez amigos e inimigos e encontrou o amor, se casando com Idealina Fernandez, filha de um dos fundadores do Partido Comunista Brasileiro (PCB), romance iniciado na URSS quando ambos faziam um curso para militantes brasileiros do PCB.

Subiria na hierarquia do partido se tornando um dos principais dirigentes. Durante a ditadura militar e em meio à luta armada romperia com o PCB, fundando o Partido Comunista Revolucionário Brasileiro. A sua militância chegou ao fim de maneira abrupta, em 1970, quando foi preso pelas forças do regime militar. Torturado no Departamento de Ordem Política e Social (DOPS) esteve perto de se tornar mais um dos desaparecidos. Liberado pelo regime, com quase 60 anos e vigiado de perto pelas forças da repressão, se afastaria da militância pela primeira vez.

Teria agora como objetivo de vida entender o que se passara; tentar entender o sentido dos grandes eventos que presenciara, muitas vezes como participante ativo. O resultado dessa busca seria uma produção bibliográfica importante. Cabe destacar o livro *Combate nas trevas – esquerda brasileira: das ilusões perdidas à luta armada*, que é considerado uma das melhores análises sobre a ditadura militar e a luta armada já escrita. Obra que também teve seus críticos, devido principalmente ao capítulo "A violência do oprimido", no qual o autor não se absteve de expor os excessos e atrocidades cometidas pela luta armada.

A busca por compreender a sociedade atual ocuparia os anos finais de Gorender: primeiro a ditadura militar e depois o fim da URSS. No grande balanço realizado, ele não se veria como herói ou vilão, não buscou homenagens nem reparações e, quando foi perguntado, se opôs aos escrachos e ao fim da Lei da Anistia. Sabia que a luta revolucionária trazia riscos e sempre esteve disposto a lidar com as consequências. O que sempre defendeu foi a abertura de todos os arquivos para que tudo pudesse ser passado a limpo.

Assim, o objetivo deste livro não é julgar ou exaltar o esforço revolucionário. Mas contar a história de uma vida extraordinária que esteve, de uma maneira ou de outra, no centro das grandes transformações do século XX. Uma vida movida pelo sonho revolucionário, pela vontade de fazer um mundo melhor para todos.

O sonho de Gorender e de milhões de comunistas chegou ao fim em 1989. Os militantes deixaram apenas suas histórias, que merecem ser contadas, para que o futuro possa refletir sobre o sentido das suas existências.

PARTE 1
PRENÚNCIO DE UMA VIDA EXTRAORDINÁRIA

1. A ESCADARIA DE ODESSA

O enorme encouraçado entrava pela baía em uma tarde quente do final de julho e se deslocava em direção à Odessa. Da escadaria, que com seus 190 degraus ligam o porto à cidade, uma multidão observava atentamente os movimentos do navio. Entre as muitas pessoas, Nathan Gorender, um judeu comunista, na casa dos 30 anos de idade, foca sua atenção na bandeira vermelha que tremula no mastro mais alto, o encouraçado Potemkin havia sido tomado pelos revolucionários. Da cidade, ao longe, se via a fumaça, que junto com os sons de tiros e explosões completavam o quadro: era 1905 e a revolução caminhava a todo o vapor. Lenin definiria os eventos de 1905 como o ensaio geral da Revolução Comunista de 1917. Um movimento de massas, sem lideranças ou objetivos bem definidos, que abalou as bases do império russo.

O outrora poderoso império russo iniciava o novo século fragilizado. A Revolução Industrial e as novas tecnologias que impulsionavam o desenvolvimento das potências rivais também contribuiriam para diminuir a força do que foi, durante muitos séculos, uma das nações mais poderosas do mundo, se estendendo por dois continentes com uma capacidade militar e econômica fenomenal.

O país enfrentava uma série de desafios para entrar completamente no século XX. A herança feudal se provava um legado difícil de ser superado – com as diversas reformas tentadas pelas lideranças imperais contribuindo para desorganizar a vida no campo e gerando a oposição dos camponeses, que viam seu modo de vida milenar sendo desmontado –, sem que nenhuma alternativa viável fosse implantada. A incipiente classe operária urbana, surgida nos pequenos bolsões onde alguma atividade industrial conseguiu ser fomentada, se aproximava cada vez mais das ideias revolucionárias vindas da Europa ocidental e pressionava a administração por melhores condições de vida e trabalho. Com a crise e o enfraquecimento do governo Romanov, as diversas minorias étnicas também viam uma oportunidade de pressionar a administração central, que durante séculos excluiu os diversos grupos que habitavam suas terras, muitas vezes conquistadas através de guerras sangrentas.

Para completar o quadro, o governo se envolveu, a partir de 1904, na Guerra Russo-Japonesa. A expansão do império russo rumo ao oriente, que já ocorria havia séculos, chega ao extremo oriente, e enfrentava agora um novo adversário, o império japonês, cuja recente industrialização demandava cada vez mais matérias-primas, forçando a uma agressiva expansão pela Ásia. O conflito com a Rússia era previsível e, a partir de 1904, os países iniciariam uma batalha sangrenta pelo controle da Coreia e de regiões da Manchúria.

Se o conflito inicialmente encontrou o apoio da opinião pública russa, ele se tornaria rapidamente um dos maiores desastres da administração imperial. A série de derrotas humilhantes nas mãos da armada japonesa comprometeria a imagem russa no exterior, assim como o prestígio do Czar Nicolau II internamente.

A derrota das forças russas seria a primeira de um país europeu contra um não europeu na era moderna. Um duro golpe nas noções de superioridade racial que existiam no período e uma humilhação sem precedentes para o orgulho russo, que via suas forças completamente aniquiladas por uma pequena nação asiática que apenas alguns anos atrás se abrira para o mundo, mostrando o estado lastimável do que havia sido um dos mais poderosos exércitos do mundo.

No início de 1905, as tensões estavam no auge, qualquer fagulha poderia ser o início de uma revolta maior, e ela aconteceu. No dia 22 de janeiro, um domingo, uma manifestação pacífica se dirigia ao Palácio de Inverno para entregar uma petição ao czar pedindo melhores condições de trabalho, o fim da Guerra Russo-Japonesa e o sufrágio universal. A manifestação foi duramente reprimida, com a guarda imperial abrindo fogo contra os manifestantes, matando centenas de pessoas, inclusive mulheres e crianças, no que ficou conhecido como o Domingo Sangrento.

As notícias do massacre correram o império, provocando greves, revoltas e motins militares em diversas cidades e vilas, em um movimento difuso sem lideranças claras ou uma pauta unificada. Com demandas como: mais direitos para minorias étnicas, melhores condições de vida para os trabalhadores urbanos e militares, e o fim da monarquia, entre diversas outras demandas regionais.

A cidade de Odessa, que já havia experimentado greves significativas em 1904, se envolveria na revolução de 1905 com mais greves e conflitos nas ruas, entre os diversos grupos e as forças imperiais. Ao contrário das muitas outras regiões, que também se levantaram no período, Odessa se tornaria famosa principalmente pelos eventos no encouraçado Potemkin. Um dos mais importantes navios militares russos no mar Negro, o Potemkin seria palco de um motim, com os marinheiros tomando o controle do navio depois que rações com carne podre foram servidas, posteriormente atracando na cidade de Odessa. A história seria imortalizada pelo filme de Sergei Eisenstein, o *Encouraçado Potemkin*, considerado uma das obras mais importantes da história do cinema, retratando inclusive em uma das mais icônicas cenas a Escadaria Richelieu, de onde Nathan Gorender admirava o navio, alheio ao fato de estar presente em um dos eventos mais marcantes do século XX.

2. DA RÚSSIA CZARISTA A SALVADOR DA BAHIA: A SAGA DE UM JUDEU COMUNISTA

Nathan Gorender foi um dos muitos súditos do império russo cuja vida foi permanentemente alterada pelos eventos de 1905. Dono de um pequeno negócio de venda de frutas no centro de Odessa, ele era um homem culto, autodidata, com apenas o curso primário completo, que aprendera a escrever sozinho e se tornara um leitor ávido, hábito que o acompanharia até o final de vida.

Na categoria de judeu russo, Nathan estava acostumado, desde cedo, com as injustiças do mundo. A posição dos judeus no império era precária, sendo tratados como cidadãos de segunda classe, forçados a viver em distritos próprios e proibidos de exercer certas profissões. Além de vítimas de um antissemitismo arraigado na Europa Oriental, que muitas vezes descambava para a violência pura e simples, judeus eram mortos, expulsos das suas propriedades e roubados, com a permissão e incentivo, inclusive, das autoridades. Eram os temidos Pogroms.

A vida nesse ambiente despertou em Nathan o ardor revolucionário, sendo um militante ativo desde antes de 1905, inclusive com seu comércio se tornando um ponto de encontro de militantes socialistas. O grande número de pequenos grupos revolucionários e a falta de informações torna impossível precisar exatamente a qual grupo Nathan pertencia, mas o mais provável é que ele fosse membro da União Judaica Trabalhista da Lituânia, Polônia e Rússia (chamada popularmente de Bund) pelo fato de ser o único partido operário judeu, uma das poucas organizações onde o antissemitismo não imperava e cujas posições políticas são muito similares às proferidas por Nathan até o final da sua vida.

O Bund foi a maior organização judaica de esquerda da Rússia, assim como o maior e mais organizado movimento socialista em 1905, com uma atuação nacional e demandas claras. Era uma organização socialista e comprometida com a defesa dos direitos e liberdade para o povo judeu professar sua religião e seu modo de vida. Mesmo assim, e apesar disso, a organização tinha um forte caráter antirreligioso e antissionista, posição que Nathan manteria até a sua morte. O grupo posteriormente perderia influência, sendo suplantado pelo partido Bolchevique na Rússia e, na Polônia, eliminado pelo Holocausto nazista.

Nathan batalharia nas ruas de Odessa pelos direitos dos judeus e dos trabalhadores contra as forças imperiais e os diversos grupos antissemitas que habitavam a cidade. A Revolução de 1905, apesar da importância histórica, não traria mudanças significativas para a organização do império, tendo consequências desastrosas para os judeus de Odessa.

A cidade de Odessa, um porto histórico no Mar Negro contando com uma comunidade multicultural – principalmente de russos, ucranianos, gregos e judeus –, não era estranha aos conflitos étnicos e ao antissemitismo, sendo palco de diversos Pogroms anteriormente. O Pogrom de 1905, ocorrido entre 14 e 17 de outubro, foi o pior deles, matando cerca de 400 judeus e incendiando 1.600 propriedades. A crise econômica que assolava a cidade, já há alguns anos, aliada à posição pró-Japão e contra o Manifesto de Outubro de alguns grupos judeus, contribuíra para a eclosão da violência. Diante dessa nova onda de perseguições, Nathan Gorender, entre outros milhares de judeus, foi forçado a deixar sua casa, seu pequeno comércio e seu país, se dirigindo para a cidade de Buenos Aires.

Sobre o tempo de Nathan em Buenos Aires pouquíssimas informações sobreviveram. Nada se sabe sobre a sua ocupação, onde morou ou que motivos o levaram a escolher a cidade platina. Podemos apenas especular, mas de certa maneira não deve ter sido totalmente diferente da sua vida em Odessa. A capital argentina era uma cidade moderna e majoritariamente europeia, com a sua população sendo formada principalmente por descendentes dos colonizadores espanhóis e imigrantes italianos, além de uma grande colônia judaica que, em 1905, já estava estabelecida na cidade.

O clima ameno, não tão diferente de diversas regiões europeias, aliado à grande colônia judaica, composta em sua maioria por integrantes vindos do Leste europeu, em condições não tão diferentes das de Nathan, não devem ter provocado estranheza ao viajante, que provavelmente viveu no bairro do Once, principal centro judaico de Buenos Aires e onde a maioria dos novos imigrantes veio a se estabelecer. Também não sobreviveram as razões que o levaram a deixar a Argentina, se a falta de oportunidades, o envolvimento em atividades revolucionárias, ou pura e simplesmente o desejo por uma nova aventura. O que se sabe é que, em algum momento de 1910, embarcaria outra vez, dessa vez rumo ao norte em direção à Baía de Todos os Santos e, com suas parcas posses, desembarcaria no porto de Salvador, cidade que seria sua casa até o dia de seu falecimento e o que deve ter sido o maior choque cultural de sua vida.

A situação seria diferente em Salvador, com o calor sufocante da capital baiana, seu sol presente o ano inteiro e o vento quente que sopra do sertão. O encontro único de culturas entre africanos, portugueses e indígenas, o cheiro do dendê que inundava as ruas, as vendedoras ambulantes que vendiam quitutes exóticos, resultados da cultura tropical e dos sabores vindos da África, as rodas de capoeiras, o caótico carnaval de rua e o candomblé. O estilo colonial português das ruas da cidade baixa, lotada de vendedores ambulantes e vadios, os códigos de convivência desconhecidos, deve ter parecido um estranho mundo novo ao viajante recém-chegado.

Nathan, porém, teria um problema a menos para se preocupar, o antissemitismo. Apesar de todas as regiões cristãs terem algum grau de desconfiança com os judeus, nas regiões mais afastadas do Brasil seu número reduzido os tornava praticamente desconhecidos, sendo que os primeiros imigrantes eram referidos mais como russos do que judeus propriamente ditos.

Os centros comerciais mais importantes, São Paulo e Rio de Janeiro, já contavam com uma relevante colônia judaica em 1910, sendo já estabelecida a figura do comerciante judeu. Em Salvador, Nathan foi um desbravador, um dos primeiros judeus do Leste europeu a se estabelecer na cidade, provocando, em seus novos conterrâneos, o mesmo estranhamento que causavam nele. Dados informais, compilados por historiadores, dão conta que em 1914 viviam em Salvador cerca de 20 famílias de origem judaica, sendo que o primeiro dado oficial, presente no censo de 1940, mostrava 956 judeus vivendo em todo o estado da Bahia, a maior parte deles em Salvador.

As informações sobre a primeira década de Nathan Gorender em Salvador são escassas. O mais provável é que tenha exercido a profissão de vendedor a prestação ou prestamista. Os judeus vindos da Europa Oriental tinham poucas oportunidades de empregos nas novas terras. Sem conhecer os costumes e sem contatos relevantes nos negócios ou na política, poucas opções se abriam para os imigrantes, de forma que a maior parte deles se dedicou ao comércio.

No início, e principalmente nas cidades menores, os judeus se dirigiam para os subúrbios, locais geralmente ignorados pelos grandes comerciantes brasileiros, carregando os mais variados produtos nas costas: alimentos, utensílios domésticos, roupas, entre muitos outros, vendendo de casa em casa. O judeu geralmente atuava em um bairro diferente a cada dia, passava vendendo os produtos e coletando o dinheiro que os moradores deviam das compras anteriores, daí o nome de Russo da Prestação ou Judeu da Prestação. Os com mais sorte, ou mais competentes, logo juntavam dinheiro para pagar um carregador ou uma charrete e, com o tempo, se estabeleciam em um comércio próprio, alguns ganhando muito dinheiro.

Enquanto a vida de Nathan seguia seu curso, na cidade de Salvador uma pequena colônia judia começa a se formar. A situação na Europa Oriental continuava a se deteriorar, com a economia em crise, o antissemitismo espalhado e posteriormente a Revolução de 1917, mandando um número cada vez maior de refugiados, muitos deles judeus, para o exílio. A grande maioria acabou se dirigindo para os Estados Unidos, mas grandes colônias também se formaram em outras regiões, principalmente em cidades como São Paulo e Buenos Aires. Apesar disso, a quantidade de pessoas era tão massiva que os judeus acabaram se espalhando por todos os cantos da América, com alguns deles encontrando o caminho até Salvador.

No início de 1920 já havia, em Salvador, uma colônia grande o suficiente para deixar a sua marca na cidade, com a formação da Sociedade Beneficente Israelita da Bahia, em 1923, que almejava a fundação, entre outras atividades, de uma sinagoga e uma escola. Assim, em 1924, foi aberta a Escola Israelita Jacob Dinenzon, proporcionando ensino bilíngue (português e ídiche), composta por uma escola primária e um jardim de infância, um dos primeiros do estado.

A criação da escola se insere em um dos principais elementos da cultura judaica, valorizando a comunidade, a cultura e a educação. Apesar das condições difíceis de vida dos judeus nos mais diversos lugares, não havia judeus analfabetos, com as partes mais ricas da comunidade garantindo que os menos privilegiados tivessem acesso a dois bens culturais fundamentais: o estudo da cultura judaica e a educação formal. O primeiro garantia a sobrevivência dos valores e das tradições semíticas, enquanto o segundo contribuía para o desenvolvimento pessoal e a boa integração com os membros da sociedade mais ampla.

A escola israelita tinha como objetivo principal a preparação para a entrada no ginásio da Bahia, melhor escola secundária do estado e porta de entrada para a Universidade Federal da Bahia, o principal centro formador da elite estadual.

A cidade de Salvador crescia e se modernizava a olhos vistos. Nathan também não era mais jovem e, beirando os 40 anos, acabou por casar-se; mas da sua primeira esposa, com quem não teve filhos, nenhuma informação sobreviveu, apenas que veio a falecer antes de Nathan conhecer a mulher com quem criaria uma família e viveria até o fim de seus dias.

Ana Echerman chegou a Salvador alguns anos depois de Nathan, o ano exato se perdeu. De sua origem também pouco sabemos, apenas que veio da Bessarábia. Uma região remota do império russo, que hoje se divide entre a Romênia e a Moldávia, sendo também afetada pela revolução bolchevique. Ana era uma mulher bem humorada e receptiva, que tinha o hábito de ficar da janela da sua casa observando a movimentação da rua, sempre disposta para uma conversa com quem estivesse de passagem.

Dentro de uma comunidade tão restrita como era a dos judeus em Salvador era natural que ambos se conhecessem, os detalhes desse encontro são desconhecidos. Mas é sabido que se casaram em 1922, uma união que deve ter tido tanto elementos de afeto quanto de comodidade. Na época do casamento Ana já beirava os 30 anos, uma idade avançada para uma mulher solteira na época, o que não a tornava um par muito desejado. Nathan também não devia ocupar um lugar alto na escala social, com quase 50 anos e sem ter conseguido juntar grande fortuna, sentia as dores da velhice e devia procurar uma companheira para estar ao seu lado nos últimos anos de vida.

O casamento, formado em circunstâncias desconhecidas, foi para sempre, com Ana e Nathan vivendo juntos até a morte do marido. A união seria abençoada com cinco filhos, o primeiro deles Jacob Gorender, nascido no dia 20 de janeiro de 1923, a ele se seguiriam Maurício, Simão, José e Marcos.

3. O TEMPO DA REPÚBLICA DO CAFÉ

O mundo em que Jacob Gorender cresceu estava em constante transformação. Os anos loucos viram o surgimento do comunismo instigando movimentos revolucionários por todo globo terrestre. Nos Estados Unidos, o crescimento econômico desenfreado dos anos 1920 daria lugar à maior crise vivida pelo capitalismo em 1929; a cultura também sofreria grandes transformações, com o surgimento do Jazz, a popularização do cinema entre outros.

O Brasil dos anos 1920 seria parte do período conhecido como República do Café, que vigorava no país há mais de vinte anos. Os primeiros anos de vida de república seriam muito atribulados, com revoltas e sangrentas brigas políticas, e a pacificação teria início com a eleição do paulista Prudente de Morais, estando completa com a eleição de Campos Sales em 1898. Além de estabilizar a economia que estava em frangalhos, o novo presidente costurou uma série de alianças que consolidariam o poder das elites regionais, no que ficou conhecido como "política dos governadores", na qual os políticos regionais teriam total controle sobre os seus estados, com pouco ou nenhuma interferência do governo central.

O voto de cabresto, como ficou conhecido o processo eleitoral fraudulento com 'voto aberto' que propiciava manipulações e garantia que os coronéis e as elites regionais sempre vencessem, completava o quadro. A presidência do país ficaria a cargo dos estados mais fortes e com o maior número de eleitores – São Paulo, o produtor de café, e Minas Gerais, o produtor de leite –, que se revezariam indicando o presidente, daí o nome República do Café com Leite.

A paz da Velha República não seria eterna, e no ano em que Jacob nasceu os elementos que iriam precipitar o seu fim estavam em gestação. Apenas um ano antes, dois acontecimentos teriam lugar no Rio de Janeiro, capital federal à época, que marcariam a história futura do Brasil. Na cidade de Niterói, no dia 4 de abril, nove delegados representando 73 militantes espalhados pelo Brasil e seguindo as 21 diretrizes definidas pela III Internacional Comunista fundariam o Partido Comunista – Seção Brasileira da Internacional Comunista, conhecido popularmente como PCB. Os nove delegados eram: Abílio de Nequete, barbeiro de origem libanesa; Astrojildo Pereira, jornalista do Rio de Janeiro; Cristiano Cordeiro, contador do Recife; Hermogênio da Silva Fernandes, eletricista da cidade de Cruzeiro; João da Costa Pimenta, gráfico paulista; Joaquim Barbosa, alfaiate do Rio de Janeiro; José Elias da Silva, sapateiro do Rio de Janeiro; Luís Peres, vassoureiro do Rio de Janeiro; e Manuel Cendón, alfaiate espanhol. Alguns destes nomes depois teriam uma grande importância na vida de Jacob. A fundação do partido logo chamaria a atenção dos governantes, que em junho declaram o PCB ilegal.

O outro acontecimento importante ocorreria alguns meses depois. No dia 2 de julho um grupo de militares de baixa patente organizou uma revolta devido à vitória do candidato governista, Arthur Bernardes, nas eleições presidenciais. A revolta, a princípio planejada para englobar diversos quartéis, ficou restrita a apenas duas localidades – a escola militar e o Forte de Copacabana –, sendo rapidamente reprimida. A revolta terminou com apenas 17 soldados aquartelados no Forte. Os soldados optaram por sair em uma marcha em direção ao Leme para chamar a população. Com a adesão de um único civil, a caminhada não teve sucesso e os revoltosos foram alvejados pelo exército na altura do posto 3 de Copacabana.

Apesar do fracasso, a Revolta dos 18 do Forte marcaria o início do movimento tenentista. Composto principalmente por militares de baixa patente, o movimento seria a primeira grande contestação à República Velha. Os tenentes demandavam o fim do voto de cabresto, eleições livres, o voto secreto e a reforma do ensino público, se opondo ao controle do país pelas oligarquias agrárias, organizando diversas revoltas e protestos durante os últimos anos da República do Café com Leite.

Dentre essas revoltas, uma delas teria um significado futuro importante para a vida de Jacob e para a história do PCB. No dia 5 de julho de 1924, o general Isidoro Dias Lopes e o major Miguel Costa iniciariam um levante militar em São Paulo. A ideia da dupla era marchar em direção ao Rio de Janeiro, arregimentando os quartéis no caminho e, no final, munidos de um grande batalhão, tomar a cidade maravilhosa e depor o presidente Artur Bernardes. O plano não ocorreu como previsto, os outros quartéis não se levantaram contra o governo e a tropa foi forçada a recuar.

Na madrugada do dia 27 para 28 de outubro de 1924, o jovem capitão Luís Carlos Prestes abandona seu posto na cidade de Santo Ângelo no Rio Grande do Sul, onde fora enviado para supervisionar a construção de uma linha férrea, iniciando um levante militar que pretendia tomar a parte Sul do país e ajudar os paulistas. A revolta não se concretiza e poucos quartéis se aliam aos revoltosos, deixando-os à mercê das tropas governamentais, com mais homens e mais bem armada. Prestes, à frente dos 1.500 soldados restantes, inicia sua fuga, que atravessaria mais de 25 mil quilômetros pelo Brasil, terminando em fevereiro de 1927 na fronteira da Bolívia, quando os homens restantes entregaram suas armas, se refugiando no país andino, encerrando a caminhada da Coluna Prestes, como ficou conhecida.

A coluna teria pouco sucesso em alterar a situação política do país ou conscientizar a população. Advindos principalmente da classe média urbana, os comandantes possuíam um entendimento puramente teórico da vida no interior do país. Sem conseguir se conectar com os camponeses e sertanejos, a coluna era vista mais com curiosidade do que com reverência pela população, pouco afetando o pensamento político das regiões onde passaram. Sem um objetivo claro, além da deposição do presidente, ela foi, aos poucos, se desmobilizando.

O grande beneficiado seria Prestes. As inúmeras vitórias militares contra as tropas do governo, o hábito de distribuir remédios para a população, de liberar os presos e queimar os certificados de propriedade dos lugares por onde passavam, o tornaram o cavaleiro da esperança, como ficou conhecido, uma lenda no país e uma figura com grande apelo popular. Na Bolívia, seria recrutado por Astrojildo Pereira para o PCB, sendo que em 1931, depois de uma curta estada em Buenos Aires, é enviado para estudar na URSS.

Salvador, porém, ficou à margem dessas transformações. A cidade mantinha um ar provinciano, com pouca influência política, distante dos grandes centros de poder. Capital de um estado eminentemente agrário e atrasado, a cidade vivia em um ritmo muito similar ao período colonial, controlada pelos coronéis do sertão que gozavam independência da política dos governadores.

4. A INFÂNCIA POBRE NUMA COMUNIDADE SOLIDÁRIA

Jacob foi registrado pelo pai, ao nascer, no distrito da Sé, na região central da cidade. A família não tinha condições para viver nos bairros nobres da cidade, morando em um cortiço nas proximidades da região central. Em torno da área central da cidade, onde estavam a administração estadual e as organizações comerciais, e onde residiam os ricos e poderosos, havia uma série de ruas, becos e vielas degradadas, com antigos casarões coloniais arruinados, transformados em moradias coletivas, principalmente para negros libertos, com cada cômodo virando uma residência familiar. As condições enfrentadas pela família Gorender eram precárias, para dizer o mínimo, vivendo em diversos momentos próximos da miséria absoluta.

Nathan se casou pela segunda vez já em idade avançada, com mais de 50 anos e com a família crescendo, as suas opções diminuíam. Em 1923 não tinha mais condições de seguir com mercadorias nas costas, sob o sol forte da Bahia, para nos subúrbios distantes vender seus produtos, ocupação principal dos imigrantes judeus do período. Com isso, as possibilidades da família diminuíram bastante, e Nathan acabou sobrevivendo graças à boa vontade da colônia, que o ajudou a conseguir o emprego de entregador de pães pela manhã e outros bicos. Apesar disso, a situação da família era complicada e a fome não era um evento raro, sendo que em mais de uma ocasião não havia, na casa dos Gorender, mais do que uma lata de sardinhas para ser dividida entre os sete membros da família.

A privação foi uma das primeiras experiências da vida de Jacob Gorender e uma das mais marcantes, sendo fundamental na sua formação marxista, ajudada também pelas posições progressistas do pai, que contava para as crianças as suas histórias de militante no antigo império russo, inclusive a sua participação nos eventos em Odessa.

A diversidade da capital baiana também contribuiu para sua formação intelectual. As agitadas ruas da cidade velha de Salvador, com os vendedores ambulantes e barracas de comida, a mistura entre a cultura negra, os imigrantes sertanejos e as organizações judaicas mostraram-lhe um mundo onde conviviam os mais variados tipos de pessoas, com suas culturas e valores muitas vezes conflitantes, ajudando a construção da personalidade de Jacob e o seu instinto analítico, que virá a caracterizar sua atuação como pesquisador.

O judaísmo teve uma contribuição breve, mas fundamental, na vida de Jacob. Ao contrário da experiência de Nathan, Jacob cresceria em uma cidade com uma colônia judaica organizada e ativa, sendo parte fundamental da sua formação.

No ano de nascimento de Jacob também seria fundada a Sociedade Beneficente Israelita da Bahia (SBIB), cuja sede no bairro de Nazaré, próximo ao centro antigo de Salvador, teria escola, sinagoga, biblioteca, e espaço para eventos. A pequena comunidade judaica da Bahia cresceria constantemente durante a primeira metade do século XX, o suficiente para fazê-la conhecida e até influente em Salvador. O isolamento da Bahia e o pequeno número de membros, porém lhe dariam contornos diferentes das comunidades nos grandes centros urbanos da América.

O pequeno número de judeus tornaria difícil para a comunidade se isolar, com seus membros vivendo ativamente a sociedade soteropolitana, deixando de lado muitas das tradições mais rígidas da cultura judaica, sendo que alguns até se envolveram com as comunidades umbandistas de Salvador. A comida não seria *kosher* também, a distância e o preço dos transportes tornavam difícil o acesso aos alimentos tradicionais, que seriam consumidos apenas em atividades festivas, com a alimentação dos judeus sendo muito similar à das classes médias de Salvador. No caso de Jacob, a infância em Salvador incutiria o gosto pela pimenta e a farinha, que levaria pelo resto da vida.

O senso de comunidade, que acompanharia a diáspora judaica pelo mundo, seria a peça de salvação na vida dos Gorender. Além de permitir o sustento da família, também garantiria o acesso dos cinco filhos a uma educação de qualidade, que não poderia ter sido atingida de outra maneira.

A Escola Israelita Jacob Dinenzon foi fundada em 1924, como parte da SBIB, e além das matérias tradicionais das escolas brasileiras, ministradas por um professor negro, ela também ministrava aulas de ídiche e cultura judaica. Ela foi uma das primeiras instituições de ensino primário da Bahia permitindo que os filhos da comunidade judaica, independente da condição financeira, tivessem uma educação de qualidade. Muitos anos depois, a solidariedade dos judeus e de suas escolas viria a ser muito importante novamente na vida dos Gorender.

Os cinco filhos de Nathan estudaram na instituição, o que forneceu as bases para que todos conquistassem o diploma de curso superior. Além do ídiche, que Jacob aprendeu a ler, o judaísmo dos primeiros anos foi cristalizado em parte da sua personalidade, e mesmo com todas as suas experiências, não seria completamente extinto, de forma que o interesse foi retomado nos anos finais de sua vida e que culminaram no desejo tardio de ser enterrado em um cemitério judaico.

Assim, Jacob passou os primeiros anos de sua vida entre o povo negro dos cortiços e ruas da Bahia, as cerimônias religiosas e as festas da comunidade judaica da Bahia, tudo permeado pela pobreza e precariedade da vida de sua família e das histórias revolucionárias contadas pelo seu pai, que continuava um leitor ávido, um homem de grande cultura que nunca deixou de se indignar pelas injustiças do mundo, a fome e a miséria que imperavam nas ruas de Salvador, em contraste com a opulência e fartura da vida dos coronéis do interior e da pequena classe média urbana, que começava a surgir na pacata cidade. As injustiças da própria comunidade judaica de Salvador já saltavam aos olhos do infante Jacob Gorender, que notava a separação nas festas tradicionais entre os judeus asquenazes, que vinham da Europa, e os sefaradim, que vinham de países árabes.

A vida na Bahia continuava sem se alterar, e quando Jacob tinha seis anos de idade, enquanto a família lutava para sobreviver, é pouco provável que os acontecimentos que sacudiram o mundo em 1929 tenham provocado alguma mudança prática na vida de Nathan e seus entes queridos. No dia 24 de outubro a bolsa de Nova York fechou em forte baixa, A Quinta-feira Negra, como ficou conhecida, dando início à maior crise econômica vivida pelo capitalismo.

No Brasil, a crise internacional precipitaria o fim da velha ordem. A queda do preço do café no mercado internacional jogaria o país em uma grave crise econômica e enfraqueceria a oligarquia paulista. Desesperados, e contando com o governo para proteger os seus interesses, os paulistas indicaram para sucessor o também paulista Júlio Prestes, quebrando um acordo que vigorava desde 1898. Os mineiros, traídos pelos paulistas e afastados da sucessão se aliaram aos gaúchos e aos paraibanos, além dos remanescentes do movimento tenentista e indicaram o nome de Getúlio Vargas para a presidência, pela Aliança Liberal.

Munidos da máquina pública, os paulistas fariam valer sua vontade vencendo as eleições de 1930 por uma pequena margem. A oposição, porém, não se conformaria com uma derrota nas eleições fraudadas e iniciaria uma revolta contra o governo, que terminaria no dia 3 de novembro quando Getúlio Vargas assumiu a presidência provisória da república, encerrando a República Velha.

PARTE 2
SUPERAÇÃO E COMUNISMO

5. O COLÉGIO

A primeira grande mudança da vida de Jacob Gorender não demoraria a acontecer, viria já em 1933 quando, aos 10 anos, foi aceito na prestigiosa instituição de ensino secundário o Ginásio da Bahia. Fundado em 1837, durante o reinado de Dom Pedro II, a escola estava localizada na Praça Carneiro Ribeiro, no centro de Salvador, sendo considerada a melhor instituição do tipo no estado, com professores diferenciados e uma educação de qualidade, que quase garantia a entrada na Universidade Federal da Bahia. A taxa de admissão simbólica garantia que todos pudessem ser admitidos, os cinco irmãos Gorender estudaram na escola. A triagem era feita por um complexo exame de admissão, com entrevista e provas escritas, que vetava uma parte significativa dos candidatos.

A entrada no ginasial abriria um novo mundo para Jacob, que teria contato com novas ideias e acesso a uma série de relações diferentes. O Ginásio da Bahia era um dos principais colégios da elite baiana, apesar da taxa de inscrição módica era difícil uma criança pobre, sem acesso à educação formal primária, conseguir superar o difícil exame de admissão. Apesar disso, alguns poucos conseguiam. Entre eles, outro nome também se tornaria emblemático no movimento comunista brasileiro, Carlos Marighella, filho de um mecânico com uma imigrante rural, receberia a educação formal no Ginásio da Bahia.

O ambiente que os membros da família Gorender encontrariam no colégio, porém, seria muito diferente do que estavam acostumados. Trata-se agora de uma nova Bahia, branca e tradicional. A maioria dos alunos era formada por filhos da pequena camada média de Salvador, composta por engenheiros, advogados, médicos e servidores públicos, entre os quais se encontravam, também, os herdeiros das grandes propriedades rurais do interior baiano.

O relativo isolamento da capital baiana, e a pequena e quase desconhecida comunidade judaica da cidade, garantiram que o antissemitismo não fosse uma experiência marcante na vida de Jacob Gorender, não tendo servido como barreira para sua assimilação em nenhuma situação da vida em Salvador, sendo mais provável que seus colegas tivessem alguma desconfiança com relação a sua origem humilde mais do que com sua religião.

Mesmo assim, a vida de Jacob no novo colégio seria bastante típica, servindo principalmente para construir um conjunto de relações que, posteriormente, abririam uma série de portas, permitindo, assim como para seus irmãos, a ascensão social e o acesso à camada social média soteropolitana.

A entrada no ensino médio e a posição de filho mais velho fariam com que Jacob, já aos 11 anos, começasse a trabalhar para ajudar a família, realizando pequenos bicos e principalmente dando aulas, provavelmente algum tipo de reforço para os alunos da escola judaica que buscavam entrar no Ginásio da Bahia.

O distanciamento da comunidade judaica, e agora munido de algum dinheiro que sobrava depois de ajudar a família, permitiu um grau maior de liberdade para Jacob, que poderia andar mais pela cidade, explorar sua colorida vida multicultural e visitar os sebos localizados na Praça da Sé, tornando-se um leitor ávido, assim como o pai, uma característica marcante de sua formação, criando também o hábito de fichar e preencher com anotações praticamente tudo o que lia. Esse período também marcaria o seu distanciamento do judaísmo e a conversão ao evolucionismo, que depois tomaria forma definitiva com o marxismo.

A anedota do abandono definitivo da religião era uma das preferidas de Jacob, sendo contada para parentes, amigos e relatada em inúmeras entrevistas durante sua vida. Nela, Jacob, com algo entre 13 e 14 anos, teria contato pela primeira vez com as teorias de Charles Darwin. Ficando profundamente impactado com o conceito da evolução das espécies, a partir desse momento decidiria abandonar o judaísmo, deixando de ir à sinagoga e parando de respeitar os feriados religiosos, adotando uma postura determinista.

A história, por ter sido contada tantas vezes, possui versões diferentes, em algumas delas Jacob teria o contato através de um folheto que caiu em suas mãos por acaso, em outras ele relata ter comprado, em um dos sebos da Praça da Sé, uma obra do naturalista alemão Ernst Haeckel, assim como em outras diz ter tido contato a partir da obra original de Darwin, *A Origem das Espécies*.

A anedota, porém, conta mais sobre como Jacob via a própria infância do que um relato fidedigno do que ocorrera. O judaísmo, apesar de presente, nunca foi um elemento importante na vida da família Gorender, sendo pouco provável que sua negação ao judaísmo tenha algum impacto na vida cotidiana da família. Nathan era, desde a infância, um militante de esquerda e um antissionista convicto, não dando mostras de grande interesse sobre a religião de seus antepassados. De Ana não existem muitas informações, mas também não era particularmente devota, a situação financeira precária da família não permitia, mesmo que quisessem, seguir a complicada dieta *koscher*, sendo que Jacob só provaria a verdadeira comida judaica quando já estava em São Paulo, mantendo gostos culinários semelhantes ao da população baiana em geral.

A participação da família na SBIB, as idas à sinagoga e a observância dos feriados e das tradições religiosas era, provavelmente, muito mais atrelada às necessidades práticas, já que era da boa vontade da comunidade que a família retirava seu sustento e sua educação. Não devia parecer muito interessante, por exemplo, um enfrentamento com a parte sionista da comunidade ou uma discussão sobre outros aspectos da vida judaica.

A vida no Ginásio da Bahia abriria novas portas para Jacob, que teria contato com novas ideias e formas de pensar, além de uma rede completamente nova de relacionamentos, um bem inestimável em uma sociedade pouco institucionalizada. Em um estado controlado pela mesma família desde a colonização, isto diminuiria tanto a sua dependência quanto seu contato com a comunidade judaica.

A vida de Jacob na escola fundamental seria bastante comum, alternando as classes com um emprego ou outro, se relacionando com os amigos, não tendo sofrido grandes abusos tanto pelo fato de ser judeu quanto por ser pobre. Jacob não seria o aluno perfeito, mas teria uma boa presença e notas acima da média, obtendo 7.9 de média no seu último ano como aluno do ginasial.

Depois de cinco anos de fundamental, em 1938, Jacob Gorender teria a opção de escolher entre três cursos complementares, ministrados em dois anos pelo Ginásio da Bahia, que tinham o objetivo de preparar os alunos para a entrada no curso superior. Eram eles: jurídico; de engenharia; e médico, farmacêutico, odontológico; coincidindo com as carreiras mais populares entre a elite da época. A escolha foi bastante fácil para Jacob, que desde a infância mostrava uma clara disposição para as humanidades, sendo na época o direito a escolha mais óbvia para um jovem com esse perfil. Assim, Jacob se formaria no colégio em 1939, preparando-se para prestar o vestibular de Direito na prestigiosa Universidade Federal da Bahia.

O Brasil, durante o tempo que Jacob passou no colégio, mudou muito e, mais uma vez, as transformações começavam a ser sentidas em Salvador. Depois de tomar o poder em 1930, Getúlio Vargas governaria por decretos com a missão de aprovar uma nova constituição, criada em 1934, depois da revolta paulista de 1932. A carta magna abriria caminho para novas eleições, com Getúlio sendo eleito presidente para o seu primeiro mandato.

O fim da República Velha daria esperanças para os grupos mais à esquerda, que defendiam transformações ainda mais profundas para a sociedade brasileira. O PCB, mesmo que na ilegalidade, experimentaria um crescimento exponencial no período, sendo que em 1934 se aliaria com a recém-criada Aliança Nacional Libertadora (ANL) – grupo formado principalmente por intelectuais e militares descontentes com o rumo do governo que se aproximava novamente das oligarquias regionais e muito preocupado com a ascensão do nazifascismo através do movimento Integralista.

Prestes retornaria ao Brasil clandestinamente, também em 1934, agora membro da internacional comunista e da secretaria executiva do partido no Brasil. Vinha com a missão de organizar um levante comunista no país e uma aliança ampla entre os diversos movimentos de esquerda.

Prestes não poderia prever que o levante viria tão rápido. A ANL vinha ganhando muitos seguidores, gerando uma grande indignação em diversos setores da esquerda. No dia 23 de novembro, soldados do 13º batalhão de caçadores de Natal, em uma revolta espontânea, expulsariam seus oficiais superiores tomando a cidade e iniciando a revolução no Brasil. No dia seguinte um quartel de Recife também iria aderir, mas fracassaria em tomar a cidade, ficando claro que a revolução não teria sucesso dessa vez. Prestes foi pego de surpresa pelos acontecimentos no Nordeste, sendo colocado em uma situação complicada, poderia abandonar os revoltosos e ficar taxado como um traidor ou aderir a uma revolução fracassada. Optou pela segunda alternativa. No dia 27, diversos quartéis do Rio de Janeiro também se levantariam contra o governo.

A revolta seria um grande fracasso e a repressão violenta e cruel, o governo rapidamente tomaria o controle dos quartéis e iniciaria a perseguição contra os diversos setores da esquerda, Prestes seria preso em março de 1936, assim como a maior parte dos líderes do PCB, além de intelectuais e militares de oposição. O governo aproveitaria a Intentona Comunista, como ficou conhecida a revolta, para aprovar leis ainda mais repressoras e em 1937, com o pretexto de combater mais um levante comunista, Vargas cancelaria as eleições do ano seguinte e assumiria o país como ditador, iniciando o Estado Novo.

6. A FACULDADE DE DIREITO E O JORNALISMO

Jacob, porém, tinha problemas mais urgentes que a revolução no momento. Em 1939 terminou os dois anos de ensino complementar e iniciou a preparação para o vestibular da faculdade de direito da Universidade Federal da Bahia. O ensino superior era uma das formas mais tradicionais de ascender socialmente, permitindo maiores salários e integrando seus participantes nas classes mais altas. Aos 16 anos já era muito claro para todos que Jacob possuía a vocação para as ciências humanas, sendo então o direito uma escolha óbvia. O caminho, como tudo na vida de Jacob, teria grandes empecilhos.

Mesmo passando na prova com uma nota excepcionalmente alta, até mesmo corrigindo uma das questões com a qual não concordava, já mostrando uma tendência à defesa feroz do seu ponto de vista, que muitos confundiriam com arrogância, Jacob não poderia ingressar na classe de 1940. A razão é que era necessário o pagamento de uma taxa de inscrição, que na época correspondia a 160 mil réis. Como base, em 1940, o salário mínimo era de 240 mil réis. O valor não era particularmente alto, mas estava muito além das posses de uma pobre família imigrante judia, que mal tinha dinheiro para as necessidades básicas. Jacob, durante o tempo de ginasial, teria de colocar papelão na sola dos calçados para tapar os furos que vinham com o tempo e o uso. O sonho então teria de esperar, talvez para sempre, enquanto Jacob buscava um emprego, e tentava juntar a quantia necessária para poder entrar na faculdade de direito.

Entretanto, a solução viria mais rápido do que qualquer um poderia esperar, por meio do amigo de colégio e futuro companheiro de PCB, Ariston Andrade, que na época trabalhava na Infraero em Salvador e conseguiu, por meio dos contatos, um emprego para Jacob como arquivista no jornal *O Imparcial* da Bahia.

O Imparcial funcionou entre 1918 e 1947, sendo um dos mais importantes jornais baianos do período. Criado por Lemos Brito, político e jornalista baiano, que emprestou o nome do *O Imparcial* carioca, o jornal tinha uma orientação conservadora e existia para defender a candidatura de Rui Barbosa para a presidência da república.

Durante suas quase três décadas de existência, *O Imparcial* teve diversos proprietários, cada um dando uma orientação política diferente para o jornal, se envolvendo diretamente na política baiana, sempre do lado dos donos. Quando Jacob Gorender começou a trabalhar no veículo, o dono da vez era o poderoso coronel baiano Franklin Linz Albuquerque e, apesar de continuar a ser um veículo conservador, tinha como objetivo não declarado defender o monopólio do coronel na produção de cera de Ouricuri (extraída de uma palmeira da caatinga com uso semelhante à cera de carnaúba), que na época era utilizada na confecção de discos de vinil. *O Imparcial* tinha uma tiragem diária de 14 mil exemplares em 1941, numa cidade de Salvador que na época possuía algo em torno de 200 mil habitantes.

Na primeira metade do século XX, os jornais possuíam grande prestígio, além de grande influência política, sendo comum que intelectuais e políticos locais exercessem também a função de repórteres ou colunistas. Os jornalistas na época se inseriam entre as classes altas da sociedade soteropolitana. Jacob, porém, sem fortuna pessoal ou amigos influentes começaria de baixo.

Enquanto a política e a sociedade baiana eram discutidas na barulhenta redação, Jacob, na função de arquivista, ficaria restrito aos arquivos, passando seus dias em uma sala escura e apertada com jornais antigos por todos os lados e muita poeira, que contribuía para atacar a rinite que o acompanharia por toda sua vida. O sofrimento valeria a pena e, em pouco tempo, Jacob teria a quantia necessária para ingressar nos quadros da faculdade de direito.

Mais do que o dinheiro da taxa de inscrição, o emprego de arquivista permitiria a Jacob comprar as primeiras calças compridas. Na época, o vestuário dos garotos era restrito a calças curtas, que, de certa maneira, representavam a meninice e a dependência dos pais. O momento que um garoto se tornava um homem era representado pela primeira vez que vestia calças compridas, que Jacob comprou para ir trabalhar. Agora ele não dependeria mais do sacrifício da família ou da boa vontade da comunidade judaica, tendo um emprego fixo, bem-remunerado em uma instituição de prestígio de Salvador, dispondo de um grau de liberdade inédito.

Jacob se dedicaria ao novo emprego com a diligência e a dedicação que marcaram todas as empreitadas de sua vida. Metódico, dono de um raciocínio analítico e uma grande atenção aos detalhes, Jacob logo se tornaria conhecido na empresa, tanto organizando e catalogando o empoeirado arquivo do *O Imparcial* quanto encontrando rapidamente fotos e jornais antigos solicitados pelos repórteres que buscavam informações adicionais para completar as matérias diárias do jornal.

O dia a dia no *O Imparcial* era controlado pelo secretário de redação Edgard Curvelo, figura emblemática do jornalismo baiano. Era o típico chefe de redação, retratado tantas vezes em livros e filmes. Passava seus dias correndo pela caótica redação, sempre estressado devido aos prazos que não seriam cumpridos, gritando com tudo e todos enquanto analisava reportagens e distribuía broncas para os repórteres, que não cumpriam prazos ou produziam um conteúdo malfeito. Esse estilo singular o tornou conhecido pela intelectualidade baiana, sendo imortalizado em dois romances de Jorge Amado: *Bahia de Todos os Santos – Guia das ruas e dos mistérios da cidade de Salvador*, um guia da cidade feito em 1945, no qual aparece como o editor do *O Imparcial* e no icônico romance *Dona Flor e seus dois maridos*, onde figura rapidamente como um dos amigos de farra do protagonista Vadinho.

Atento a tudo que acontecia no seu jornal, o trabalho do jovem arquivista não passaria despercebido para Edgard Curvelo, que logo se daria conta que os talentos do garoto estavam sendo desperdiçados no arquivo. Assim, Jacob Gorender foi promovido à função de repórter. Sua primeira tarefa seria na seção de notícias internacionais onde tinha a função de ouvir o noticiário da *Associated Press*, que vinha via rádio, e anotar as informações que fossem mais relevantes para o leitor do jornal.

A agitada redação do *O Imparcial* seria apenas a primeira na qual Jacob entraria. A profissão de jornalista seria, talvez, a sua grande vocação – atividade que, de uma maneira ou de outra, o acompanharia por todos os momentos de sua vida, ao longo de quase 70 anos de profissão. Gorender escreveria nos mais variados veículos e com as mais diferentes linhas editorias. Ocupou nos conservadores jornais da Bahia dos anos 1940, na imprensa comunista e na moderna Editora Abril, praticamente todas as funções existentes em um grande jornal, de repórter a diretor-geral, de redator a secretário de redação.

O talento de Jacob logo o levaria ao cargo de redator, função semelhante a de editor-assistente, que demandava a leitura e a análise dos textos escritos pelos repórteres, corrigindo eventuais erros e depois enviando o resultado final para o editor, que decidiria se a matéria estava pronta para ser impressa. Depois de algum tempo no *O Imparcial*, Jacob acabaria sendo contratado pela concorrência, se tornando repórter do *Estado da Bahia*, jornal do grupo Diários Associados, maior empresa de mídia da história do Brasil, pertencente ao magnata paulista Assis Chateaubriand.

A passagem para o cargo de repórter seria muito mais que uma mera promoção: em uma época de meios de comunicação precários, os jornais eram uma das únicas fontes de informação dos cidadãos, o que tornava os jornais atores políticos importantes, frequentemente se envolvendo nas disputas pelo poder no país. Os jornais também tinham uma importância social, sendo o meio de divulgação de novas tendências e costumes. Os jornalistas responsáveis por produzir esse conteúdo eram homens de grande prestígio, não era raro que meros repórteres, depois de alguns anos, se tornassem políticos de sucesso. Eles também eram, sem exceções, membros da alta sociedade baiana.

A mudança de classe social de Jacob Gorender estaria então completa; no cargo de repórter ele passaria a andar entre a elite baiana como um de seus membros, participando das festas reservadas apenas aos jovens influentes da sociedade soteropolitana e frequentando os bares caros de Salvador, conquistando em pouco tempo um prestígio e poder que seriam impensáveis apenas alguns anos antes. O dinheiro que vinha com a profissão também serviria para ajudar a sua família, seus irmãos entrariam na universidade com muito menos percalços.

A infância pobre e as posições políticas de seu pai contribuíram para que Jacob Gorender tivesse, desde a primeira infância, uma simpatia com as ideias progressistas. A pobreza e os problemas da vida diária contribuíram para que a discussão sobre os rumos da sociedade ficasse em segundo plano, suplantada pela necessidade de trabalhar e estudar. A posição antinazista também seria adotada desde muito jovem. A ascensão de Hitler na Alemanha foi fonte de grande angústia na comunidade judaica de Salvador, assim como para todos os judeus ao redor do mundo.

Foi apenas na redação do *O Imparcial* que Jacob pode começar de fato a aprofundar suas concepções. Trabalhando em um grande jornal, a própria conversa diária dos colegas o colocaria em contato com uma realidade diferente e com os problemas da sociedade brasileira como um todo. A atividade na seção internacional também contribuiria para aprofundar a sua visão de mundo, de uma maneira que poucas pessoas naquela época tinham acesso.

Jacob adotaria uma conduta abertamente antifascista e anti-integralista (versão brasileira do nazifascismo europeu), mesmo que ainda não abertamente comunista, mas nutrindo uma grande admiração pela União Soviética e pelo sofrimento de seu povo nas mãos dos nazistas. Com a guerra fria ainda distante e na posição de uma nação aliada na luta contra o eixo a admiração pela URSS não era incomum, mesmo entre conservadores, que viam nela um aliado fundamental no momento. Essa simpatia o levaria a reverenciar também a figura do ditador Joseph Stalin, lembrando que na Bahia não havia trotskistas dispostos a denunciar os crimes do líder soviético, o que tornava o respeito e a admiração pelo camarada Stalin uma posição obrigatória entre os progressistas, opinião que mudaria várias vezes durante a vida. Jacob, em seus últimos anos, olharia com vergonha e tristeza o entusiasmo com que tratara o ditador russo.

O ambiente na Bahia era propício para o pensamento político de esquerda. O PCB seria praticamente aniquilado pela repressão em 1935; em abril de 1936, o que havia sobrado da liderança do partido no Rio de Janeiro decidiu transferir o comando para Recife. Na capital pernambucana a situação não seria diferente e em junho a sede se mudaria para Salvador.

Na Bahia, os remanescentes do velho PCB encontrariam uma situação bastante propícia para a militância política. Apesar de se envolver, eventualmente, em agitações que ocorriam em outras partes do país, Salvador não possuía nenhum movimento de massas fortes e não teve grandes agitações na primeira metade do século, a cidade também ficou de fora dos levantes militares de Natal e Recife, não possuindo um aparato de repressão organizado. Para completar o quadro, o interventor estadual na época, o militar Juracy Magalhães, vivia uma luta particular com o movimento integralista, que era bastante forte na Bahia, estando mais preocupado com a ameaça fascista do que a comunista.

Assim, os remanescentes poderiam reorganizar o PCB, que se encontrava sem uma liderança nacional, com as células trabalhando de manteria independente. A declaração do Estado Novo daria fôlego para os comunistas. O crescimento do nazifascismo também ajudaria, com a URSS mudando o foco dos partidos comunistas, na VII Internacional, da revolução imediata para a luta contra a ascensão dos governos fascistas pelo mundo.

Nesse ambiente, não é estranho que fossem baianos muitos dos comunistas que iriam se destacar no futuro. Carlos Marighela, Arruda Câmara, João Falcão, Mario Alves e Armênio Guedes estavam em Salvador neste momento. O êxodo de militantes também serviria para agitar um pouco a pacata vida da cidade, as novas organizações tinham a suas sedes ao redor da Praça da Sé, em antigos casarões abandonados, sendo que as noites eram passadas nos bares em volta da praça, onde confraternizavam-se músicos, jornalistas, escritores e militantes comunistas tornando a vida cultural da cidade muito mais interessante.

Na Universidade Federal da Bahia, Jacob assistiria às aulas, aprenderia os fundamentos do direito como um estudante comum, além de se envolver nas outras atividades que complementavam a vida dos jovens universitários da época, principalmente o movimento estudantil.

O movimento estudantil tem seu início nos anos 1930, com diversas organizações de esquerda e de direita surgindo de maneira independente, como a Juventude Comunista, a Juventude Integralista, a União Democrática Estudantil, a Federação Vermelha dos Estudantes e a Frente Democrática da Mocidade. Em 1937, no 1º Congresso Nacional dos Estudantes é criada a União Nacional dos Estudantes (UNE). A UNE se posicionaria contra o Estado Novo e a ditadura varguista. Com o avanço da guerra na Europa, ela adotaria uma forte postura antifascista, defendendo a ruptura com as forças do eixo e a entrada do Brasil na guerra ao lado dos aliados, organizando protestos e campanhas de conscientização, tendo como ação mais famosa a invasão da sede Clube Germânia, na cidade do Rio de Janeiro, que passou a funcionar como sede da UNE.

Na Bahia, o movimento estudantil era organizado pela União dos Estudantes da Bahia, que também realizava atividades antifascistas. A UEB chamaria atenção de Jacob Gorender, que se envolveria ativamente nas atividades da entidade, sendo eleito, já no final do primeiro ano um dos diretores.

Jacob entraria na universidade em uma situação muito diferente daquela que saiu do colégio, não era mais um garoto pobre que dependia da boa vontade da comunidade judaica. Era, na visão de seus companheiros de curso, um homem independente, jornalista em um grande diário da Bahia, influente e com acesso a informações privilegiadas sobre o Brasil e o mundo. Na época, era comum os estudantes trabalharem também como jornalistas, sendo uma forma de complementar a renda e garantir alguma independência dos pais. Se tornar jornalista antes de estudante universitário era uma situação rara, que certamente contribuiu para a admiração dos seus companheiros, que também o viam como um bom contato para uma possível entrada no mundo jornalístico.

7. O COMUNISMO

A atuação no movimento estudantil logo começaria a chamar a atenção além dos muros da universidade e, no começo de 1942, quando iniciava o segundo ano, Jacob seria recrutado pelo Partido Comunista. Mesmo que em Salvador não houvesse uma forte repressão e convivendo novamente com a benevolência do governo, o PCB continuava ilegal e não podia divulgar suas ideias e atrair novos membros através dos canais tradicionais, eventos, jornais, programas de rádios entre outros. A tarefa de recrutar novos militantes era feita de maneira discreta.

A delicada tarefa ficou a cargo de outro jovem militante: Mário Alves. Quando os dois se encontraram nos corredores da faculdade de direito pela primeira vez não sabiam que ali se iniciava uma grande amizade, e que estariam sempre próximos, na Bahia, na militância pelo PCB, na URSS, no Rio de Janeiro e na luta contra a ditadura, até a trágica morte de Mário nas mãos do Dops. Seu corpo nunca foi achado. Jacob dedicou o livro *Combate nas Trevas* à sua memória.

A afinidade política se encarregaria de juntar duas pessoas de história e personalidades muito diferentes: Jacob, com seu jeito metódico, tenso e pragmático, contrastaria com a figura carismática e jovial de Mário Alves, dono de um raciocínio rápido que permitia convencer com facilidade seus interlocutores, além de um ar irônico e um caráter insubmisso, disposto a ofender e destruir todas as instituições da família tradicional burguesa, o que contrastava com a atuação revolucionária mais pragmática de Jacob Gorender.

Apesar de terem praticamente a mesma idade, a história de vida de cada um, até aquele momento, era muito diferente. Mário Alves de Souza Vieira nasceu no dia 14 de junho de 1923, na casa grande da fazenda da família na cidade de Sento-Sé, descendente de dois dos mais importantes clãs do sertão baiano, os Sento-Sé e os Alves, um dos herdeiros de uma vasta fortuna, incluindo fazendas e propriedades espalhadas pelo Brasil.

Nascida em 1854, Amélia Clara de Sento-Sé se casou com Juvêncio Alves de Souza, médico, veterano da Guerra do Paraguai e seu primo, além de herdeiro do clã Alves, selando a união entre duas das famílias mais importantes da região. Juvêncio teria tino para a política, se tornaria senador em 1901, e para os negócios do seu sogro, expandindo ainda mais a fortuna da família, que consistia de quatro grandes fazendas no sertão da Bahia e diversas outras pequenas propriedades.

O casamento seria consagrado com nove filhos – Américo, Julieta (que morreu ainda criança), Raul, Maria, Mário, Estela, Carolina, Amélia Clara e Julieta, a mãe de Mário Alves. Em uma época conservadora e numa região tradicionalista, o controle da família seria repassado para os filhos homens. Américo se formaria em engenharia, sendo também eleito deputado estadual, mas se dedicaria principalmente a administrar as fazendas da família, Raul se formaria em direito e assumiria o legado político da família, se envolvendo ativamente nas disputas políticas do país e conquistando variados cargos, de acordo com o lado que estava no poder. Mário, de quem ironicamente Mário Alves herdou o nome, seguiria carreira na marinha. Teve uma morte prematura quando, em 1910, foi um dos oficiais assassinados pelos marinheiros amotinados no movimento que ficou conhecido como Revolta da Chibata.

As irmãs ficariam à margem de todas essas transformações, vivendo a confortável vida de damas da alta sociedade baiana à espera de um marido. A única a casar foi Julieta que em seu primeiro casamento teria três filhos, Ondina, Lícia e Augusto. Mário Alves foi o primogênito do seu segundo casamento, com Romualdo Leal Vieira, profissional liberal urbano, com quem teria mais dois filhos, Juvêncio e Américo.

Mário Alves viveria os primeiros anos de sua infância na casa grande da família. Em 1927 a família muda-se para o Rio de Janeiro, retornando a Salvador em 1932.

O patriarca Raul Alves se estabelece em Salvador no cargo de procurador regional da República, que ganhou devido ao seu apoio a Getúlio Vargas na revolução de 1930. Compraria uma grande mansão, que chamou de Cabral 17, onde todos os membros da família poderiam morar, mesmo que Romualdo e a família se mudassem depois para uma casa própria.

Na capital baiana, Raul Alves começaria a prestar atenção no jovem sobrinho, inteligente e curioso que se aproveitava da vasta biblioteca do tio e, desde muito cedo, mostrava disposição para as ciências humanas. Isto serviu para cativar o patriarca da família que, sem filhos, via no jovem Mário o futuro do clã, uma carreira no direito e o envolvimento na política, se tornando deputado ou senador como os tios e avós, ou até mesmo algo maior.

Em 1934 prestaria o exame de admissão para o Ginásio da Bahia, iniciando seus estudos em 1935. A vivência de Mário Alves no colégio deve ter sido muito diferente daquela experimentada por Gorender. Em uma época onde as viagens eram caras e complicadas, Mário Alves iniciava seus estudos conhecendo boa parte do Brasil e tendo vivido nos mais variados lugares. Além do apoio de uma família poderosa, como prêmio pela admissão, ganhou as primeiras calças compridas de presente da família, as mesmas que Gorender conquistaria a duras penas em 1941 trabalhando no empoeirado arquivo do O Imparcial.

Enquanto Jacob estava ocupado com os pequenos problemas de sua precária existência, Mário Alves tinha tempo para buscar suas aspirações, mostrado um grande tino para a política, corroborando as esperanças do velho Raul, mas não da maneira que todos esperavam. Em 1939, aos 16 anos, se tornaria membro do PCB, e um dos principais representantes do partido no colégio. A decisão de se tornar comunista não era exclusiva de Mário, o movimento era bastante popular no ginásio. Os rapazes da época se mostravam irrequietos e ansiosos por modificar o mundo à sua volta, em uma revolta juvenil contra as estruturas criadas por seus pais e avós.

8. O PARTIDO COMUNISTA BRASILEIRO E A REVISTA *SEIVA*

Quando Mário e Jacob se encontraram pela primeira vez, o primeiro era um personagem político em ascensão, sendo o principal organizador de um grande comício que, no dia 9 de maio de 1942, tomou as ruas do centro de Salvador para expulsar o professor integralista Herbert Parente Fortes do Ginásio da Bahia. Mário também trabalhava no jornal o *Estado da Bahia*, em que seu pai era secretário de redação.

O momento era propício para grandes manifestações. Em janeiro de 1942, o Brasil, depois de muito negociar com os americanos, romperia relações diplomáticas com as forças do eixo, permitindo que a marinha americana usasse a costa brasileira como base para operações e reabastecimento das forças do atlântico. Como retaliação, em fevereiro, a Alemanha autorizaria seus submarinos a afundar os navios mercantes brasileiros que ousassem romper o bloqueio feito à Europa. Por consequência, em agosto uma série de cargueiros seriam de fato afundados, com alguns corpos sendo jogados pela maré nas praias de Salvador, assim como outras cidades do Nordeste, o que gerou uma indignação especial na capital baiana.

O convite para ingressar no partido seria prontamente aceito e Mário Alves, Jacob Gorender e Ariston de Andrade formariam a célula comunista da universidade, mesmo que Mário ainda não fosse um estudante universitário, só vindo a ingressar, em 1943, no recém-criado curso de ciência social. Uma grande decepção para a família, principalmente para o patriarca Raul que sonhava com o sobrinho caminhando em seus passos no direito.

Oficialmente aceito no partido e parte de uma célula bem organizada, Gorender daria o próximo passo na vida de militante, abandonando a redação do *Estado da Bahia* e passando para a revista *Seiva*, ocupando a posição de redator, posteriormente de diretor e secretário de redação. Localizada na Rua Chile, uma das mais chiques de Salvador, a *Seiva* era uma das poucas publicações abertamente democratas e antifascistas do Estado Novo. Com uma tiragem de 1.500 exemplares, em 1942 era considerada uma publicação importante, lida em todo o Brasil e enviando exemplares para a Argentina e Uruguai. Era, secretamente, controlada pelo PCB.

A história da Revista *Seiva* começa em 1938, com o militante João Falcão. Filho de um usineiro de Feira de Santana, era estudante do primeiro ano na faculdade de direito, a mesma que Gorender entraria em 1941. Indignado pelo golpe que proclamou o Estado Novo, entraria para o PCB convidado por Diógenes Arruda Câmara, que na época trabalhava no Ministério do Trabalho e era estudante de agronomia em Salvador. Ele se tornaria, posteriormente, um dos secretários do PCB.

Inspirado pelas leituras de Lenin e Stalin, que defendiam a criação de revistas e jornais comunistas como ferramenta de difusão da revolução, resolveu fundar uma revista comunista em Salvador. Em companhia de Arruda Câmara e Armênio Guedes, que também se tornaria um dos dirigentes do PCB e na época estava terminando o curso de Direito, apresentaram o projeto para a liderança do PCB em Salvador, que se entusiasmou com a ideia.

Dada a intensa repressão que vigorava na época, a revista não poderia estar afiliada ao PCB e nem contar com o nome de nenhum dos subversivos. Por isso, toda a sua construção ficou a cargo do então desconhecido João Falcão. A viabilização da revista, na prática, era bastante simples: Falcão utilizou seus contatos no comércio e nas classes abastadas de Salvador para conquistar patrocinadores, e alugou a gráfica que tinha capacidade para produzir 1.500 exemplares por edição. A parte mais complicada era conseguir a aprovação do Departamento de Imprensa e Propaganda (DIP), órgão encarregado pelo governo varguista da censura dos meios de comunicação e que tinha o poder de vetar toda e qualquer iniciativa que lhe parecesse suspeita. Na Bahia era representado pelo dr. Enéas Torreão Costa, que exercia o papel de censor.

O destino ajudou os jovens comunistas. Médico pediatra, o dr. Enéas era considerado, em Salvador, uma pessoa correta e de boa índole, não possuindo as qualidades repressoras necessárias para o trabalho de censor, posição que ocupava devido à forte amizade com Filinto Muller, temido chefe da polícia política varguista, padrinho do seu filho. Falcão apresentou a revista como uma publicação voltada para a cultura e a literatura. Conseguiu não só a aprovação como também a admiração do doutor, que se entusiasmou ao ver os jovens baianos interessados na alta cultura.

A primeira edição seria um grande sucesso e surpreenderia o doutor que logo se deu conta que as reportagens, entre a banca e as ruas, assumiam um tom mais subversivo do que ele imaginou ao lê-las pela primeira vez em sua sala. O resultado disso foi a convocação de Falcão novamente para o DIP, onde, em uma conversa franca, ficou acordado que, para evitar problemas para ambos, a revista diminuiria o tom nas próximas edições.

A *Seiva* sobreviveria por 18 edições, tendo sua circulação encerrada pelo governo em 1943. A revista assumiria uma postura claramente democrática e antifascista, alternando entre a literatura e a política, dependendo da boa vontade dos censores da época, mas sempre fiel aos seus valores originais, expostos no editorial "Mensagem aos intelectuais da América".

> Quando do outro lado do Atlântico o ódio e a discórdia cavam barreiras profundas entre os povos, *Seiva* surge com o propósito de unir a inteligência de toda a América em um largo abraço de amizade e compreensão. A mesma disposição de defender a dignidade do pensamento e a civilização contra a onda avassaladora do barbarismo solidariza todos os intelectuais honestos do universo, especialmente os da América, reduto invencível da paz, mas que se levantará como um só homem contra o que ouse desrespeitar o solo de qualquer das suas livres nações. Para essa tarefa de tornar cada vez mais real a cordialidade entre os povos e resguardar o pensamento humano que contra eles se vão preparando, numa

> proporção assustadora, urge a união de todos os homens da América, para onde se volve a cobiça dos imperialistas expansionistas, união que deve ser começada pelos seus intelectuais, defensores natos da cultura e do progresso da humanidade. SEIVA tem, portanto, as suas colunas abertas a todos os escritores da América que simpatizem com essa orientação e queiram contribuir com a sua inteligência e a sua boa vontade para a aproximação de todas as nações americanas, pelo trabalho sincero e desinteressado de seus homens de pensamento. É animada desse espírito que SEIVA dirige sua mensagem de simpatia, de admiração e de fraternidade a todos os escritores da América, até onde possa chegar, mensagem que é um reflexo de simpatia, da admiração e da fraternidade com que olha e deseja sempre olhar os povos a que eles pertencem.

A revista, na sua curta existência, teria a contribuição de nomes importantes da intelectualidade contra o Estado Novo e que se destacariam nos anos seguintes, como Luís Viana Filho, Aliomar Baleeiro, Nestor Duarte e Orlando Gomes. Assim como nomes da literatura universal: Michael Golde, Upton Sinclair e Máximo Gorki, reproduziram textos de autores consagrados como Victor Hugo, Castro Alves, Lima Barreto e Euclides da Cunha. A revista usaria a literatura para discutir os temas mais importantes da sociedade brasileira da época, a democracia, a luta contra o imperialismo e a posse da terra, sempre se equilibrando entre a defesa dos seus valores e os olhos da censura.

Esse frágil equilíbrio seria quebrado em junho de 1943, quando a revista publicaria sua última edição, no que seria também a primeira experiência de Jacob Gorender com a repressão. Nesse mês, chegou à Bahia o general Manuel Rabelo, principal representante da antifascismo dentro exército. O general chegava a Salvador para organizar mais uma sede da Sociedade Amigos da América, entidade que pretendia aglutinar a luta antifascista no Brasil e pressionar o governo a se envolver na guerra contra a Alemanha.

Gorender chegaria ao general através do jornal *Estado da Bahia*, no qual ainda atuava como repórter, e depois da entrevista protocolar para o grande jornal pediu uma mais aprofundada para a *Seiva*, onde, na época, ocupava as posições de repórter e secretário de redação. O general não se faria de tímido e brindaria a revista com declarações como "Nada foi feito.

Precisamos estar na frente de guerra, é o nosso dever. Precisamos preparar nossos soldados para combater na Europa contra o nazismo, inimigo da humanidade." E mais: "Tem-se feito o possível para sabotar a nossa participação. Soldados são convocados e submetidos à humilhação de limpar latrinas e estrebarias nos quartéis, sem receber treinamento militar. Urge reverter essa política, desmistificar o anticomunismo e realmente cumprir o nosso dever de participar da abertura da segunda frente."

A entrevista bombástica dificilmente seria publicada em outros estados, mas os organizadores da revista *Seiva* se aproveitaram da ingenuidade do dr. Enéas, conseguiram a aprovação do DIP e colocaram a revista nas bancas. Como era de se esperar, a edição foi um enorme sucesso, sendo inclusive replicada por grandes veículos do Rio de Janeiro e São Paulo e, consequentemente, chegando aos olhos das autoridades máximas do governo, que ficaram enfurecidas.

A entrevista de Rabelo seria um dos primeiros desafios públicos às políticas do Estado Novo. O governo ainda contava na época com diversos simpatizantes das forças do eixo que faziam pressão contra o envolvimento do país com as forças Aliadas, e que se indignaram com a entrevista, cobrando do governo uma reposta enérgica. Isso colocou o DIP em uma situação complicada, não podia prender ou punir Rabelo – um militar de alta patente e muito popular entre as tropas – e não podia fazer vista grossa para uma crítica tão aguda às políticas governamentais. A saída encontrada foi matar o mensageiro, a revista *Seiva* foi fechada e, no dia 15 de julho, Gorender foi preso, juntamente com João e Wilson Falcão. Acusados de deturparem as palavras do general, foram levados à Guarda Civil e julgados subversivos pelo Tribunal Superior.

Enquanto a polícia invadia a pequena redação da Revista *Seiva*, Mário Alves estava no Rio de Janeiro, para o VI congresso da UNE. Ao saber da notícia, logo iniciou a mobilização dos estudantes em prol dos novos presos políticos do regime. A prisão de Gorender e dos Falcão causou comoção entre os setores anti-Estado Novo e antifascista, gerando manifestações em Salvador, assim como nas grandes cidades do Sudeste.

A UNE não era uma organização comunista nem o partido possuía grande influência nos seus rumos, mas entre os seus líderes havia alguns simpatizantes, além de Mário Alves, que faziam tudo que podiam para influenciar os rumos da organização. A possibilidade de interceder a favor da *Seiva* surgiu na audiência com Getúlio Vargas. O ditador, como já havia feito nos anos anteriores, concedeu aos estudantes uma audiência e Mário Alves conseguiu que uma das pautas fosse um pedido de libertação dos jornalistas presos, Getúlio ouviu a reivindicação e se comprometeu a acatar a demanda dos estudantes. A favor de Gorender também pesava o fato do general Rabelo, que havia lido a entrevista antes de ser publicada, ter confirmado cada palavra dada a Gorender. Assim, no dia 25 de julho, dez dias depois de terem sido encarcerados, os jovens foram libertados. A grande vítima foi a revista *Seiva*, que teve sua circulação proibida.

9. COMUNISMO E STALINISMO

No Rio de Janeiro, Mário Alves recebeu uma mensagem secreta do companheiro de militância da Bahia, Arruda Câmara, pedindo para ficar atento e, quando o tempo fosse propício, se dirigir a uma localização secreta a ser revelada na Serra da Mantiqueira, na fronteira entre Rio de Janeiro, Minas Gerais e São Paulo. Pedido que Mário Alves acatou sem hesitar.

Diógenes Arruda Câmara na época tinha apenas 28 anos, mas já era um militante veterano, com quase dez anos de atuação, militando desde 1934, quando ainda era estudante de engenharia em Recife. Mudou-se para Salvador em 1936, onde passou a cursar agronomia, tornando-se um dos principais nomes do movimento estudantil da cidade. Foi preso duas vezes, em 1937 e 1940 e se mudou para São Paulo logo em seguida. A sua atuação o tornaria uma figura lendária do comunismo baiano e muito influente entre os jovens militantes. Nascido em Pernambuco, na pequena cidade de Afogados da Ingazeira, filho de um coronel local, Arruda cresceu entre cangaceiros e jagunços aprendendo desde cedo a não fugir da luta, o que se traduziu no seu voluntarismo e disposição para o enfrentamento, e talvez na sua ideologia. Stalinista convicto, levava no rosto um grande bigode que copiava o líder supremo soviético. Seria um dos grandes responsáveis pelo dogmatismo que imperou no PCB até os anos 1970. Seu stalinismo seria responsável também pelas maiores críticas à sua atuação no partido. Considerado autoritário e violento por muitos, a sua excelente relação com o PCUS lhe renderia uma aura de pequeno Stalin brasileiro, que ele não se importava em incentivar emulando até mesmo os trejeitos do ditador.

Apesar dos defeitos, Arruda tinha um carisma quase irresistível e um grande senso de oportunidade que o tornava um recrutador eficaz e um excelente político. Caso tivesse optado por entrar na democracia burguesa, poderia ter assumido, provavelmente, o cargo eletivo que quisesse.

Em São Paulo, Arruda se dedicaria à reorganização do partido comunista, que se encontrava em frangalhos, desde o fracasso da Intentona Comunista em 1935, sem uma liderança nacional e apenas com comitês regionais, que funcionavam de maneira independente. O primeiro passo seria dado no início de 1942 quando, em companhia de João Falcão, viajaria para Buenos Aires, onde retomariam o contato, perdido desde 1935, com o Secretariado Sul-americano da Internacional Comunista (SSIC), na época controlado pelos comunistas argentinos Rodolfo Ghioldi e Victório Codovilla. Na capital argentina a dupla tomou conhecimento do acordo do Brasil com os Estados Unidos, que o colocou o país na guerra, ao lado das forças aliadas.

A dupla retornaria logo depois ao Brasil com novas instruções, vindas diretamente do comitê central e que iriam direcionar as ações do PCB nos próximos anos. A luta contra o Estado Novo seria colocada em compasso de espera, a derrota do nazifascismo europeu assumia precedência sobre qualquer outra demanda, sendo que os comunistas brasileiros deveriam apoiar o governo Vargas em qualquer ação que envolvesse a participação do Brasil na guerra.

Em São Paulo, Arruda também se dedicaria a reorganizar o PCB, entrando em contato com as lideranças regionais, que se encontravam isoladas, começando pelo Rio de Janeiro, com Maurício Grabois e Amarilio Vasconcelos, além de João Amazonas e Pedro Pomar, fugitivos do Pará, e daí para o resto do Brasil. Os esforços de Arruda e outros militantes renderiam frutos com a organização, em agosto de 1943, da 2º

Conferência Nacional do PCB, que ficaria conhecida como Conferência da Mantiqueira.

Entre os dias 27 e 30 de agosto, cerca de 46 dirigentes e militantes comunistas, representando quase todos os estados e mais de 1.000 membros do partido em atividade, se reunirão, no mais completo sigilo, em um casebre na serra da Mantiqueira, no sítio de um dos membros do partido. As condições eram precárias, os militantes se amontoavam no pequeno barraco, que não comportava todos os novos moradores. Dormiam no chão de terra, se cobrindo com sacos de café e jornais velhos, buscando se refugiar do frio que se abatia sobre essa região de serra.

O resultado da conferência seria a criação da Comissão Nacional de Organização Provisória (CNOP), responsável pela reorganização do partido. A reunião estabeleceria um novo comitê central, composto por 15 membros e 7 suplentes, Prestes ainda preso seria eleito secretário-geral do partido, que seria composto por Medina (estivador), Arruda Câmara (ex-fiscal do Ministério do Trabalho), Pedro Pomar (jornalista), João Amazonas (guarda-livros), Jorge Herleim (operário), M. Grabois (jornalista), Francisco Gomes (operário), Militão (cozinheiro), L. Hill (pedreiro), Vanderlei (ferroviário), Álvaro Ventura (estivador), M. Cayres (médico), Mário Alves (estudante), Ivan (ex-militar), D. Reis (ex-militar), Vitorino (garçom), Draga (operário), Mano (militar), J. César (militar), Cabral (ex-marinheiro), Chaves (ex-marinheiro), Valdir Duarte (jornalista), Amarílio (ex-estudante) e Armênio Guedes (jornalista).

O grande beneficiado pelos acontecimentos seria Arruda Câmara, que sairia do congresso como líder do partido, já que Prestes continuava incomunicável. Impôs a sua posição nas novas diretrizes a CNOP, que se comprometia a apoiar Getúlio no esforço de guerra além de adotar uma postura sectária stalinista, que vigoraria no partido até o fim dos anos 1950. Nesse sentido, a conferência estabeleceria o PCB como o representante supremo e único do comunismo no Brasil, assim como a sua vinculação e submissão ao partido comunista soviético e ao seu líder supremo, Joseph Stalin.

As bases do PCB brasileiro, que vigorariam, de uma forma ou de outra, até o golpe de 1964, foram estabelecidas naquele casebre no meio da

Mantiqueira. No meio dos acalorados debates que atravessavam a noite fria do final de agosto, entre militantes experientes que decidiam o futuro da revolução no Brasil, estava Mário Alves, jovem de apenas 20 anos, que subitamente se encontrava como líder comunista.

O comitê regional baiano não havia enviado representantes e Arruda sentia que uma seção tão importante tinha de estar representada, para garantir a legitimidade da reunião. A solução encontrada foi chamar Mário Alves, que estava no Rio e era um conhecido seu. Mário não recusaria o convite do velho amigo da Bahia e participaria da reunião como representante baiano, entrando no casebre como mero líder estudantil e saindo como dirigente do comitê central, posição privilegiada quando o PCB retornasse à legalidade em 1945.

A aventura na Mantiqueira renderia frutos e o futuro de Mário no partido estava assegurado. A recepção em Salvador, porém, não foi a que se espera para um dirigente de alta patente. O comitê regional não ficara contente com a ida de Mário para uma reunião secreta, na qual não fora convidado representando o PC baiano, que não havia sido comunicado por Arruda. Isto indispôs o novo dirigente com as lideranças baianas e lhe rendeu uma reprimenda.

Em casa a situação não seria muito melhor, Mário Alves ainda morava com os pais e dependia da família para o sustento. Sumido no Rio de Janeiro, sem dar notícias ou satisfação, voltaria de supetão para Salvador aparecendo na porta de casa, onde seu pai, informado por outras fontes da participação do filho na conferência lhe aplicaria uma tremenda surra. Algo muito pouco honroso e, provavelmente, inédito para um membro de comitê central de qualquer PC stalinista do mundo.

De volta à rotina de estudante após os percalços, Mário Alves teve tempo de se encontrar com Gorender, recém-liberto da prisão, e expor as transformações que estavam ocorrendo no partido. Essa seria a primeira vez que Gorender teria contato com as eternas lutas por poder dentro da organização comunista, que ocupariam uma boa parte de sua vida adulta.

Os comunistas se encontravam divididos. O CNOP, sob a liderança de um grupo mais novo, principalmente de Arruda e Grabois, buscava reorganizar o partido nacionalmente. Outra ala, constituída por antigos dirigentes, alguns em liberdade outros ainda presos na Ilha Grande, entendia que a repressão, mesmo tendo diminuído nos últimos anos, continuava organizada. Os órgãos de segurança possuíam muitos infiltrados nos movimentos sociais e qualquer tentativa de reorganizar nacionalmente o PCB poderia ser o estopim para uma nova onda repressora, como as de 1935 e 1937, talvez liquidando para sempre o partido no Brasil.

Essa ala entendia que os comitês regionais deviam continuar trabalhando individualmente e sem grandes projetos, à espera de um momento mais propício para retornar. Na Bahia, o comitê, controlado por Giocondo Dias, era partidário dessa posição, tendo ficado de fora do esquema armado por Arruda, que convidou Mário Alves como representante da Bahia sem o conhecimento do comitê em Salvador.

Mário Alves expôs para Gorender porque pensava que o CNOP era o representante legítimo do comunismo no Brasil. Ao contrário do voluntarismo e do otimismo do amigo, Gorender sempre foi mais contido, preferindo tomar suas decisões depois de uma cuidadosa análise teórica dos dados e dos possíveis cenários. Na época também não conhecia Arruda, de quem no futuro viria a nutrir certa antipatia, devido ao estilo truculento e autoritário do pernambucano, que por sua parte não valorizava muito a atividade dos intelectuais do partido. Porém, na época, a empolgação do amigo e o forte sentimento antifascista falaram mais alto e os dois concordavam que agora trabalhariam segundo as diretrizes do CNOP e buscariam formar um núcleo do CNOP na capital baiana.

A iniciativa não teve muito sucesso, possuindo apenas dois estudantes contra toda a máquina do comitê regional. Mas havia exceções. Em 1943 se encontrava ancorado na Baía de Todos os Santos o encouraçado Minas Geraes, que protegia o porto de Salvador, uma embarcação antiga, que ficou famosa em 1910 por ter sido palco da Revolta da Chibata. Dentre os marinheiros, um pequeno grupo, de cerca de sete integrantes, pretendia iniciar uma célula comunista.

Os marinheiros entraram em contato com Giocondo Dias. A direção baiana os aconselhou a desistir da ideia, já que se um núcleo comunista fosse descoberto dentro das forças armadas, seria um pretexto para mais repressão policial. O alerta não desestimulou os marinheiros, que conseguiram entrar em contato com o CNOP no Rio de Janeiro, que por sua vez os colocou em contato com Mário Alves, que organizou a criação da célula. O núcleo comunista da marinha continuaria a crescer, adquirindo certa importância, sendo duramente reprimido em 1951 quando o partido voltou para a ilegalidade.

O trabalho de Gorender para o CNOP ficaria incompleto. Enquanto o PCB busca se reorganizar, outra força era organizada pelo governo. Depois de anos de negociações e barganhas o governo Vargas decidiria enviar soldados para a Europa, dando os primeiros passos para a criação da Força Expedicionária Brasileira, convocando todos aqueles que quisessem servir.

PARTE 3
A CORAGEM E A COERÊNCIA

10. O BRASIL VAI À GUERRA

O caminho brasileiro até a guerra foi tortuoso, com o país indo com a maré, às vezes sem muita convicção. Getúlio Vargas e seus principais aliados nunca esconderam a admiração pela ditadura fascista, alguns de maneira mais aberta que outros. O Estado Novo possuía na sua constituição muitos elementos presentes nos regimes de Hitler e Mussolini.

Vargas, porém, como político brilhante que era, sabia que o Brasil devia tomar cuidado com o conflito, uma decisão errada teria um alto custo para o país. Era simpático ao eixo, mas tinha clareza de que a vitória alemã era incerta, e que uma aliança com o regime nazista poderia acarretar a fúria dos Estados Unidos, grande força do continente americano, o que também pesavam nos prós e contras de se envolver na guerra.

Nesse ambiente, o ditador brasileiro resolveu esperar o máximo possível e apenas se envolver quando o Brasil tivesse realmente algo a ganhar dos seus novos aliados. O primeiro passo na definição brasileira seria dado no dia 24 de julho de 1941, quando o governo assinou um tratado secreto com os americanos, permitindo o uso da região nordeste para bases navais e aéreas.

Os americanos também tinham suas dúvidas. O presidente Roosevelt sentia que o seu país tinha muito a ganhar se envolvendo no conflito, mas, apesar de imensamente popular, não conseguia convencer a população. Uma grande parte do povo americano não via apelo na ideia de enviar os seus jovens para morrer no exterior por um conflito entre potências coloniais, que nada tinham contra os Estados Unidos.

A guerra chegaria ao americano médio com o ataque japonês a Pearl Harbor. No dia 7 de dezembro a força aérea japonesa atacaria de surpresa a base americana localizada no Havaí, destruindo diversos navios e matando mais de 2.000 pessoas, em um episódio que enfureceu a opinião pública. A neutralidade não era mais uma opção e Roosevelt teria a sua guerra.

O ataque entraria para a história e mudaria o balanço de forças do conflito, gerando também muita polêmica nos anos posteriores, com alegações de que o governo americano criou uma situação insustentável para o governo japonês, que se viu obrigado a atacar, e que o serviço secreto sabia do ataque retirando o grosso de suas tropas, permitindo o ataque para pressionar a opinião pública. O fato, porém, é que os japoneses, em um erro tático, optaram por atacar a base e precipitar a entrada dos americanos no conflito. Isto forçaria, indiretamente, os brasileiros a mudar sua posição.

O flerte de diversas ditaduras latino-americanas com o nazifascismo chegava ao fim, o continente entraria na guerra do lado das forças aliadas ou enfrentaria a ira dos americanos. No caso brasileiro, alguns historiadores aventaram a ideia de um plano secreto americano para invadir o nordeste caso o Brasil se juntasse às forças do eixo. Para Getúlio, restava acertar os termos mais vantajosos para o Brasil romper com a sua neutralidade. O ditador brasileiro buscava desenvolver a indústria pesada do país e via a tecnologia e o dinheiro americano como o caminho para isso.

O acordo seria selado no Rio de Janeiro, oficialmente no dia 28 de janeiro, quando em uma conferência diversos líderes latino-americanos romperiam relações diplomáticas com o eixo. Pela lealdade, o Brasil, no que ficou conhecido como acordos de Washington, receberia um empréstimo do Export-Import Bank of the United States e ajuda técnica americana para construir a Companhia Siderúrgica Nacional, a CSN, além de uma companhia mineradora no que seria o embrião da Vale do Rio Doce.

Os alemães, como era de se esperar, não ficaram contentes com a decisão e, sem relações diplomáticas, os barcos brasileiros que cruzavam o atlântico, principalmente para abastecer as forças aliadas, passaram a ser alvo dos U-Boats, os submarinos alemães, que afundaram 32 embarcações brasileiras matando 937 pessoas.

Os corpos dos marinheiros assassinados seriam jogados pela maré nas praias brasileiras, principalmente em Salvador e Recife, o que, como no caso de Pearl Harbor, contribuiria para favorecer a entrada do país na guerra. A opinião pública se colocaria contrária aos nazistas e passaria a pressionar o governo para tomar uma atitude, que se realizaria em agosto do mesmo ano, com a declaração oficial de guerra contra a Alemanha e o início de mais negociações com o governo americano.

A situação no Brasil também havia se tornado mais complexa. Fora do governo diversos setores, incluindo os comunistas, pressionavam para o país se juntar ao esforço de guerra, enquanto dentro do governo alguns grupos apoiavam os setores ainda simpáticos aos fascistas que, mesmo com a guerra declarada, não queriam se envolver.

Mais uma vez, Getúlio irá barganhar com os americanos, vinculando a entrada do país na guerra à ajuda militar americana para modernizar o exército brasileiro. As negociações dariam certo, em fevereiro de 1943 Roosevelt e Getúlio se encontrariam em Natal, assinando um acordo em que os brasileiros se comprometeriam a enviar tropas e armas para lutar na Europa. No dia 9 de agosto a Força Expedicionária Brasileira (FEB) seria oficialmente formada.

O papel e a necessidade da FEB foram temas amplamente debatidos pela historiografia brasileira, com alguns autores focando mais como um acerto político e outros como uma necessidade militar. No momento em que a FEB foi enviada para a Europa, os Estados Unidos da América (EUA) lutavam em quatro *fronts* distintos. No Pacífico, combatiam, sozinhos, os japoneses; adentravam na Europa pelo norte da França com a operação *overlord*, iniciada no famoso Dia D; pelo sul da França adentravam com a operação Anvill; e pela Itália. Além do desafio logístico de alimentar, vestir e armar tropas espalhadas entre as florestas da Tailândia e os Alpes.

A prodigiosa capacidade industrial americana garantia que as necessidades materiais das tropas fossem atendidas, mas em alguns setores os americanos começam a sofrer com falta de material humano, por isso a

FEB foi criada com o intuito de suprir eventuais lacunas que começassem a aparecer no *front*. Mesmo que a presença dos brasileiros não fosse fundamental, era uma ajuda bem-vinda para as tropas americanas, principalmente no *front* italiano, palco de atuação da FEB.

A invasão da Itália teve início no dia 3 de setembro de 1943, quando um esquadrão anfíbio desembarcou em Salerno, próximo a Napoli. O objetivo principal da operação não era subir pela bota e adentrar na Alemanha, mas obrigar os alemães a desviarem tropas e recursos do *front* russo, acelerando a derrota das forças do eixo. No final de 1943 era claro para os analistas que os nazistas não conseguiriam vencer a guerra. Tal constatação, porém, trazia pouco consolo para os envolvidos. Os alemães, agora lutando pela própria sobrevivência, promoviam um encarniçado conflito com as tropas russas que avançavam vagarosamente e a um alto custo. Cada dia a mais de conflito significava milhares de vidas perdidas e, dada a natureza imprevisível da guerra, não era impossível que os alemães desenvolvessem uma nova arma ou estratégia que mudasse o rumo da luta. Por isso, qualquer atitude que acelerasse a derrocada Alemanha era importante.

Os avanços no *front* italiano não ocorreram como o esperado, os alemães se aproveitaram da geografia montanhosa do centro da Itália para montar uma forte resistência. Os Apeninos, uma cadeia de montanhas que se estende do sul ao centro da península, formava uma fortaleza quase intransponível. Do alto das montanhas, os alemães bombardeavam incessantemente as tropas aliadas que avançavam vagarosamente, quase sempre a pé.

O *front* italiano era intensivo no uso de tropas, já que os vales e as cristas impediam o uso de tanques e outros veículos blindados, que os aliados possuíam em maior número que as tropas do eixo. Qualquer avanço significativo só poderia ser feito quando as tropas entrassem no vale do rio Pó, onde as unidades motorizadas fariam a diferença.

A invasão da Normandia em junho de 1944, e a do sul da França em agosto, exigiram o uso das melhores e mais experientes tropas americanas e inglesas. Com isso, o *front* italiano ficaria desguarnecido, com a utilização, em alguns casos, de divisões improvisadas e despreparadas.

Mesmo assim, o comando de guerra considerava esse *front* importante, já que sem a pressão nos Apeninos os alemães poderiam focar no *front* oriental, e retardar ainda mais o final da guerra. As tropas brasileiras viriam para suprir esse gargalo e garantir que os nazistas tivessem de desviar, pelo menos, uma parte das suas melhores tropas.

11. GORENDER SE ALISTA NA FEB

A criação da FEB, em agosto de 1943, e a convocação de voluntários, foi acompanhada em Salvador por um comentário irônico do general Demerval Peixoto, comandante da VI Região Militar sediada em Salvador, que declarou que os estudantes que tanto pressionaram pela entrada do país no conflito agora poderiam participar ativamente nele. O comentário foi ignorado pela maioria dos estudantes, com pouquíssimos secundaristas e universitários se voluntariando. Mas atingiu profundamente Gorender, que recém-libertado da cadeia se ressentiu da aparente hipocrisia daqueles dispostos a protestar nas ruas, mas incapazes de comprometer sua segurança em nome da liberdade e da derrota do fascismo.

Tomado por essa angústia, Gorender continuou sua vida normalmente até que, em uma tarde quente de novembro, se encontrou com Mário Alves e foram tomar sorvete. Escolheram ir à Cubana, uma das mais tradicionais sorveterias de Salvador, que fica até hoje na Balaustrada do Elevador Lacerda. Sentados em uma das mesas do lado de fora, onde se podia admirar toda a beleza da Baía de Todos os Santos, Gorender confessou para o amigo o desconforto causado pela declaração do general. Mário Alves entendeu a situação e concordou que era preciso calar a boca do general. A decisão então estava tomada, os dois se alistariam para lutar na Europa contra o fascismo. Eles comunicariam essa decisão a Ariston Andrade, que também se empolgou com a ideia, e ficou decidido que os três se alistariam como representantes da célula comunista da Universidade da Bahia. Gorender estava tão decidido que não conseguiu esperar os outros e, já no dia seguinte, decidiu se alistar.

O quartel ficava no Largo da Muraria. Gorender entrou na seção de alistamento e apresentou os dados ao cabo responsável pela triagem. O cabo anotou as informações, foi comunicar aos superiores e deixou o novo voluntário esperando. Voltou com um olhar intrigado e fez uma pergunta "O senhor tem algum problema com o general? Estou perguntado porque, quando ele leu seu nome, ficou furioso".

O general Peixoto viu o formulário e lembrou-se da entrevista de Gorender com o também general Manuel Rabello e toda a confusão causada, mas deve ter pensado que, com o alistamento, Gorender passava a ser problema da FEB. O futuro pracinha foi encaminhado para o exame médico e aceito para o serviço ativo, mesmo tendo a altura mínima para servir.

Os outros membros da célula comunista seguiram o mesmo caminho. Ariston Andrade foi rapidamente aceito, devido à sua experiência na Infraero, e alocado na aeronáutica que necessitava desesperadamente de pessoal especializado. Mário Alves não teve a mesma sorte e foi declarado incapacitado temporariamente para servir, devido ao seu físico franzino.

O exército apresentava dificuldades inesperadas para conseguir recrutas. O comando havia planejado uma força de mais de 100 mil homens, reunindo os melhores e mais aptos entre os brasileiros. Esse número se provou irrealista, com a maioria dos voluntários não passando no exame médico, fora dos padrões físicos ou doentes. Mesmo reduzindo os parâmetros, o exército não conseguiu preencher as vagas planejadas. O próprio Gorender é um exemplo da situação. Mesmo possuindo uma saúde que lhe permitiu sobreviver à guerra, à tortura e à velhice, não era um exemplo de soldado – magricela, baixinho e com rinite.

A decisão de se alistar não foi tomada exclusivamente na conversa com Mário Alves ou a partir das declarações do general Demerval Peixoto, mas foi construída desde que Gorender teve notícias da criação da FEB. Ela teve pouco a ver com as diretrizes do PCB, que se encontrava desorganizado e sem liderança, tendo sido mais incentivada pela criação da CNOP que, seguindo as ordens de Moscou, colocou a destruição do nazifascismo europeu como prioridade máxima. Além disso, a ascensão de Hitler era tema de grande ansiedade na comunidade judaica baiana e Gorender sempre acompanhou com preocupação o extermínio de seu povo.

As declarações do general completariam a situação, sendo o elemento que desencadeou todo o processo e revelando um traço de caráter que acompanharia Gorender por toda a vida, uma busca incessante pela coerência. Ele nunca esteve à vontade com o pragmatismo e a volatilidade que caracteriza a maioria dos políticos, preferindo seguir sempre aquilo que considerava certo, mesmo que isso acarretasse alguns problemas. Nesse caso específico, a insinuação de que ele fazia parte de um bando de estudantes baderneiros, de classe média, dispostos a protestar contra o nazismo desde o conforto de seus lares, o ofendeu profundamente.

Gorender se alistaria em novembro de 1943, passando rapidamente pelo exame médico e por todas as etapas, estando apto para o serviço ativo. A sua primeira missão seria sem grande *glamour*, no mesmo quartel em que se alistara, cumprindo funções banais da vida militar brasileira, ficando de guarda no quartel, limpando latrina e realizando alguns exercícios físicos, muito menos do que seria esperado para um membro da FEB. A espera se estenderia por quase cinco meses e se encerraria apenas em março de 1944, quando o contingente foi enviado para o Rio de Janeiro, para iniciar o treinamento propriamente dito.

A espera não seria apenas para Gorender. Desde o anúncio de criação da FEB em agosto de 1943, o governo corria para modernizar as forças armadas e preparar os soldados para a guerra moderna, sendo que apenas em julho de 1944 o primeiro contingente pôde ser enviado para a Europa. E, ainda assim, muito do aprendizado necessário foi feito na prática, sob as balas dos alemães.

Na época do anúncio da criação da FEB, o exército brasileiro funcionava de maneira arcaica, a partir de conceitos ainda do século XIX. O último grande conflito armado havia sido a Guerra do Paraguai, oitenta anos antes, e desde então as forças armadas agiram como força de repressão de revoltas internas, como foi o caso da Guerra de Canudos, e em projetos de infraestrutura ou enfrentando as consequências de desastres naturais.

Algumas tentativas de reorganizar o exército foram feitas no período. A última delas, nos anos 1920, com uma missão francesa. Estes esforços não o impediam de estar há anos luz da guerra moderna que era praticada na Europa. Mesmo com as diferentes missões, o exército continuava comandado por uma cúpula elitista e autoritária, enquanto a condição de vida dos soldados era precária, sujeitos a todo tipo de arbitrariedade e a uma disciplina brutal, até mesmo para os padrões da época.

As diferentes missões militares, e os acordos militares firmados conforme a posição política do partido no governo, também contribuíam para o caos logístico, já que as forças armadas possuíam canhões de campanha franceses e alemães; artilharia costeira norte-americana; artilharia antiaérea alemã; metralhadoras dinamarquesas e francesas e fuzis alemães, o que constituía um grande problema já que todos teriam de se adaptar aos métodos e materiais norte-americanos. O primeiro passo acordado entre Brasil e Estados unidos foi o envio de comandantes para os Estados Unidos, onde eles aprenderiam a lidar com a estrutura americana de comando e com os equipamentos que utilizariam na guerra, para, apenas depois, iniciar a preparação das tropas.

A espera valeu a pena e no meio de março foi anunciado que o contingente baiano iria viajar para o Sudeste, onde completaria o treinamento para se adequar ao padrão americano. Gorender juntou seu equipamento, uniforme, capacete, mochila e se despediu dos amigos e familiares, deixando sua mãe às lágrimas, aquela era a primeira vez que o filho deixava Salvador e o seio da família.

De toda uma vida dedicada à revolução, o único arrependimento de Gorender seria o sofrimento causado à sua mãe, que chorou muitas noites, preocupada com o destino do filho, perdido no mundo, combatendo na Europa ou na luta clandestina no Brasil.

12. A PREPARAÇÃO E A VIAGEM PARA A EUROPA

Foi no navio que Gorender pôde ter mais contato com seus futuros companheiros de divisão. O contingente baiano tinha algo em torno de 600 soldados, a maioria deles gente muito simples, alguns secundaristas e praticamente nenhum universitário. A situação econômica da Bahia era ruim e o desemprego maciço, tanto que muitos dos soldados enxergaram na FEB apenas mais uma oportunidade trabalho, se alistando sem grande conhecimento do que ocorria na Europa, tendo encontrado o nacionalismo e a luta pela liberdade apenas no campo de batalha.

A viagem não ocorreu como os soldados esperavam e foi no navio que Gorender teve o primeiro contato com a antiga organização das forças armadas brasileiras. A pequena embarcação de transporte, que viajava acompanhada de um navio de guerra para evitar possíveis ataques alemães, possuía poucas condições para transportar tamanho contingente, os alojamentos eram pequenos e abafados, tanto que durante a maior parte da viagem os soldados passavam a noite no deque, dormindo sob as estrelas e utilizando o capacete como travesseiro.

Já na primeira refeição foi servido algum tipo de carne, praticamente crua e impossível de digerir, o que irritou as tropas. Gorender, como um dos únicos com educação formal e já acostumado a lidar com situações políticas, tomou a dianteira e se voluntariou para falar com o oficial de comando sobre a situação. No trato com o comandante, porém, usou uma estratégia diferente, comunicou a situação da comida e deu a entender que um motim poderia ocorrer, o que seria um desastre para o exército e uma grande peça de propaganda nazista. O comandante foi persuadido pelos argumentos e falou que conversaria com o cozinheiro. A qualidade da comida melhorou e a viagem seguiu sem mais incidentes.

O destino final chegou e, do deque do navio que adentrava pela Bahia de Guanabara, podia se ver o Cristo Redentor, que recebia de braços abertos os viajantes. Essa era a primeira vez que Gorender saía de Salvador. A vista da cidade maravilhosa deve ter deixado o viajante sedento por explorar o local, porém a situação não permitiria nenhuma grande aventura e, rapidamente, a tropa seria enviada para uma base militar na região do Vale do Paraíba em São Paulo, entre Taubaté e Pindamonhangaba, para iniciar o treinamento.

O treinamento foi rápido e muito aquém do que Gorender esperava. As tropas se ressentiam da falta de equipamento especializado e de instrutores para passar conhecimento sobre as situações que os cadetes teriam de enfrentar, já que o local em que as tropas seriam utilizadas era desconhecido. Apenas com o envio da primeira parte do contingente, no dia 2 de julho de 1944, enquanto Gorender estava sendo treinado, é que seria divulgado para o público mais amplo o futuro teatro de operações da FEB. Os próprios soldados só ficaram sabendo do seu destino já em alto mar. Antes disso havia muitas especulações sobre o destino, mas poucas certezas.

Nesse ambiente não havia muito que fazer. As tropas treinavam artilharia com os canhões disponíveis no quartel e simulavam situações de combate utilizando velhos fuzis Springfield americanos que, apesar de antigos, eram os que seriam utilizados pela FEB, o que foi causa de algum descontentamento por parte dos generais.

Utilizado desde 1903 pelas tropas americanas, o fuzil Springfield era uma arma simples e confiável, mas atrasada tecnologicamente. O comando americano pretendia que todas as suas tropas fossem para o combate utilizando o moderno e semiautomático M1 Garand, mas a indústria norte-americana não estava conseguindo dar conta da demanda e havia falta de armas, o que obrigou alguns regimentos a utilizarem o Springfield, a FEB incluída.

Enquanto Gorender estava em São Paulo, o alto comando da FEB organizava a segunda leva de soldados que iriam para o *front* e tinha necessidade de soldados para pelotões específicos. A falta de educação básica e alta taxa de analfabetismo se refletiam nos recrutas, o que dificultava o preenchimento de funções que exigiam certo nível de educação.

No caso de Gorender foi comunicado aos soldados que eram necessários recrutas com nível superior em três pelotões. Um que trabalharia diretamente com o Estado maior. Um de reconhecimento, onde seria necessário trabalhar com carros de combate para reconhecimento das posições inimigas. E um de transmissão, onde era preciso aprender código Morse. Gorender viu aí uma oportunidade e se reportou ao oficial superior como terceiranista de Direito, sendo designado para o pelotão de transmissão.

O resto do tempo de Gorender foi gasto aprendendo código Morse, algo relativamente fácil dada sua grande facilidade para línguas, até ser designado para o pelotão de transmissão do 1º Regimento de Infantaria, o Regimento Sampaio da Vila Militar. Foi transferido para o Rio de Janeiro, de onde deveria ser enviado para a Europa na segunda leva de soldados.

Apesar de o destino não ser mais um mistério, o embarque dos soldados era cercado de segredos. Havia o medo de espiões alemães, ataques de submarinos alemães e um possível bombardeio da Luftwaff na chegada a Nápoles. Por isso, apenas os altos oficias sabiam o dia e a hora do embarque. Os soldados também eram vigiados de perto, tinham seus movimentos restritos à vila militar e só eram liberados mediante autorização dos oficiais, devido ao medo de possíveis deserções entre a tropa.

Mesmo assim, Gorender conseguia escapar eventualmente e, além de conhecer rapidamente a cidade maravilhosa, entrou em contato com os comunistas. Na época, devido a uma pequena liberação na censura, Maurício Grabois, Pedro Pomar e João Amazonas, membros do CNOP, conseguiram editar uma revista antifascista, chamada *Continental*.

Em segredo, Gorender foi à redação da revista, onde conheceu Maurício Grabois e recebeu uma senha para contatar outros comunistas que estavam na FEB e também embarcariam no próximo grupo. O movimento comunista sempre contou com simpatizantes e militantes dentro das forças armadas, alguns em cargos bem elevados, sendo essenciais para o esforço revolucionário. Além do acesso a armas e munições, e ao dia a dia dos quartéis, eles também tinham o poder de tentar transformar a organização militar desde dentro. E, por isso mesmo, esses agentes viviam em situação precária. O anticomunismo imperava nas forças armadas e qualquer acusação, mesmo em tempos democráticos, podia levar à expulsão ou até à cadeia.

Gorender nunca revelaria o conteúdo completo da conversa que teve com Grabois, nem todos os nomes que levou para a Itália, quatro oficiais e alguns sargentos. Revelaria a identidade de apenas dois contatos, muitos anos depois, quando estes já haviam falecido, Hilton Vasconcellos, membro da artilharia, e Alberto Firmo de Almeida, das transmissões. O *front* era espalhado e a interação com outros setores era praticamente impossível, o que tornava muito difícil o contato com os companheiros de partido, com exceção de Alberto Firmo com quem podia conversar livremente, já que estava no mesmo setor, sem levantar suspeitas.

Munido dos nomes, dos cargos e da senha, Gorender voltou à vila militar. Nada mais restava do que esperar ser enviado para outro centro de treinamento ou para a Europa. E assim o grande dia chegou. A 22 de setembro de 1944, os 2º e 3º grupos da FEB, quase 10 mil homens, embarcaram em direção à Europa.

As ações e o desempenho da FEB na Europa foram muito debatidos por historiadores, os mais ufanistas dizem que este foi um momento em que as tropas brasileiras superaram a desconfiança de todos e surpreenderam alemães, americanos e italianos com a sua bravura. Os críticos descrevem a FEB como um grupo um pouco abobalhado que, mesmo com toda a logística americana, teve imensa dificuldades para superar as desgastadas tropas alemãs, mal armadas e desnutridas.

Essa questão seria colocada para Gorender diversas vezes, durante a sua vida, e sua reposta seria similar todas as vezes. O sacrifício das tropas brasileiras foi muito pequeno se comparado com as dezenas de milhões de pessoas envolvidas nos conflitos, mas, argumenta Gorender, guerra é guerra e para os envolvidos pouca diferença faz se é na Itália, na Rússia ou no Pacífico. As tropas brasileiras realizaram um papel pequeno, mas cumpriram com seu dever quando foram requisitadas, algumas vezes com muita bravura e com grande sofrimento, como qualquer exército.

O primeiro passo, porém, era chegar até o combate, algo perigoso devido ao risco de ataque de submarinos e ao bombardeio da Luftwaff. A travessia era coordenada pelos norte-americanos, o que quer dizer que as tropas, durante o trajeto, estavam sob jurisdição destes. Para a tarefa, foram designados dois navios de transporte, o General Mann e o General Meigs, acompanhados de uma escolta de destroieres e contratorpedeiros americanos e brasileiros.

A visão dos dois gigantescos navios, cada um com capacidade para transportar 5.000 soldados, com 190 metros de comprimento, seria o primeiro momento de assombro dos jovens soldados, principalmente aqueles que tinham pouco contato com o mar. Quando o navio deixava a Baía de Guanabara, muitos soldados se juntaram na popa para observar o Cristo Redentor. Os braços abertos seriam a última visão que muitos deles teriam do Brasil.

Na entrada do barco, os soldados receberiam dois sacos de roupas, um para o inverno e outro para o verão, e passavam a viver como americanos. A alimentação seria um choque para muitos, o comando de guerra não permitiria nenhuma comida brasileira no navio, com exceção do café. Na Itália, os soldados teriam arroz e feijão nas rações, todo o resto seria constituído por alimentos norte-americanos. Gorender não estava muito à vontade e, como bom baiano, sentiria falta da carne seca e da feijoada. Muitos, porém, se deleitariam com os novos pratos.

De origens humildes, e acostumados com a vida dura dos quartéis, muitos soldados descobririam um novo mundo dentro das rações americana. Para muitos seria a primeira vez que provavam pão de forma, bolachas e outras incríveis descobertas da modernidade, como o leite e o ovo em pó, e artigos que no Brasil eram considerados de luxo, como mingau de aveia, *bacon*, pão doce e chocolate, tudo em abundância.

O alto comando considerava a alimentação um ponto fundamental no esforço de guerra. Um soldado bem alimentado era mais eficiente, confiante e combativo. Tanto que antes de operações importantes era comum que as rações fossem ainda mais fartas, fato rapidamente percebido pelos pracinhas, que, no refeitório, ao ver os pedaços de peru sendo servidos, começavam a se preocupar com uma possível grande operação no dia seguinte.

A embarcação ia abarrotada e não havia muita privacidade, os quartos eram compartilhados e os banheiros não tinham porta, o que incomodava os oficiais e soldados de classe média, acostumados com a privacidade de suas casas ou as melhores instalações militares. Para Gorender, que cresceu nos cortiços baianos, isso não era um problema.

O dia a dia dos soldados era bastante monótono. O navio seguia em zigue-zague, o que alongava o caminho, para evitar possíveis ataques de submarinos alemães, que foram avistados nos últimos dias de viagem. Durante a noite, as luzes eram apagadas e o silencio imperava. Para espantar o tédio, os viajantes jogavam cartas e organizavam rodas de samba, esperando ansiosamente que aquela imensidão de mar e céu tivesse fim e chegassem ao seu destino.

No início da manhã do dia 6 de outubro a espera terminou, e sob uma fina chuva congelante o navio entrou no Golfo de Nápoles. O denso nevoeiro escondia dos viajantes uma das mais belas paisagens da Europa, a ilha de Capri, na entrada da baía, a imponente sombra do Vesúvio que cai sobre as vilas incrustradas nas montanhas mirando o mar. *Vedi Napoli e poi muori!* (Veja Nápoles e pode morrer), disse Goethe, ao visitar a cidade no século XIX.

Gorender, neste momento, estava ocupado vestindo todas as roupas que os americanos disponibilizaram, se acostumando ao frio do inverno europeu que deve ter parecido a tundra ártica para o jovem criado sob o sol baiano. Quando a névoa baixou, teve uma visão muito diferente daquela do poeta alemão. As águas do porto estavam salpicadas de carcaças de navios, alguns pela metade outros virados em escombros indefinidos. Nápoles, antes uma das joias da costa amalfitana, estava reduzida a ruínas, com a maior parte dos prédios tendo sofrido algum tipo de dano.

A operação Avalanche, a invasão anfíbia do golfo de Salerno a 20 quilômetros do centro da cidade, tinha ocorrido apenas um ano antes, sendo a primeira operação aliada a entrar na Europa continental. Na época, apesar de já terem sofrido derrotas importantes, os alemães ainda estavam confiantes na vitória, dispondo de tropas bem armadas e alimentadas, oferecendo resistência aos aliados. Mesmo não conseguindo evitar a invasão, a Wehrmarcht organizou muito bem a retirada, recuando para pontos estratégicos e bem defendidos.

Na marcha em direção ao norte, os nazistas não pouparam os italianos, que não eram mais seus aliados. As tropas recuavam levando tudo que podiam carregar, alimentos, armas, ferramentas e qualquer coisa que pudesse trazer alguma vantagem, o que ficava para trás era dinamitado ou incendiado para que os aliados não pudessem fazer uso. Afundaram todos os navios do porto e ainda jogaram carcaças de caminhão para dificultar a navegação aliada, os trens da estação foram virados, os trilhos dinamitados e toda a construção que pudesse servir de abrigo destruída.

O navio driblou os destroços e conseguiu atracar. Os americanos, que organizavam a operação, registravam cada soldado, que era liberado e por uma pequena prancha de madeira descia do navio. Ao pisar em solo italiano, eram cercados por pedintes, magros, tristes, sujos e feridos pela guerra, que imploravam por qualquer coisa, comida, dinheiro, cigarros. Esse foi o primeiro contato de Gorender com as agruras da guerra. O desembarque em Nápoles era o momento em que os pracinhas entendiam que o Brasil havia ficado para trás, a guerra havia chegado até eles e a Itália não seria um passeio.

13. GORENDER ENTRA NA GUERRA

Após o desembarque, as tropas seriam enviadas rapidamente para o *front*. Gorender viajou por terra os 500 quilômetros que separavam Nápoles da linha de frente e teve a oportunidade de ver a destruição causada pelos alemães na retirada, a população faminta e a infraestrutura destruída. No início da guerra, o alto comando nazista ordenou que as tropas pagassem pelos alimentos e produtos dos civis italianos, mas com a situação cada vez mais desesperadora, a diretiva foi abandonada e os soldados alemães comiam e levavam tudo o que podiam carregar. Além disso, o uso de trabalho escravo também se tornava comum, com as tropas da Wehrmacht capturando civis e forçando-os a construir túneis, casamatas e o que fosse necessário, muitas vezes em condições desumanas.

Gorender vivenciou essa situação na primeira vez que pediu algo para os civis, na casa em que estavam hospedados. Na guerra, era comum os militares requisitarem construções para o alojamento de tropas. *"Tedeschi hano portato tuto via"* (os alemães levaram tudo). Ele não podia deixar de ficar solidarizado com a situação dos italianos que, mesmo tendo apoiado o fascismo, viviam na miséria absoluta.

Depois de alguns dias a viagem teve fim, na cidade de Porreta Terme, uma estância de águas termais e ponto turístico, agora transformado em quartel general das forças brasileiras. Tinham recebido uma nova missão do alto comando, controlado pelo inglês general *sir* Harold Alexander, tomar a fortaleza em Monte Castello.

Porretta Terme jazia destruída, como a maioria das cidades italianas, mas ainda guardava um pouco da sua beleza. É um importante centro de esportes de inverno, além de possuir banhos termais, utilizados desde os tempos dos romanos. No inverno europeu, os banhos de água quente eram um sonho constante dos soldados, que, em algumas ocasiões, receberiam o privilégio de ir à cidade e se aproveitar dos banhos nas águas termais, Gorender incluído.

Depois de rápidos avanços na Itália, as forças aliadas se encontravam em dificuldades. Os alemães, comandados pelo general Albert Kesselring, haviam utilizado o relevo natural da cordilheira dos Apeninos para construir suas defesas. No topo das montanhas, com a ajuda de 15 mil trabalhadores forçados italianos, os nazistas construíram mais de 2.000 estruturas de defesa, ninhos de metralhadoras, *bunkers*, casamatas e fortalezas, de onde atiravam nas tropas aliadas nos vales.

A Linha Gótica, como era chamada pelos Alemães, se estendia por quase 400 quilômetros, cortando a Itália ao meio, do mar Tirreno ao Adriático. Kesselring, considerado um dos mais brilhantes generais alemães, tinha conseguido, com menos recursos, uma grande vantagem sobre os aliados. Além de ocupar o terreno superior, uma vantagem militar clássica, o relevo montanhoso dificultava o uso de tanques e carros blindados, que os aliados possuíam em grande número, e também a utilização de grandes contingentes, anulando a vantagem numérica dos aliados.

Quando Gorender chegou a Porretta Terme, no meio de outubro, o plano aliado era passar o Natal em Bolonha, a primeira grande cidade do lado nazista. A linha Gótica era a última defesa nazista antes da Alemanha. Ao Norte dos Apeninos estava o vale do Rio Pó, região plana onde os aliados avançariam rapidamente utilizando suas divisões blindadas, obrigando os alemães a destinarem uma quantidade maior de recursos, chegando em pouco tempo aos Alpes, onde enfrentariam novamente uma resistência organizada, mas com os alemães já com as costas na parede. Da fronteira italiana até Munique são pouco mais de 200 quilômetros.

A missão brasileira nessa grande engrenagem era tomar Monte Castello, o principal ponto de defesa alemã, em um complexo de instalações que incluía também os montes Belvedere, Della Toraccia, Castelnuovo (di Vergato), Torre di Nerone e Castel D'Aiano. Caso as tropas da FEB tivessem sucesso, abririam um buraco no meio da Linha Gótica, permitindo a passagem aliada e a queda de Bolonha.

O plano aliado era chegar a Bolonha e, no começo do ano, iniciar o assalto ao vale do Rio Pó. Na prática, porém, a situação era mais complicada do que se podia antecipar. Do alto dos montes, os alemães metralhavam as tropas dia e noite nos vales. O contingente alemão era composto principalmente por veteranos da campanha africana, que foram reconvocados quando os nazistas ficaram com falta de tropas jovens de reposição. Soldados envelhecidos, mas experientes e acostumados com o combate, ao contrário das tropas brasileiras e americanas recém-chegadas.

O dia 24 de novembro foi escolhido para o primeiro grande assalto ao complexo, e iniciado da melhor maneira possível, com as tropas americanas e brasileiras ganhando terreno rapidamente e tomando, no dia seguinte, Monte Castello e Belvedere. Os alemães, porém, organizariam um eficiente contra-ataque, recuperando rapidamente Monte Castello. As tropas brasileiras então se reorganizaram, recebendo a ordem de atacar novamente Monte Castello no dia 29. O que não estava planejado era que os alemães, em um ousado ataque, conseguissem recuperar o Monte Belvedere no dia 28, deixando o flanco aliado descoberto.

Inicialmente o comando da FEB pensou em postergar o ataque, mas como as tropas já estavam posicionadas foi decidido continuar, uma decisão desastrosa com o clima prejudicando seriamente os aliados. O céu nublado impediria o apoio aéreo e os tanques ficariam atolados na lama que se formava, sozinhos os soldados na FEB não conseguiram avançar e, no final da tarde, haviam sido completamente repelidos, com os alemães retomando definitivamente as posições perdidas no dia 24.

Os soldados do pelotão de transmissão assistiram a esses eventos do pé da montanha, torcendo pelos seus camaradas. A função de Gorender o colocava à margem das grandes batalhas, não utilizou seu rifle e, pelo menos diretamente, não matou nenhum soldado inimigo durante os setes meses em que esteve em combate. Ele e seus companheiros possuíam a missão de instalar e manter as linhas de transmissão no *front*.

Uma tarefa pouco glamorosa que dificilmente aparecerá nos filmes de guerra, mas essencial em muitos aspectos. Com a comunicação comprometida um exército fica acéfalo, não consegue coordenar suas ações e será facilmente derrotado. Gorender, ao contrário dos outros soldados, não possuía uma rotina fixa ou missões predeterminadas, seu pelotão ficava de prontidão 24 horas por dia e, assim que a comunicação era interrompida, ele e seus companheiros eram avisados.

Não importando a hora ou o clima, os soldados de plantão saiam em busca do cabo rompido, no meio da madrugada, sob a chuva e a neve, com uma temperatura de vários graus abaixo de zero, tudo isso com o perigo das bombas alemãs que caiam incessantemente. Os cabos frequentemente estavam em local de difícil acesso, escondidos e emaranhados com os de outras unidades. Após encontrar a fonte do problema, muitas vezes em mais de um local, os soldados reparavam os danos, geralmente causados por uma bomba alemã, e testavam a comunicação falando com a base em código Morse.

A outra parte do trabalho, a mais perigosa, consistia em instalar telefones em locais pretendidos para colocar bases avançadas. Nesse caso, o pelotão entrava na terra de ninguém, nome dado ao espaço entre os dois exércitos em combate e, sob o forte fogo alemão, procurava instalar os telefones que seriam usados pelas tropas na batalha que viria a seguir, possibilitando uma comunicação rápida com a base de comando. Gorender conta parte de suas experiências em um artigo – "Os Construtores de Linhas" – publicado na edição de 18 de março de 1945 do jornal *O Cruzeiro do Sul*, editado pela FEB, que circulava entre as tropas, na Itália.

No dia 5 de dezembro novas ordens chegariam. A FEB deveria tentar tomar o complexo novamente e, no dia 12, a operação seria efetivada. Os soldados novamente tentariam subir a montanha em direção ao cume de Monte Castello, mais uma vez em condições climáticas adversas, no que seria considerado um dos dias mais sangrentos das tropas brasileiras na Itália, com 150 feridos, 20 mortos, terminando por voltar ao pé da montanha. Gorender recorda este dia: "Tínhamos perdido companheiros inesquecíveis, mas tínhamos sobrevivido. Em especial, relembro os dezessete soldados brasileiros que, já em pleno inverno, atacaram o Monte Castelo e foram abatidos pelos alemães. Não foi possível naquele momento resgatá-los e eles ficaram no solo, durante todo o inverno, cobertos pela neve. Cessado o inverno, estes 17 de Abetaia estavam com os corpos conservados e puderam ser afinal enterrados com honras militares". O fracasso convenceria o general Mascarenhas de Moraes que alguns batalhões esparsos não seriam suficientes para vencer a batalha, sendo necessária uma divisão inteira.

Na Itália, o inverno rigoroso ajudaria os alemães, ao contrário da Rússia. Depois do dia 12 as condições pioraram, o termômetro caiu ainda mais, a chuva se tornou neve e o campo de batalha ficou intransitável, com uma mistura de gelo e lama que inviabilizava qualquer operação. Os aliados não passariam o Natal em Bolonha como planejado.

14. UM COMUNISTA MAIS CULTO E, LITERALMENTE, ABENÇOADO SEGUE COMBATENDO

A diminuição nos combates permitiria também que as tropas descansassem, recebendo um período de licença. Tropas descansadas são fundamentais para o esforço de guerra, por isso é comum os soldados receberem uma licença de descanso. O período entre licenças e o tempo de descanso variava de acordo com a necessidade de tropas no *front*, a opção de todos os combatentes sempre foi voltar para casa, para as tropas brasileiras e americanas, porém, isso não era possível. Assim, o exército organizava opções de entretenimento na Itália.

A FEB, copiando o modelo americano, organizaria os Serviços Especiais (SE), uma divisão dedicada unicamente a promover entretenimento para as tropas de licença, durante os períodos de descanso no *front*. Essa divisão organizava *shows* com soldados artistas, que tinham trazido seus instrumentos do Brasil, espetáculos de ópera e teatro, e o jornal *O Cruzeiro do Sul*, no qual Gorender escreveu constantemente.

Na retaguarda, os SE organizaram centros de recreação em Florença, Nápoles, Pistoia e Roma. A divisão requisitava hotéis nas cidades, para as tropas se hospedarem. Para entreter os soldados, e buscando evitar possíveis excessos durante o descanso, eram organizadas visitas a museus e passeios a pontos turísticos. Gorender, nos sete meses em que esteve no *front*, teve alguns raros momentos de descanso, o principal deles passou em Roma.

O grande dia chegou, os papéis foram assinados e o cabo Jacob Gorender recebeu alguns dias de descanso. Despediu-se dos companheiros, o exército dificilmente liberava mais de um soldado por companhia, e saltou no caminhão que cobriria os 200 quilômetros que separavam o *front* da cidade de Roma. Todos os soldados ficavam aliviados de deixar a morte e o sofrimento do campo de batalha e esperavam ansiosos por um pouco de paz e descanso.

No caminho, mais destruição, aos poucos o ambiente rural dava lugar as casas e prédios. A cidade eterna sobrevivera a outras guerras e, mais uma vez nos seus 5.000 anos de história, se encontrava ocupada por uma força estrangeira. Durante a guerra, o Vaticano, que era oficialmente neutro, realizou um esforço para que a região não fosse bombardeada. Apesar da simpatia dos beligerantes, os dois lados bombardearam a cidade, mas com certa parcimônia, deixando grande parte do centro histórico intacta, ao contrário de outros locais importantes, como Florença, Monte Cassino e Nápoles que foram arrasados.

O comando de guerra requisitava hotéis onde as tropas eram hospedadas, os mais luxuosos ficavam para os oficiais enquanto os solados eram acomodados em instalações mais modestas. Apesar dos esforços da SE, os soldados de licença se dedicavam principalmente a beber, fumar e flertar com as belas romanas. Os bares públicos fechavam às 22 horas e, depois disso, os bebedores eram atendidos por uma gama de instalações ilegais, pequenos estabelecimentos escondidos em casa e armazéns, onde, em meio à fumaça de cigarro, os soldados podiam jogar e comprar o amor momentâneo de alguma mulher.

Não que a prostituição fosse necessária para as tropas se relacionarem com as italianas. Os soldados eram muito cobiçados por algumas delas. Em meio à escassez de praticamente tudo, os americanos e brasileiros possuíam acesso a bens essenciais como roupas de inverno, remédios e alimentos, e a itens considerados de luxo pelos italianos da época como chocolate e cigarros, que acabavam dividindo com as eventuais amantes. Introvertido e tímido, Gorender nunca foi festeiro, ou dado a grandes be-

bedeiras e, se teve alguma aventura sexual com as italianas, levou a história para o túmulo. Restava, então, realizar o *tour* cultural pela cidade.

Roma era apenas a terceira grande cidade que Gorender tinha a oportunidade de visitar. E felizmente para ele tinha muito mais a oferecer do que festas, bebidas e mulheres. Lar do Direito romano, que tanto ele tinha discutido na faculdade, andar pelas ruas da cidade eterna é fazer um *tour* pela história ocidental. O Fórum Romano, o Coliseu, o Partenon, o monumento a Vitório Emanuel, deram ao jovem soldado muito para pensar sobre a guerra, a democracia e o caminhar da humanidade.

As atividades da SE e a infinita curiosidade de Gorender acabaram por levá-lo ao Vaticano. A praça de São Marcos e a Basílica de São Pedro são umas das visitas mais imponentes da cidade eterna. Junto com centenas de outros soldados, Gorender entrou em uma parte reservada da cidade, agora independente, terminando em uma sala suntuosa, dividida em duas partes, onde esperariam pela aparição do Papa Pio XII, que viria abençoar os combatentes. O grupo juntava homens de todas as nacionalidades assim, além de muitos brasileiros, era composto principalmente por poloneses, povo conhecido pelo seu forte catolicismo.

O papa Pio XII foi o líder supremo do catolicismo durante toda a guerra. Escolhido no início de 1939, teve a difícil missão de lidar com as diferentes forças em conflito, mantendo a posição de neutralidade, mas comprometido com os direitos humanos e o respeito às minorias. Após o fim do conflito ele se destacaria pelo anticomunismo, sendo um dos principais opositores do Partido Comunista Italiano.

Gorender, de alguma maneira, conseguiu se espremer entre os soldados que se amontavam na sala e terminou no gradeado que dividia o cômodo em dois, tendo uma visão privilegiada do papa que entrou no recinto e fez um breve discurso, repetido em quatro ou cinco idiomas, inclusive português. O sumo pontífice sabia que haviam diversos brasileiros no grupo e da importância do Brasil, um dos maiores países católicos.

Terminadas as formalidades o papa se aproximou para abençoar os fiéis. Os soldados do fundo, mais distantes do pontífice, passavam rosários e crucifixos para os da frente, para que fossem mostrados ao papa. Gorender, como um dos que estavam encostados na grade, assumiu a parte final da missão. O judeu comunista ficou assim com as mãos cheias de relíquias religiosas, à espera da benção do representante de Deus na terra. O papa, sem desconfiar que na sua frente estava um descendente do povo que rejeitou Jesus e aliado agora daqueles que queimavam igrejas na União Soviética, abençoou o pequeno soldado. Gorender, assim, voltaria para o *front* protegido por forças divinas nas quais ele mesmo não acreditava.

A resistência alemã e as condições climáticas dos Apeninos obrigariam os aliados a destinar uma parte maior dos recursos na luta e, no início de fevereiro, chegaria a Porreta Terma a 10º divisão de Montanha para ajudar nos combates. Criada no meio de 1943, essa era a única divisão exclusiva de combate alpino do exército americano, sendo altamente especializada.

Seus membros foram recrutados nas regiões frias dos Estados Unidos, principalmente nos clubes de esqui, e vinham de um treinamento intensivo em escalada. Também possuíam equipamentos diferenciados, roupas brancas, carros de neve, material de alpinismo e esquis desenvolvidos especialmente para o combate na Itália. O final de janeiro marcaria a melhora das condições climáticas, com a primavera se aproximando as nevascas diminuiriam e a qualidade do terreno teria uma significativa melhora. Uma nova operação seria organizada sob o codinome Encore, tendo início no dia 18 de fevereiro.

A preparação bem feita das tropas americanas permitiu que, já no primeiro dia, os soldados da 10ª divisão tomassem e mantivessem a crista do monte Belvedere. Para os soldados do batalhão de comunicação isso foi uma melhora na qualidade de vida, já que poderiam trabalhar sem a chuva incessante de bombas alemãs.

Com a diminuição da artilharia, as tropas brasileiras poderiam, mais uma vez, atacar Monte Castello, com a invasão começando no dia 21 de manhã. Gorender, novamente, viu do sopé da montanha as tropas avançarem em direção à parede contra a qual já tinham trombado duas vezes. Esses soldados, porém, não eram mais os mesmos, haviam atravessado o inverno europeu e perdido companheiros, estavam acostumados com a guerra se tornando tropas experientes. Precisaram de apenas um dia para expulsar os alemães e tomar Monte Castello. A batalha chegou ao fim, as tropas brasileiras conquistavam sua primeira vitória.

O grosso das tropas aliadas na região se dirigiria para Bolonha, tomada definitivamente no dia 21 abril, enquanto as tropas da FEB, depois de tomar Monte Castello no dia 21 de fevereiro, seguiriam avançando através do Apeninos, buscando entrar no vale do Rio Pó, até chegar à cidade de Montese, no dia 14 de abril, onde os alemães tinham a maior parte de suas tropas. A batalha de Montese durou três dias, sendo o mais sangrento combate do país desde a Guerra do Paraguai.

O combate na cidade apresentou uma série de novos desafios para as tropas da FEB. Essa seria a primeira vez que os soldados brasileiros combatiam em uma área urbana, deixando a zona rural e montanhosa dos Apeninos. As tropas, comandadas pelo general Mascarenhas de Moraes, porém, surpreenderam a todos e rapidamente tomaram a cidade, rompendo definitivamente a Linha Gótica e avançando em direção ao vale do rio Pó. Nesse momento, o colapso das tropas alemãs era eminente. Na Itália as tropas não possuíam mais suprimentos, munições ou qualquer tipo de ajuda do comando central, enquanto no norte o que restava das tropas nazistas lutava até o último homem nas ruas de Berlim.

As tropas da FEB avançaram rapidamente em direção ao norte, se aproximando da cidade de Parma, onde no dia 26 de abril encontraram novamente os alemães na cidade de Fornovo di Taro. As tropas do eixo, espiritualmente derrotadas, que vinham fugindo do oeste, da região de Genova, encontram os brasileiros na cidade. Parma seria tomada pelos Partizans, cercando as tropas nazista em Fornovo, que depois de três dias de batalha se entregaram para os brasileiros. Os comandantes da FEB aceitariam a rendição de toda 148° Divisão de Infantaria, fazendo 15 mil prisioneiros em um único dia.

A situação das tropas nazistas era desesperadora e as rendições se tornavam comuns, tanto de grandes contingentes, como em Fornovo, quanto de pequenos grupos que acabam se perdendo durante os combates, fenômeno que Gorender pode presenciar em diversas ocasiões. Em uma delas, dois oficiais alemães, com seus belos uniformes nazistas, se aproximaram dos combatentes brasileiros e, ao ver o grande número de soldados negros, levantaram as mãos e começaram a gritar *"Nicht mehr krieg"* (não queremos mais guerra).

O dia 2 de maio foi um dos mais importantes do século XX. Enquanto as tropas brasileiras entravam na cidade de Turim, abandonada pelos nazistas, o exército vermelho tomava Berlim, Hitler se suicidava, e o mundo via a foice e o martelo tremulando no alto do Reichstag. Na Itália, o comando nazista se renderia aos aliados pondo fim aos combates na região. Gorender celebraria com seus companheiros em Turim, mais de 400 quilômetros ao norte de onde haviam começado, em Porreta Terma. Quando o general Alfred Jodi assinou a rendição incondicional da Alemanha, no dia 7 de maio, encerrando a guerra na Europa, Gorender estava estacionado em Piacenza, junto com o resto das tropas da FEB, e pôde comemorar o dia da vitória, 8 de maio, com seus companheiros e os italianos.

A cidade de Piacenza está localizada a 60 quilômetros de Milão, sendo um importante entroncamento rodoviário, onde se encontram as rodovias ligando Bolonha a Milão, e Brescia a Tortona. Durante a guerra, a cidade foi fortemente bombardeada e possuía poucos prédios intactos. Gorender ficaria estacionado com parte das tropas da FEB por um tempo na cidade, até ser mandado de volta para o Brasil em agosto. O armistício oficializaria o fim da guerra na Europa, um momento de celebração, mas também de angústia para boa parte dos europeus, que tinham a dura missão de reconstruir o continente, não apenas a infraestrutura, mas também as instituições.

A Itália tinha um longo caminho pela frente. Gorender foi testemunha, em primeira mão, dos estragos feitos pela caminhada aliada rumo ao norte. Em Bolonha, Nápoles e Florença restavam poucos prédios de pé, enquanto as rodovias e ferrovias estavam, em sua maioria, intransitáveis. Os italianos, porém, teriam uma missão ainda mais dura pela frente, reconstruir suas instituições. Depois do período fascista, os valores republicanos precisariam ser reaprendidos, assim como a forma de lidar com o passado autoritário.

Gorender, nos meses em que esteve em Piacenza, presenciou o renascimento da democracia italiana. Mussolini estava morto, sumariamente executado pelos partizans, e teve o corpo pendurado em um posto de gasolina, em uma pequena cidade no norte da Itália, enquanto Adolf Hitler havia cometido suicídio no seu *bunker* em Berlim alguns dias antes. Pela primeira vez em duas décadas havia liberdade de expressão, a política voltava a ser discutida abertamente em bares, nas praças e igrejas, sem medo de repressão ou perseguição.

15. O JORNALISTA COMBATENTE CONHECE TOGLIATTI E A OBRA DE GRAMSCI

O partido comunista italiano (PCI) ressurgia das cinzas como uma das principais forças políticas do país, sendo um sério concorrente ao poder. A Segunda Guerra daria um grande impulso para as forças revolucionárias mundiais. A URSS emergiria como a maior vitoriosa do conflito, o exército vermelho passaria de uma força desorganizada construída com os restos do exército imperial russo para a maior máquina de guerra já vista, principal responsável pela derrota do até então invencível exército nazista. O sofrimento e heroísmo do povo soviético comoveriam o mundo, gerando admiradores até mesmo nos Estados Unidos. Para muitos, o momento da revolução mundial se aproximava.

Gorender, como acadêmico e comunista, viu esse desenvolvimento com grande interesse, visitando a sede do PCI em algumas oportunidades. A guerra contribuiria para aumentar ainda mais seu espírito revolucionário e, mesmo enquanto consertava cabos com as bombas alemãs caindo ao seu lado, ele encontrava tempo para escrever e trabalhar pela revolução. Apesar das dificuldades de comunicação, os contatos que Gorender conseguiu no Rio de Janeiro, com Grabois e Arruda, seriam de grande ajuda. Os comunistas presentes na FEB conseguiriam se encontrar e se organizar.

No início de 1945, os comunistas logram publicar, na imprensa brasileira, um manifesto pedindo a volta da democracia ao Brasil, expondo a hipocrisia que era enviar tropas para combater o nazifascismo europeu enquanto se vivia sob um governo autoritário. O documento vinha assinado por cerca de 200 oficiais e provocou muita agitação quando foi publicado, ajudando a acelerar o fim do Estado Novo, que já se encontrava sob grande pressão tanto da sociedade civil, que demandava mais liberdade, quanto dos americanos que não simpatizavam com a orientação fascista do governo Vargas.

Na guerra, Gorender também teve tempo de exercitar o seu talento de jornalista. A SE organizou a publicação de um periódico para as tropas, *O Cruzeiro do Sul*, que, com a tiragem de 5.000 exemplares, trazia notícias do Brasil, de futebol a política, correspondências entre os soldados e seus entes queridos e notícias sobre o andamento da guerra nos outros *fronts*. O jornal não foi o único organizado pelas tropas, outras publicações existiram, como o *Zé Carioca*, *A Voz do Petrecho*, *O Camelo*, *Só Penas*, e *E a Cobra Fumou!*, geralmente feitas por uma divisão específica, não oficial e sem muita constância. *O Cruzeiro do Sul* circulou entre dia 3 de janeiro e 31 de maio de 1945, com 34 edições publicadas. O talento de Gorender encontraria caminho nas páginas do jornal, que por três vezes publicou reportagens assinadas por ele.

Na primeira vez, na edição do dia 24 de janeiro, Gorender assinou a coluna intitulada "Defendemos uma causa justa". Nela, o autor destaca a ojeriza brasileira às guerras injustas e à dominação, segue destacando a importância da guerra, da luta pelos valores democráticos, e a beleza da união de mais de 30 nações sobre a causa da justiça e contra o expansionismo e o militarismo nazista. No final, destaca a importância da construção de uma paz duradoura e democrática, condição para "o direito dos povos escolher livremente os seus governos e de progredir economicamente e socialmente sem ameaça de intervenção militar ou pressão de qualquer espécie por parte de forças agressoras a serviço do obscurantismo e da opressão". Logo depois, em 18 de março, Gorender publicaria "Os construtores de linhas", texto já citado, que foi muito bem recebido, chegando até mesmo no Brasil e sendo constantemente lembrado nos anos seguintes.

Gorender escreveria seu último texto na edição de 31 de maio, em um ambiente diferente. A guerra havia acabado e um ar de otimismo tomava a Itália, que se traduzia no título do artigo "Uma nova era de paz". Nele, Gorender discute a sua visão do pós-guerra, apresentando quatro elementos desse novo mundo. Entenderia que a derrota do nazismo significava também a derrota do imperialismo e que França e Inglaterra não teriam condições de manter seus impérios, o que se mostrou quase premonitório. A guerra levou a um movimento de industrialização na América latina que, na visão de Gorender era definitivo, acabaria com as estruturas semifeudais e coloniais, e contribuiria para a paz política na região, o que se manteve por algum tempo.

Nos outros pontos, Gorender, talvez contagiado pelo ambiente italiano, se mostra um otimista, algo que deve ter envergonhado aquele que se tornaria um grande pessimista nas décadas seguintes. A guerra levaria aos novos governos uma elite jovem e mais dinâmica, o que contribuiria para o desenvolvimento mundial e as nações se tornariam obsoletas. Mas erraria feio em algumas análises, a guerra e a união aliada mostravam-lhe um mundo onde os sistemas políticos podiam conviver em harmonia e as diversas conferências de paz iriam garantir uma "paz duradoura". Vai finalizar o artigo com uma mensagem sobre a importância do entendimento e da convivência entre as diversas classes, dentro dos países, para garantir o seu crescimento e desenvolvimento. Quando a coleção completa de *O Cruzeiro do Sul* foi publicada em 2010, editada pela Fundação Getúlio Vargas, este texto "Uma nova era de Paz" compõe a contracapa do livro.

No período que passou em Piacenza, Gorender teve mais liberdade do que enquanto estava em combate. Pôde voltar a ler e estudar novamente, além de presenciar um momento interessante do ponto de vista sociológico e político. Na cidade, teve também a oportunidade de frequentar o PCI, uma vivência que alterou profundamente seu pensamento. Durante a estadia de Gorender, o PCI da cidade recebeu a ilustre visita de Palmiro Togliatti, líder do partido, que no seu trajeto até Milão resolveu fazer uma pequena apresentação para os companheiros de Piacenza. Suas ideias cativaram o jovem soldado brasileiro que estava na plateia.

Palmiro Togliatti estava no PCI desde a sua fundação, sendo um dos poucos sobreviventes dessa geração. Quando Mussolini baniu o partido em 1926 e prendeu as lideranças, Togliatti estava na União Soviética. Sem poder voltar para Itália continuou a representar o PCI no exílio, se tornando secretário-geral do partido. O desterro duraria quase 20 anos, terminando em 1944, com a invasão aliada no sul da Itália.

O PCI foi convidado pelos aliados para formar o novo governo italiano, sob algumas condições. Esse seria um governo de unidade nacional e os comunistas teriam de se comprometer a deixar a luta política de lado por um momento, assim como qualquer tentativa de tomar o poder a força, o que significava desarmar os partizans que vinham atuando no território nazista. Togliatti aceitou estas condições sem grandes problemas. O discurso que fez em Piacenza não falou do novo governo ou da unidade nacional, mas do futuro do comunismo na Europa ocidental. Estava em gestação o Eurocomunismo.

Togliatti estava convencido, talvez pela sua vivência na União Soviética, que o stalinismo não era o caminho para o comunismo europeu. E, a partir dos anos 1970, seria um dos fundadores do eurocomunismo, uma vertente que se afastava do marxismo-leninismo e pregava a revolução por vias institucionais, muitas vezes aliando-se com representantes da democracia burguesa. Em 1945, porém, esses ideais ainda estavam em gestação, o stalinismo vivia seu auge e nenhum PC do mundo ousaria discutir as ordens de Moscou ou duvidar da liderança do camarada Stalin.

No pós-guerra, Togliatti estava envolvido na reconstrução e popularização do PCI. Encontrou na figura de Antonio Gramsci o intelectual e mártir ideal para inspirar os novos comunistas italianos, citando no discurso em Piacenza que, apesar de superficial, foi suficiente para chamar a atenção de Gorender. Nos seus dias restantes na Itália, procurou saber mais sobre o que pensava o antigo líder comunista, falecido em 1937.

Antonio Gramsci foi um dos fundadores e diretores do PCI italiano, nascido na Sardenha, em uma família de imigrantes calabreses pobres, cresceu para se tornar um intelectual de envergadura. Não teve tempo de desenvolver todo o seu pensamento, foi preso pelo regime fascista em 1926, aos 35 anos, circulando por diversas prisões italianas até 1934, quando foi liberado, já com a saúde muito debilitada, falecendo em 1937. Durante seus anos de prisão escreveu continuamente um conjunto de 32 cadernos, com mais de 2.400 páginas nas quais fazia reflexões sobre as mais diversas questões sociais, uma obra que não era para ser publicada.

Os cadernos do cárcere, como ficaram conhecidos, foram entregues a Togliatti quando voltou à Itália, com o novo líder utilizando a memória do antigo companheiro de partido da maneira mais conveniente naquele momento. Gramsci era um intelectual independente que não tinha medo de repensar as próprias convicções, criticar os possíveis excessos do comunismo e expressar até mesmo simpatias trotskistas. Atitude que provavelmente o teria levado ao Gulag, caso tivesse conseguido fugir para a URSS. Na versão que Gorender ouviu em Piacenza, Gramsci foi retratado como o stalinista exemplar, que mesmo diante das mais duras torturas fascistas não se dobrou.

A história de Gorender teria muito em comum com Gramsci, ambos viriam de famílias pobres e imigrantes, e buscavam se tornar intelectuais completos. Gorender se identificaria posteriormente com o conceito de intelectual orgânico. Na visão de Gramsci, a revolução não seria organizada por intelectuais burgueses, mas por uma nova geração de pensadores engajados, vindo do seio da classe trabalhadora. Esses intelectuais não teriam apenas a função de acadêmicos, distantes da realidade prática, mas executariam uma função de organização essencial na nova estrutura comunista. Gorender não sabia de nada disso quando ouviu o discurso de Togliatti, breve e enviesado, mas foi o suficiente para despertar seu interesse. Assim, dedicou os últimos dias em Piacenza a procurar mais informações sobre Gramsci, voltando ao Brasil com alguns folhetos e uma pequena biografia do líder comunista italiano.

A estada em Piacenza foi curta para os soldados da FEB. Chegaram as ordens para que fossem enviados para Nápoles, de onde seriam transportados para o Brasil. Os soldados agora rumariam em direção ao sul, pela primeira vez na guerra, realizando o caminho de volta. Os pouco mais de 600 quilômetros que separam os dois extremos da península italiana seriam cobertos em questão de dias pelas forças da FEB, o mesmo trajeto que demorou quase dois anos para ser feito pelos aliados, entre a invasão de Nápoles em 10 de julho de 1943 e a rendição alemã em maio de 1945, além do custo de centena de milhares de vidas, militares e civis.

Gorender, no caminho de volta, pôde, mais uma vez, presenciar a destruição da guerra, mas agora, ao invés da desesperança, um otimismo voltava a contagiar os italianos. A guerra e o fascismo haviam sido destruídos e a reconstrução começava, uma longa caminhada é verdade, mas que prometia levar a um futuro melhor.

Em Nápoles, as tropas embarcaram no navio que as levariam de volta ao Rio de Janeiro. A viagem de volta foi feita em tempo muito menor, já que o navio não precisava ficar alerta para ataques alemães. Sem o perigo dos bombardeios alemães, as noites também eram diferentes, os soldados não precisavam ficar em silêncio, nem as luzes eram apagadas. Os pracinhas podiam então passar as noites no convés cantando, conversando e fumando sob a luz das estrelas, todos ansiosos para chegar logo em casa.

No Rio, as forças foram recebidas com grande festa, desfilaram em carro aberto pela Avenida Rio Branco sob a ovação da multidão e a presença de políticos importantes. Os soldados foram então levados ao quartel onde receberam o soldo e a dispensa. Gorender, que participou das batalhas da tomada de Monte Castello, Montese, Campanha dos Apeninos e a ofensiva até Piacenza, deixou a vila militar novamente como um civil, com o pouco dinheiro pago pelo exército e alguns dias à espera do transporte de volta à Bahia. Sem roupas ou qualquer outra bagagem, os soldados foram trazidos de Salvador em condições muito precárias. Gorender foi salvo por um tio que morava no Rio e emprestou-lhe roupas civis.

Nos poucos dias que Gorender passou na cidade maravilhosa pode ver que sua luta não havia apenas ajudada a libertar a Europa, mas tinha tido efeitos no Brasil. O Estado Novo estava próximo do fim, as eleições presidenciais estavam marcadas para o dia 2 de dezembro e os presos políticos libertados. O PCB legalizado possuía comitês nos bairros e sua sede na Rua da Glória, em um antigo casarão, mostrava um letreiro gigante no topo: Partido Comunista Brasileiro.

Na sua estadia Gorender foi levado, junto com outros pracinhas, para uma audiência com Luís Carlos Prestes. Essa seria a primeira vez que ficava frente a frente com o Cavaleiro da Esperança, líder máximo do comunismo brasileiro até o golpe militar em 1964 e seu futuro desafeto. No encontro, Gorender viu um Prestes ainda magro e debilitado depois dos anos de cadeia, que não mostrou nenhum interesse em saber da experiência dos soldados na Europa, mas usou o pouco tempo para falar das posições do PCB, contra a realização das eleições e a favor da convocação da assembleia constituinte.

Na época, porém, Gorender não teve tempo de ponderar sobre as qualidades do seu líder. Havia notícias do exército, um barco havia sido requisitado e estava à espera para levar os soldados de volta a Salvador, onde Gorender daria início a uma nova etapa na sua vida.

PARTE 4
JORNALISMO, CURSOS E A IMERSÃO NA ILEGALIDADE

16. O JORNALISMO

No sol do final de setembro, Gorender adentrou na Bahia de Todos os Santos, depois de 1 ano e 4 meses, e viu novamente Salvador, a cidade baixa, o cais do porto e o elevador Lacerda brilhando sob a luz do final do inverno, uma visão muito parecida com a que seu pai tinha tido quase trinta anos antes, quando veio sozinho de Buenos Aires tentar a sorte nos trópicos.

Gorender desembarcaria em uma situação muito diferente de seu pai: para começar, não estava sozinho, no cais do porto o esperavam seus irmãos, seu pai e especialmente sua mãe, ansiosa por ver o filho que há mais de um ano havia partido para a guerra. E, ao contrário do pobre imigrante judeu que desembarcou em Salvador sem dinheiro, contatos ou estudo, Gorender tinha um mundo de possibilidades à sua frente.

Chegava a Salvador como herói de guerra condecorado, jornalista reconhecido, além de estudante na mais prestigiosa instituição de ensino do estado. Poderia continuar na carreira de jornalista e se aproveitar do recém-conquistado prestígio para buscar algum cargo eletivo, deputado ou vereador, como era bastante comum com os jornalistas da época ou até mesmo procurar ter seu próprio jornal. Poderia também seguir com os estudos, se tornando advogado em Salvador ou tentar algum cargo público como juiz ou promotor.

Qualquer dessas opções levaria a uma vida confortável entre a classe dominante soteropolitana. Tranquilidade que seduziria muitas pessoas, mas que tinha pouco apelo para Gorender. Ele havia ajudado a derrotar o nazifascismo europeu e, comparado a isso, a revolução socialista no Brasil parecia apenas questão de tempo. Quando desembarcou em Salvador já havia tomado sua decisão, colocaria tudo em segundo plano e se dedicaria integralmente à causa comunista e ao partido. Depois do abraço apertado em sua mãe e irmãos, cuja saudade o acompanhou durante toda a guerra, se dirigiu para encontrar os velhos companheiros de PCB, entre eles Mário Alves.

Os caminhos de Gorender e Mário Alves se separaram no quartel em Salvador, quando o físico franzino de seu amigo acabou por impedir que fosse enviado para a Europa. A negativa do exército não arrefeceu seu espírito revolucionário e, impedido de contribuir diretamente para a queda da Alemanha Nazista, resolveu dedicar suas forças no *front* interno, onde o Estado Novo continuava a existir e as forças getulistas controlavam com mão de ferro o país.

Em 1943 as forças reacionárias ainda governavam o país, mas a pressão pela redemocratização já se fazia sentir. Internamente, as manifestações, incialmente de repúdio à guerra e depois pelo envolvimento do Brasil nos combates, contribuíam para colocar indiretamente a democracia novamente em pauta. No ambiente externo, os EUA, com a guerra se aproximando do fim, pressionavam cada vez mais pela mudança de regime, ainda muito identificado com as ideias fascistas.

Impedido de ir à Europa, Mário Alves continuou com sua vida, trabalhando no jornal o *Estado da Bahia* e cursando ciências sociais, enquanto militava no movimento estudantil e secretamente no CNOP, atuando pela reorganização do PCB. Enquanto Gorender trabalhava no quartel em Salvador, esperando ansiosamente pela oportunidade de embarcar para a Europa, Mário Alves continuaria a atuar como líder estudantil, buscando pressionar o governo para integrar mais rapidamente o esforço de guerra e, indiretamente, apoiando a volta da democracia brasileira. O Estado Novo, porém, resistiria bravamente à pressão popular e internacional, postergando ao máximo o seu fim, que só seria possível com o final da guerra na Europa.

O ano de 1945 seria de grandes transformações para o Brasil. Enquanto Gorender se encontrava lutando na Europa, afundado na lama e na neve sob as bombas alemãs, o Estado Novo finalmente sucumbiria à pressão, iniciando a abertura política. Em fevereiro, a censura seria oficialmente encerrada e o fim da guerra na Europa em maio precipitaria o fim do regime, com o governo marcando as eleições presidenciais para o dia 2 de dezembro e liberando todos os presos políticos. Começava assim um movimento que não podia ser mais parado, até que no dia 29 de outubro Getúlio Vargas é deposto pela sua cúpula militar, colocando um fim definitivo ao seu governo, iniciado em 1930.

O PCB era legalizado novamente e voltava ao cenário democrático como uma força política importante. O comunismo sairia da Segunda Guerra fortalecido, o heroísmo e o sofrimento do povo soviético, assim como o trabalho das milícias comunistas, comoveriam o mundo conquistando grande simpatia entre as populações dos países aliados. As forças capitalistas, mesmo sabendo que o próximo grande embate seria entre o comunismo e o capitalismo, não possuíam muitas opões. Na categoria de país aliado à URSS, não poderia ser prejudicada durante o conflito e uma série de acordos garantia a liberdade das forças comunistas, pelo menos nos primeiros anos que se seguiram ao final do conflito.

Os comunistas conseguiram montar, em questão de meses, uma imensa rede partidária, contando com dezenas de milhares de filiados presentes em todo o território nacional. O esforço abnegado dos militantes valeu a pena e, mesmo com todos os obstáculos institucionais, o PCB conseguiu 10% dos votos para presidente, eleger Prestes para o senado pela capital federal (Rio de Janeiro na época), além de 14 deputados federais. O PCB baiano obteria também a vitória da candidatura de Marighela na câmara.

Dentro da estratégia comunista, a imprensa exercia um papel fundamental e, logo após o fim da censura, jornais e revistas ligados ao partido começaram a surgir em diversas cidades. O PCB, no auge, contava com oito jornais diários e dezenas de semanários, revistas e editoras. Nas principais cidades do país circulavam publicações diárias ligadas aos comunistas, como a *Tribuna Popular*, no Rio de Janeiro; o *Hoje*, em São Paulo;

a *Folha do Povo*, em Recife; a *Tribuna Gaúcha*, em Porto Alegre; a *Folha Capixaba*, no Espírito Santo; *O Democrata*, em Fortaleza; *O Momento*, em Salvador; entre outros, além do *A Classe Operária*, semanário oficial do partido e da Interpress, agência de notícias que tinha o objetivo de suprir com informações as diversas publicações pelo Brasil. Nessa rede também existiam diversas revistas teóricas e acadêmicas, dispostas a discutir mais profundamente a revolução.

Essas transformações acabariam por afetar profundamente a vida de Mário Alves. Com a legalização do PCB e a reestruturação do partido, a possibilidade de se tornar um militante profissional se abria. Também Gorender teria de escolher entre uma vida tranquila junto à elite soteropolitana e a incerteza de um militante em tempo integral. A exemplo de seu amigo, ele não teve dúvidas, decidindo por se dedicar de corpo e alma à revolução.

O fim da censura abria uma nova série de possibilidades para os comunistas, e na Bahia rapidamente começou um movimento para reviver a imprensa progressista e de esquerda. Os remanescentes do PCB em Salvador foram dos mais rápidos a se organizarem. João Falcão e Aristeu Nogueira, auxiliados por Mário Alves e outros, conseguem rapidamente levantar o dinheiro necessário para, no dia 9 de abril, publicar a primeira edição do semanário *O Momento*, que passaria a ser diário em abril de 1946.

Localizado no número 19 da Ladeira São Bento, um bairro central da cidade alta, ao lado de onde estaria a sede do PCB baiano, o jornal seria um enorme sucesso. João Falcão mostraria o seu talento editorial transformando o periódico em um importante veículo de notícias de Salvador, sendo o único dos jornais financiados e organizados pelo PCB capaz de funcionar pelos próprios recursos. Nas páginas do *O Momento*, além da educação política e da divulgação das posições do PCB, estava um noticioso que cobria o dia a dia de Salvador e da Bahia.

A criação de *O Momento* foi o que deu início a uma das maiores transformações na vida de Mário Alves. O jovem recém-formado, que havia terminado o curso de sociais, tomou a decisão de se dedicar inteiramente ao jornal comunista, desligando-se do seu emprego no jornal da rede diários associados O *Estado da Bahia*, e rompendo com a família. Seu pai havia sido editor durante muitos anos do jornal em que trabalhava. A ruptura com a família vai deixar Mário sozinho pela primeira vez na vida, sem o apoio financeiro do poderoso clã baiano, tendo de viver de maneira precária com o pequeno salário pago pelo jornal.

O Momento nascia com a política editorial de lutar pela democracia, pela anistia aos presos políticos, pela legalização dos partidos e para se opor às forças fascistas. Com a legalização do PCB, e a organização nacional do partido, o jornal passaria a ser porta-voz das políticas da entidade na Bahia. A posição de Prestes e do comitê central era de que antes da revolução comunista era necessária a modernização do país, o crescimento industrial e o aprofundamento da democracia. Por isso, nas eleições em que participou, o PCB marchou ao lado da burguesia progressista e setores desenvolvimentistas contra o latifúndio, a elite rural, setores vinculados ao capital externo e remanescentes do fascismo. Esse conjunto de políticas colocava os comunistas muito próximos aos trabalhistas, liderados pelo próprio Getúlio Vargas.

Essa confluência de posições deu origem ao movimento queremista em 1945, no qual os comunistas defenderam a permanência de Getúlio, seu maior algoz, no poder e a convocação de uma assembleia constituinte, ao invés das eleições presidenciais agendadas para 2 de dezembro do mesmo ano. Esta estratégia, como foi visto, não teve grande sucesso, com Getúlio sendo derrubado e o general Eurico Gaspar Dutra vitorioso nas eleições presidenciais.

17. A OBRA DE GRAMSCI CHEGA AO BRASIL

É nas páginas de O Momento que a volta de Gorender ao solo baiano é anunciada, com grande pompa. No final da guerra o prestígio dos pracinhas era imenso entre a população, a heroica vitória das forças democráticas na Europa era exaltada por todos e os poucos brasileiros que se dispuseram a arriscar a vida na Itália exaltados como heróis. Tanto que a chegada de Gorender não passa despercebida pelos diretores da faculdade de Direito, que rapidamente anunciam uma festa dançante em homenagem ao aluno que voltava vitorioso para casa. O jornal, nos dias seguintes, também dedicaria uma grande coluna ao perfil de seu novo contratado.

Gorender conhecia o trabalho realizado pelo jornal, tendo recebido alguns exemplares enquanto ainda estava em combate, e mantido contato com João Falcão, que também publicou algum dos textos que havia escrito para o jornal da FEB. Voltando para Salvador, era natural que, pela sua experiência com jornalismo, se envolvesse com a publicação. A moral do jovem combatente era tanta que assumiu, logo depois de sua volta, o cargo de secretário de redação, ficando apenas abaixo de João Falcão na hierarquia do jornal. Após alguns meses, assumiria também o cargo de redator-chefe, se tornando um dos arquitetos da transformação do semanário em diário.

Empregado e de volta à terra natal, Gorender retoma a vida de onde havia parado quando se alistou, buscando equilibrar a militância, o trabalho jornalístico e os estudos. A faculdade de direito foi sua terceira parada depois da família e dos companheiros de partido. Por um acordo do exército, os veteranos podiam avançar algumas matérias, para compensar o tempo perdido. O plano, apesar das boas intenções, não parece ter sido bem pensado, já que os veteranos tinham dificuldade de acompanhar o curso sem o conteúdo das aulas que haviam pulado.

A estada de Gorender na faculdade de direito, nessa segunda passagem, foi breve e atabalhoada. Sem tempo para estudar e com dificuldade em função das matérias que tinha pulado, acumulou algumas reprovações. O projeto de se tornar advogado seria enterrado com a transferência para o Rio de Janeiro, com Gorender abandonando definitivamente a faculdade de direito, sua última experiência com a educação formal. Na volta ao jornalismo, teria muito mais sucesso. A imprensa sempre foi uma das suas grandes vocações e na redação de *O Momento* teve mais espaço e poder para colocar em práticas suas ideias e opiniões sobre como deveria ser dirigido e escrito um bom jornal. Uma liberdade que ele não tivera nos outros jornais baianos, onde estava sujeito à vontade dos donos, que impunham a linha editorial de acordo com seus interesses políticos e comercias.

É nas páginas de *O Momento* que temos acesso aos primeiros textos assinados por Gorender. Se ele escreveu alguma coisa mais autoral nos jornais da mídia tradicional baiana, tais escritos não sobreviveram à passagem do tempo. Um pensador incansável produziria seu primeiro texto de destaque pouco mais de um mês após sua volta a Salvador, um artigo publicado em três partes intitulado "A nova democracia italiana".

Em um tempo sem internet, onde as viagens eram caras e perigosas e as informações disponíveis sobre o exterior eram limitadas, havia muita demanda por histórias mais aprofundadas sobre o resto do mundo. Gorender utilizou as informações que coletou em primeira mão na Itália para criar um panorama completo sobre a trajetória dos comunistas naquele país. Na primeira parte, ele discute a formação do Partido Comunista Italiano; na segunda, traça um perfil dos líderes do PCI, Palmiro Togliatti e Antonio Gramsci; e no final, discute a atuação dos militantes nos momentos finais do fascismo. A série foi muito bem recebida, tendo inclusive sido replicada em outros jornais do partido. A reportagem teve um caráter mais inovador do que se podia imaginar no momento em que ele a escreveu, principalmente o perfil de Antonio Gramsci.

Gramsci é um dos mais importantes pensadores da esquerda mundial, com influência nas mais diversas áreas do conhecimento, mas, em 1945, era um desconhecido fora da Itália. No Brasil, alguns textos nos anos 1920 abordavam sua atuação como dirigente do PCI, mas nada além disso e, com o aprofundamento do nazifascismo, sua figura foi esquecida. A série "A nova democracia italiana" foi a primeira a rediscutir a atuação do antigo líder do PCI, apesar de uma maneira ainda superficial.

Pensador independente, Gramsci não tinha medo de expor suas ideias e nem criticar a atuação do partido, tanto na Itália quanto na URSS. Suas posições foram ficando mais claras à medida que suas obras eram divulgadas. Nas primeiras versões, como Togliatti divulgou após o final da guerra e Gorender acompanhou em Piacenza, o perfil de Gramsci era outro, utilizado pelo partido para unificar e distinguir o PCI. O militante que surge nas páginas de O Momento é um comunista fiel, diligente, completamente leal às ordens do partido e contrário a qualquer tipo de sectarismo.

No seu trabalho como jornalista, Gorender teve a oportunidade de abordar uma série de outros assuntos, divulgaria as notícias de Salvador, os diversos movimentos populares apoiados pelos PCB, a política nacional e o noticiário internacional, com destaque para a revolução chinesa que começava a tomar forma no pós-guerra. É de sua autoria o texto que apresenta a transformação do semanário em diário.

Enquanto Gorender estava enfiado na fumacenta redação de *O Momento*, Mário Alves seguia trabalhando na organização do partido. Apesar de também ter trabalhado como jornalista, nunca teve a vocação do amigo para as letras e o trabalho intelectual, focando cada vez mais na parte política do trabalho revolucionário.

O PCB seguia firme com sua estratégia política, conforme a tendência dos PCs no pós-guerra. O partido fazia parte da democracia burguesa, buscando se tornar uma agremiação de massas e chegar ao poder por meio das vias eleitorais, mantendo uma aliança com os setores progressistas da sociedade, no caso brasileiro o trabalhismo e setores da burguesia industrial.

Nas eleições de 1945, como foi colocado, o PCB baiano conseguiu eleger Marighela para a Câmara dos Deputados, um feito bastante impressionante se considerarmos a legalização recente do partido e a ferrenha oposição aos comunistas, que existia por parte dos setores conservadores que controlavam a máquina pública e faziam a vida dos comunistas bem difícil. Isto, somado ao bom desempenho de *O Momento*, o jornal mais rentável do PCB, chamou a atenção do comando central do partido, que começou a acompanhar de perto a atuação dos militantes baianos.

Nesse ambiente, Mário Alves, com apenas 22 anos, é uma estrela ascendente nos quadros comunistas, sendo eleito secretário de divulgação do PCB baiano em junho de 1946, comparecendo à III Conferência Nacional do PCB. Com sua crescente importância, ele passa a alternar seu tempo entre Salvador e Rio de Janeiro. Conferências, encontros e cursos na cidade maravilhosa se tornam comuns. A agenda vai trazer muito mais do que experiência política para o jovem militante. No início de 1946, volta de uma dessas viagens perdidamente apaixonado. Foi em um curso de preparação política no Rio de Janeiro que seus olhos recaíram sobre Dilma Borges, uma morena magra de cabelos negros e ondulados, dona de uma beleza elegante.

Cinco anos mais velha que Mário Alves, Dilma Borges nasceu em Bom Jesus de Itabapoana, na região serrana do Rio de Janeiro, município pobre dominado pela elite cafeeira. Dilma cresceu em uma família pobre de sete irmãos e só teve acesso à educação formal após ir morar com uma tia em Campos. Ao terminar o colégio, voltou para sua cidade e lá se envolveu na luta pela reforma agrária, sendo uma das fundadoras do PCB na cidade. Dona de um espírito rebelde, também lutava pelos direitos das mulheres, às vezes se indispondo com os próprios companheiros de partido.

O interesse de Mário Alves foi rapidamente correspondido, e após seu retorno a Salvador foi através das cartas que acabaram por se conhecer mais a fundo. Casaram-se em dezembro em uma cerimônia na qual Mário foi representado por procuração, por estar em Salvador atuando pelo partido na campanha para as eleições gerais de 1947.

Nestas eleições foram renovados 20 governadores, parte do Senado além das Câmaras Estaduais e do Distrito Federal. A campanha, mais uma vez, mostraria a força do PCB como um partido de massas e uma das forças políticas mais importantes da época, elegendo deputados em diversos estados e a maior bancada do distrito federal, Rio de Janeiro na época. Na Bahia, o PCB elegeu dois representantes. Mário Alves transferiu-se definitivamente para o Rio de Janeiro após as eleições aonde concorreu sem sucesso ao cargo de deputado, obtendo pouco mais de 1.000 votos.

18. A CASSAÇÃO DO PCB

A atuação de Gorender na redação de *O Momento* também ganhou destaque dentro do partido e, no final de 1946, foi convocado para assumir o cargo de redator no jornal *A Classe Operária*, publicado no Rio de Janeiro. Na época, Gorender era um militante totalmente comprometido com a liderança do partido e aceitou o novo cargo sem hesitar, organizando rapidamente seus assuntos em Salvador e se mudando para a capital federal.

Abandonando novamente Salvador, menos de um ano depois de ter voltado da Itália, não mais voltaria a viver na cidade. A Bahia de Gorender está eternamente ligada à sua infância. O cheiro do dendê, a confusão das ruas da cidade baixa e o povo negro que povoava o caldeirão multicultural que era a sociedade soteropolitana viveriam para sempre no seu coração. Seu espírito, porém, se adaptaria melhor ao ritmo e à vida cosmopolita das grandes cidades da região Sudeste. Voltaria muitas vezes para sua terra natal, principalmente para a casa em Itaparica, comprada pelos irmãos e onde passou muitas férias, com mais frequência depois que abandonou a militância. Mas apesar do grande amor que tinha para com a Bahia, não deixava de se sentir deslocado em um lugar onde muitas das atitudes, que já haviam sido suas, pareciam estranhas.

A Classe Operária, jornal que assumiria como redator, era uma das mais importantes publicações da mídia comunista. Fundado em 1925, o jornal funcionou, com ocasionais pausas, durante o Estado Novo e a ditadura militar, sempre como jornal oficial do PCB. Ao contrário das outras publicações, como *O Momento* em Salvador e o *Tribuna Popular* no Rio de Janeiro, que possuíam certa independência e uma agenda própria, *A Classe Operária* se encontrava vinculada diretamente ao comitê central, com a publicação transmitindo a posição oficial do partido.

Publicado na forma de um semanário, trazia, além do noticiário, textos aprofundados sobre filosofia, política e literatura, escritos pelos grandes nomes do comunismo nacional e internacional. Pablo Neruda, Jorge Amado, Graciliano Ramos, Candido Portinari, Oscar Niemeyer e o próprio Stalin eram alguns dos colaboradores mais frequentes. O que fazia da posição de redator nesse jornal um cargo de grande prestígio e influência política.

Em 1946, a cidade maravilhosa vivia seu auge, cheia de encantos mil, como na antiga marcha de carnaval. A capital federal era o mais importante centro político e cultural, onde nos bares da orla de Copacabana se podiam encontrar bebendo os nomes mais importantes das artes, da música e da literatura brasileira. Uma cidade cosmopolita, onde se podia ter acesso a notícias e produtos vindos de todos os lugares do mundo. Gorender teria a oportunidade de expandir seus horizontes trabalhando na capital. Salvador ainda era uma cidade regional, distante dos grandes centros e com uma vida cultural limitada.

A vida no Rio o fascinou logo de início. Na cidade teve a oportunidade de conviver com os mais importantes nomes da intelectualidade brasileira e acesso a uma nova variedade de livros e jornais raros, que dificilmente realizavam o caminho até a Bahia. Uma das atividades que mais despertava o interesse eram as visitas à redação do *Tribuna Popular*, jornal diário do PCB no Rio de Janeiro.

Terminado o expediente no *A Classe Operária*, era comum sair em direção à Esplanada do Castelo, onde estava localizado o prédio da *Tribuna Popular*. Na agitada redação era fácil encontrar os grandes nomes da cultura carioca, um acontecimento para o jovem provinciano aspirante a intelectual, começando pela figura do cronista Álvaro Moreyra e principalmente de sua mulher, Eugênia Moreyra, uma das pioneiras do feminismo brasileiro, que com seus cabelos curtos e charuto nos lábios, exercia certo espanto em Gorender, acostumado com as mulheres da conservadora sociedade soteropolitana.

Após encerrado os trabalhos na redação, com o jornal já enviado para a gráfica, os jornalistas tinham um tempo para confraternizar e, nas rodinhas, entre a grossa fumaça dos cigarros, era comum encontrar Jorge Amado, Cândido Portinari, Carlos Drummond de Andrade e Graciliano Ramos, que no futuro se aproximaria bastante de Gorender, em animadas conversas informais com os outros funcionários. Na época, porém, o jovem baiano participava pouco, se limitando a ouvir o que diziam os grandes mestres.

O ambiente de trabalho descontraído e a vida na boemia carioca teriam curta duração, se encerrando em maio de 1947, com o retorno do partido à ilegalidade. Entre as atribuições de Gorender como jornalista, estavam acompanhar as reuniões do comitê central, composto por Luís Carlos Prestes, Arruda Câmara, Pedro Pomar, João Amazonas e Maurício Grabois, e as principais atividades envolvendo os líderes. E foi em um desses eventos, em abril, que presenciou, pela primeira vez, um grande erro estratégico do Cavaleiro da Esperança.

Nesse momento, dois políticos obscuros haviam entrado com um pedido de cassação do registro do PCB. Himalaia Virgulino, um ex-procurador do Tribunal de Segurança Nacional, e Edmundo Barreto Pinto, deputado do PTB pela capital federal, que ficaria famoso em 1949 por ser o primeiro deputado cassado por quebra de decoro parlamentar, ao posar de *smoking* e cueca para a revista *O Cruzeiro*. Alegavam os políticos que o partido possuía ligações, financeiras inclusive, com entidades subversivas internacionais.

A notícia provocou grande agitação entre a militância, tudo que havia sido construído com tanto esforço corria o risco de acabar apenas com um julgamento do tribunal eleitoral. Para acalmar os ânimos, foi convocada uma reunião com diversos ativistas na Casa do Estudante, sede da UNE. Prestes fez a preleção e disse que não havia razão para se preocupar. Não havia clima político para colocar o PCB na ilegalidade, a burguesia progressista necessitava do apoio dos comunistas contra as forças conservadoras. A declaração do líder máximo do partido acalmou a base, que não se mobilizou nem pressionou o governo, voltando para casa aliviada com a manutenção da legalidade do partido. A análise de Prestes não podia estar mais distante da realidade, a burguesia progressista não nutria nenhuma lealdade para com os comunistas. Com a base desmobilizada, ficou mais fácil para as forças conservadoras se aproveitarem da situação e, no dia 7 de maio de 1947, o PCB voltou para a ilegalidade.

A decisão tirou o chão dos comunistas, que não haviam se preparado para a cassação do registro do partido. A primeira atitude foi destruir qualquer registro que pudesse comprometer militantes ou a organização do partido. A lei passaria a valer a partir do dia seguinte e, por isso, durante toda a noite os militantes queimaram e destruíram papéis nas sedes regionais do partido Brasil afora. O PCB se via como um partido de massas, na época contava oficialmente com mais de 200 mil militantes, número bastante inflacionado, com simpatizantes e até alguns desavisados descritos como filiados. Como consequência, após a proibição do PCB, muitas pessoas tiveram de correr para provar a sua não filiação no partido. Meses após a cassação era comum ler nos jornais do Rio comunicados do tipo 'fulano declara a todos que não é comunista'.

A reação inicial de Prestes foi convocar os membros para protestar e pedir a renúncia imediata do presidente Eurico Gaspar Dutra. Estratégia fadada ao fracasso, os comunistas estavam desorganizados e não conseguiam mobilizar a população, o presidente recém-eleito contava com uma base de apoio sólida no congresso e legitimidade popular. Para completar, o país crescia em ritmo acelerado com a população melhorando de vida, o que diminuía as chances de uma revolta popular. A pequena reação não traria o PCB de volta à legalidade, que só recuperaria em 1989, nem impediria que todos os deputados ligados à legenda fossem cassados no início de 1948.

A cassação do PC e seus deputados provocaria alterações profundas na forma de atuar do partido. Gorender definiria este processo, anos depois, como a consolidação da facção sectária, a ala mais vinculada às ideias stalinistas. Nesse sentido, o partido abandonaria gradativamente o objetivo de se tornar uma organização de massas, para focar nos quadros. Um grupo de elite que organizaria as massas oprimidas e conduziria a derrubada da democracia liberal, através das armas, impondo um regime de estilo soviético. Um objetivo irreal, no mínimo, já que o país crescia em ritmo acelerado, a industrialização e a urbanização abriam um novo mundo para a população, que se identificava cada vez mais com o capitalismo.

A lealdade ao partido, sempre um elemento importante entre os comunistas, passou a ser exigida em níveis soviéticos, nenhuma ordem deveria ser desobedecida nem questionada. Prestes assumiria o papel de líder máximo da organização, cuja visão e conhecimento não podiam ser questionados, e todas as suas ordens deveriam ser seguidas de maneira exata. Com essa nova abordagem, outro traço indireto do stalinismo, surgiu a paranoia. Com a ilegalidade, algumas prisões foram efetuadas e alguns jornais ligados ao partido foram perseguidos. O governo Dutra, porém, nunca se mostrou realmente preocupado com as ações do PCB, nem houve uma repressão em escala comparável ao Estado Novo e à Ditadura Militar. O PCB foi proibido de participar das eleições, mas não havia um veto para que ele continuasse existindo como outro tipo qualquer de agremiação.

Mas o partido se entregou à paranoia e via inimigos e espiões em todos os lugares. As reuniões eram secretas e sempre envoltas em mistério, dependiam de palavras-chave e exigiam voltas sem sentido. Prestes se tornaria uma figura fantasmagórica, pouco visto e sempre em movimento. Sua vontade seria transmitida ao partido pelo comitê central, constituído por Arruda Câmara, Maurício Grabois e João Amazonas. Pedro Pomar, um dirigente histórico do partido e membro do antigo CNOP, incialmente fazia parte do comitê, mas, a partir da cassação do partido irá perder espaço e, em um movimento comum na história dos PCs, será sem grandes explicações rebaixado sucessivamente na organização partidária. Com a ausência de Prestes, o poder dentro do partido, na prática, irá ficar com Arruda Câmara, porta-voz principal do grande líder, um homem truculento e parcial, que impunha sua vontade, muitas vezes pela força, sobre todos os seus comandados. Uma figura que, com o tempo, Gorender passaria a desprezar.

Nesse ambiente, o partido decidiu, em 1948, abandonar a luta sindicalizada, já que as agremiações se encontravam sob controle estatal e os comunistas estavam sendo expulsos. O partido optou então por criar suas próprias agremiações, os Centros Operários, sem grande sucesso, já que eram frequentados apenas por comunistas A estratégia foi abandonada rapidamente, em 1951, com o partido voltando a atuar dentro dos sindicatos oficiais, agora com grande sucesso.

19. A INFLUÊNCIA DO STALINISMO

O movimento experimentado pelos comunistas brasileiros não foi isolado. A frágil paz estabelecida entre americanos e soviéticos começava a ruir. No Leste Europeu, zona de influência soviética, se estabeleceram governos de coalização após o final da guerra, com os comunistas participando da democracia. Os resultados ruins dos comunistas nas eleições e o crescimento da influência americana na região, com o Plano Marshall, acabaram por encerrar a experiência, com a criação em outubro de 1948 do Comitê de Informação Comunista, Cominform, com sede em Bucareste, que editava o jornal "Por uma paz duradoura, por uma democracia popular", um fórum que contava com os principais países comunistas. Nesse processo, as repúblicas do Leste Europeu foram substituídas por repúblicas populares, controladas em um regime de partido único, a ditadura do proletariado. O conjunto de nações que Churchill chamaria de a Cortina de Ferro. A Guerra Fria começava a se desenhar.

Em outubro 1949, outro evento contribuiu para aprofundar o conflito mundial. Depois de quatro anos de uma violenta guerra civil na China, o exército de Chiang Kai-Shek fugia para Taipei deixando o continente para as forças comunista de Mao Tsé-Tung, que fundava a República Popular da China. A revolução chinesa mandava um recado para o mundo.

Apesar de estarem em menor número e mal armados, diante de um exército que recebia ajuda militar de diversas potências mundiais, os comunistas triunfaram, mostrando a força da revolução e que nenhum país estava a salvo. A China possuía um valor estratégico imenso, foi a maior economia do mundo durante milhares de anos e a nação mais populosa do planeta. Em 1950, quase metade do mundo vivia em países comunistas. O seu imenso território também se constituía em uma importante base para revolucionários de toda Ásia.

Gorender não ficou alheio à radicalização e, nesse período, viveu sob as palavras que leu em um dos livros de Bertold Brecht "É melhor errar com o partido do que acertar fora dele". Essa frase resumia o sentimento de muitos comunistas da época, a lealdade ao PC era o elemento mais importante da militância, qualquer ordem por mais absurda que fosse deveria ser seguida sem questionamentos, a liderança estava sempre certa e todo tipo de pensamento crítico era desestimulado. No mundo, a vontade brilhante e inquestionável de Stalin lideraria a revolução, enquanto no Brasil o papel de líder supremo era assumido por Prestes, que seria o grande líder revolucionário.

Gorender sempre primou pela coerência na sua militância, buscou se afastar das decisões políticas e de atitudes do tipo "os fins justificam os meios", procurando atingir seus objetivos sem comprometer os seus valores. Como pensador, também seguia uma atitude semelhante, tentando entender os acontecimentos da melhor forma possível, sem enviesar a realidade, posição que muitas vezes desagradou a militância. Mesmo assim, a sua atuação nos anos stalinistas, o que fez e o que deixou de fazer na época, o assombrou durante a velhice, sendo motivo de longas reflexões.

Na busca por se tornar o militante perfeito, ele se contentava em defender a posição ideológica do partido em seus trabalhos. Mesmo tendo dúvidas quanto a qualidade do trabalho intelectual de Stalin, muito inferior ao de Marx e Lenin, não tinha problemas em descrever o ditador como maior intelectual de todos os tempos. Ou mesmo em descrever Prestes, que se tornaria futuramente seu maior desafeto dentro do movimento comunista, de maneira similar em um perfil do líder brasileiro.

A fidelidade cega não estava presente no seu trabalho intelectual, mas na forma como deixou de se posicionar com relação a como o próprio partido funcionava. Presos dentro da própria ilusão de perseguição e com Prestes no papel de uma figura distante e pouco ativa, o comitê central agia de maneira unilateral. A partir de 1950, seguindo o exemplo dos países do Leste Europeu, ficou estabelecido que os escritores ficcionistas deveriam submeter suas obras para a censura prévia do partido comunista. O cargo de censor ficou com Arruda Câmara, segundo homem na hierarquia do partido, ignorante e truculento, que tinha a função de avaliar e julgar se as obras dos mais diversos escritores, alguns deles de grande importância como Graciliano Ramos, eram verdadeiramente fiéis aos ideais comunistas, sem ter de respeitar nenhuma restrição. Gorender se lembraria, anos depois, de assistir Arruda gritando, para que todos ouvissem, "Você não é escritor coisa nenhuma, você é um semianalfabeto", ao falar com Astrojildo Pereira, um dos fundadores do PCB e estudioso da obra de Machado de Assis.

A direção também coordenava a ascensão no partido, militantes eram promovidos e rebaixados sem justificativa ou razões lógicas. Pedro Pomar passou do comitê central para um departamento obscuro em São Paulo, enquanto outros de grande talento eram renegados ou mantidos em posições subalternas sem explicações. Um caso destes aconteceu em 1947, no Rio de Janeiro, com aquele que seria um dos grandes aliados de Gorender no PCB. Apolônio de Carvalho voltava ao Brasil depois de combater na Guerra Civil Espanhola e na Resistência Francesa, atuação que lhe rendeu uma homenagem de Jorge Amado no livro *Subterrâneos da Liberdade*, no qual Apolônio é chamado de o 'herói das três pátrias'. Nos primeiros anos de Brasil, teve de viver com um salário de fome, atuando como secretário, motorista e segurança do comitê central, em função da antipatia de Luís Carlos Prestes. Muito pouco para um soldado experiente e com uma vida dedicada à causa comunista.

20. APOLÔNIO DE CARVALHO

A volta ao Rio de Janeiro era apenas mais uma transformação na vida de revolucionário de Apolônio de Carvalho, que tinha começado em 1935 enquanto estava no exército.

Nasceu em 9 de fevereiro de 1912 na cidade de Corumbá, no que é hoje o Mato Grosso do Sul, caçula de seis irmãos. Foi nas planícies do pantanal que Apolônio cresceu junto com os irmãos, entre o gado e os jacarés, convivendo com os imigrantes paraguaios e a elite. Considerados classe média alta, viviam entre a elite regional, mas com salário pequeno, o que obrigava a família a enfrentar uma situação precária, buscando sempre manter as aparências, sem se sacrificar muito. A condição da família permitiu que as crianças tivessem acesso a uma educação formal de qualidade. Mesmo distante dos grandes centros, Apolônio tinha acesso a muitos livros, sendo um apaixonado por romances de capa e espada, como *Os Três Mosqueteiros*, de Alexandre Dumas.

As necessidades financeiras estiveram presentes na vida de Apolônio desde sempre. Apolônio sonhava em se tornar médico, mas pela situação da família, e por sugestão de sua mãe, acabou decidindo pela carreira militar. Em 1930 foi aceito na Escola Militar do Realengo (EMR). A decisão teve pouca influência de seu pai, que apenas sugeriu que, caso optasse por seguir carreira, apoiasse sempre o partido dos oficiais superiores.

Apolônio viveria na cidade maravilhosa uma experiência muito similar à que Gorender teria alguns anos depois. Saindo dos confins do pantanal, praticamente isolado do resto do mundo, passaria a viver na capital federal entre a elite militar da época. A EMR, uma das mais prestigiosas instituições de ensino militar da época, era frequentada por homens de recursos, vindos de famílias tradicionais e destinados aos mais altos cargos militares do país. Dessa instituição saíram os principais generais da FEB, assim como todos os presidentes militares da ditadura.

A convivência entre a elite militar revelaria a Apolônio sua própria ignorância. Mas não desencorajariam o estudante, que buscou preencher as lacunas intelectuais se aproveitando da extensa biblioteca da escola. Nos três anos que passou como estudante, leu avidamente as mais diversas correntes políticas e filosóficas da época.

Entre amigos, na biblioteca e envolvido na revista da escola militar, os três anos de formação passaram rapidamente, se formando em 1933 como oficial de artilharia e sendo estacionado na cidade de Bagé, lar de seus antepassados. Sairia da escola como um homem, um progressista, mas ainda não comunista. Teve contato com as ideias de Marx e Lenin, mas a doutrina, em um primeiro momento pareceu muito rígida. No Rio Grande do Sul se tornaria definitivamente de esquerda, se envolvendo com essa facção dentro do exército. Em 1935, por contato de um amigo, acabaria membro da Aliança Nacional Libertadora (ANL), organização nacionalista e de esquerda, que congregava diversos setores da sociedade.

Os tempos, porém, mudaram rápido e a efervescência cultural e política do início dos anos 1930 deu lugar aos horrores do Estado Novo, sendo a ANL declarada ilegal em 1935. No mesmo ano, diversos dos seus membros foram considerados criminosos e presos. Apolônio foi preso dentro do exército, expulso da corporação e levado como civil para a Casa de Correção do Rio de Janeiro, para onde foi boa parte dos presos políticos do Estado Novo.

As prisões políticas são, para muitos de seus ocupantes, mais uma universidade do que um cárcere. Um lugar onde militantes passam dias e noites debatendo e conversando sobre filosofia, política, sociologia e qualquer outro assunto. No Rio de Janeiro, Apolônio encontrou dirigentes comunistas nacionais como Olga e Luís Carlos Prestes; internacionais como Rodolfo Ghioldi, secretário-geral do PC argentino e intelectuais da estatura de Graciliano Ramos e Jorge Amado.

Influenciado pela companhia, Apolônio se tornaria um comunista fervoroso e, quando foi liberado, em junho de 1937, já era membro do partido. Em liberdade, desempregado e comprometido com o PC, foi convidado para se juntar às Brigadas Internacionais na Espanha. O país ibérico rapidamente se tornava o centro da luta internacional antifascista e atraia voluntários do mundo inteiro, no que foi considerado um ensaio da Segunda Guerra Mundial.

Na Espanha, a luta política, que se arrastava há algum tempo, acabaria em um conflito armado entre o bloco de esquerda, os republicanos, uma coalisão que congregava comunistas, anarquistas e progressistas em geral e os nacionalistas que unia os fascistas, grupos conservadores religiosos e carlistas. Com as tensões mundiais em alta, as potências internacionais não perderam tempo em se envolver no conflito. Itália e Alemanha passariam a enviar ajuda militar para as forças nacionalistas, enquanto a União Soviética ajudaria os republicanos.

O conflito mobilizou a opinião pública mundial, a situação dos espanhóis e o projeto revolucionário da esquerda no país sensibilizaram muitos militantes, que se voluntariam para ajudar os republicanos na luta contra o fascismo. A maior parte dos voluntários veio por intermédio dos partidos comunistas ao redor do mundo, mas havia também democratas e trotskistas entre os combatentes. Entre os que lutaram, estavam dois dos maiores escritores do século. Ernest Hemingway e George Orwell estiveram na Espanha e ajudaram a imortalizar a história desses homens e mulheres que morreram defendendo a revolução, em um país com o qual tinham pouca ou nenhuma relação.

Apolônio foi chamado por razões práticas, com a maior parte dos militares apoiando os nacionalistas o exército republicano carecia de oficiais experientes nas mais diversas funções. A artilharia, sua área de formação, era bastante específica, necessitava de conhecimento técnico. Como um militante jovem e recém-chegado, aceitou a missão com empolgação. Foi integrado ao exército republicano como tenente, comandado uma bateria de artilharia com cerca de 200 homens.

A missão das forças progressistas era difícil desde o começo. A situação dos republicanos foi muito prejudicada devido às desavenças internas entre as diferentes correntes. Composto por uma variedade de correntes, a frente republicana não conseguiu superar suas diferenças, muitas vezes mais preocupados em se enfrentarem entre si do que lutar com os fascistas. Os anarquistas eram incontroláveis, 'crianças com armas', como descreveu Hemingway; os stalinistas queriam vencer ao mesmo tempo em que buscavam assumir o domínio da coalisão, os trotskistas não sabiam se odiavam mais os fascistas ou os stalinistas e, finalmente, os socialistas e moderados procuravam vencer sem que a Espanha se tornasse um país comunista. Tudo isso levou à rápida desorganização da frente republicana e à vitória das foças conservadoras, comandadas por Franco.

Em setembro de 1938, o governo republicano, em uma decisão que muitos anos depois ainda causaria consternação em Apolônio, decide desmobilizar os cerca de 45 mil combatentes estrangeiros. A decisão foi desastrosa para a república, com a perda de um grande contingente de soldados treinados e experientes. A ideia era passar, para o público do exterior, a mensagem de que os espanhóis estavam sofrendo nas mãos das forças estrangeiras, que organizavam os nacionalistas, percepção que seria fortalecida se os republicanos lutassem apenas com espanhóis. Esse seria apenas um dos muitos erros do governo republicano, que perderia definitivamente a guerra no início de 1939. Os fascistas controlariam a Espanha até a morte do ditador Francisco Franco, nos anos 1970.

A desmobilização das brigadas internacionais forçou um grande número de militantes a sair da Espanha. Muitos não puderam retornar para seus países de origem, que também viviam as suas próprias ditaduras fascistas. A solução encontrada por esse grupo foi atravessar a pé a fronteira com a França. Foi assim que, no final de 1938, Apolônio depôs suas armas e abandonou definitivamente a Espanha.

A travessia dos Pirineus por dezenas de milhares de soldados treinados, a maioria deles comunistas, que não tinham um país para voltar, apresentava um problema grave para o governo francês, que acabou por criar campos de concentração na fronteira, onde os soldados eram mantidos até que uma solução definitiva fosse encontrada. Apolônio viveu nesses campos, na cidade de Argèles-Sur-Mer. O infortúnio, porém, acompanhava os soldados. A Segunda Guerra Mundial começa em setembro de 1939, com a invasão nazista da Polônia. Em maio de 1940 os alemães invadem a França. Com a invasão, os campos seriam dissolvidos, uma parte dos soldados foi enviada em para frente de batalha e outros liberados. O Partido Comunista Francês mantinha contato com os prisioneiros e orienta sua fuga para que se incorporem a Resistência.

O desastre da Guerra Civil Espanhola e a subsequente invasão nazista foram suficientes para desiludir muitos militantes, que passariam longos anos remoendo os erros da revolução, suas atitudes, e amargurados com a vida em geral. Não para Apolônio, dotado de um otimismo inabalável na humanidade e no sucesso da luta por um mundo melhor. Nem a derrota na Espanha, os nazistas ou o regime militar brasileiro conseguiriam dobrar seu espírito de luta, representado no título da sua autobiografia "Vale a pena sonhar", lançada no início do século XXI. Com esse sentimento, e seguindo as ordens do PC francês, foge dos campos pouco antes de sua dissolução, se juntando à resistência. Viaja para Marselha, trabalha como professor de português, principalmente para judeus que desejavam fugir para a América do Sul, e depois no consulado brasileiro. A relativa tranquilidade deste período termina com a intensificação da guerra em 1942.

Apolônio entra para a guerrilha urbana, comandando um grupo pequeno inicialmente. A experiência adquirida na Espanha leva a assumir um destacamento, até se tornar um dos líderes da região. As operações urbanas na França eram muito diversas e incluíam sabotagem de fábricas de armas, meios de transporte, ataque a quartéis e tropas em marcha.

A guerra, porém, não trouxe apenas miséria e infelicidade. Foi na Resistência Francesa, em meio a nazistas e armas, que Apolônio encontrou o amor de sua vida, Renée France. Nascida em 1925 em Marselha, vinha de uma família de comunistas militantes, já aos 11 anos participava de ações do partido e, com a invasão alemã, se juntou à resistência assim como seus parentes. Sua tia e seu irmão terminaram a guerra em Auschwitz.

As mulheres tiveram um papel importante na Resistência Francesa, principalmente em funções de apoio, como oficiais de ligação e no transporte de materiais. Por serem menos visadas pela polícia, viajavam com grandes sacos e sacolas, sendo que por baixo dos vegetais e das flores estavam explosivos, armas, balas e tudo que os soldados da resistência tivessem necessidade para a luta.

A libertação de grande parte da França ficou a cargo da resistência. Apolônio entrou, em 1944, com as tropas em Toulouse, uma das maiores cidades da região Sul. Foi na festa da vitória em Toulouse que nasceu seu primogênito René-Louis, e se casou oficialmente com Renée.

Logo após o final da guerra, Apolônio muda-se para Paris com Renée, o partido comunista francês estava se reorganizando e precisava de militantes experientes. Na Cidade Luz, é declarado oficialmente coronel da Resistência e recebe a Legião de Honra, mais alta condecoração militar francesa, em um evento que também homenageou Candido Portinari. Nesse momento, seus laços com o Brasil eram bastante limitados, fora do país desde 1937 tinha seu futuro na Europa, mas, novamente, o destino teria uma surpresa reservada.

Em um mundo em guerra e com as comunicações limitadas, a luta de Apolônio passaria despercebida para os brasileiros e para a direção do PCB, que também buscava se organizar. Foi apenas em 1945 que uma série de entrevistas com o jornalista Samuel Weiner, que cobria a guerra para os jornais brasileiros, trouxe à luz sua história. As reportagens divulgariam sua vida e luta na Europa, chegando ao conhecimento dos líderes do PCB, que tinham se esquecido do militante que haviam enviado à Espanha. O partido necessitava de mão de obra experiente e ordenou que Candido Portinari, que partia para Paris onde seria homenageado, convocasse o guerrilheiro a voltar. Apolônio, como bom militante, aceitou prontamente a nova missão.

Assim como Mário Alves e Gorender, Apolônio estava impregnado com o espírito da época, a vontade do partido era suprema e sempre correta, e o dever de todo militante era aceitar o que lhe fosse ordenado. Nesse caso, significaria trocar a segurança da Europa pelas incertezas no Brasil. Terminara a guerra em uma posição bastante confortável, estava casado com uma francesa e, mesmo não sendo nativo, era muito respeitado, um herói de guerra na Espanha e um líder condecorado da resistência. Poderia continuar no PC francês, onde era um comandante importante, ou aproveitar o prestígio dos heróis da pátria e se aposentar da militância com um emprego tranquilo em Marselha. Mas nada disso importou e, no final de 1946, ele se mudou com a mulher, que não falava português, e o filho recém-nascido para o Rio de Janeiro. A decisão seria particularmente dura para Renée, que ficou entre abandonar o marido ou deixar tudo para trás, indo para uma terra estranha.

Apolônio chega ao Rio de Janeiro no final de 1946. O partido disponibilizaria uma casa e um pequeno salário para a família. A situação inicial foi desafiadora para Renée, sem falar português e vivendo com o pouco dinheiro que a família recebia. A família, que logo iria crescer com mais uma criança, Raul, em 1947, não teve tempo de se adaptar à cidade maravilhosa. Com a ilegalidade, o partido determina sua transferência para São Paulo.

Mário Alves e Apolônio seriam transferidos para a capital paulista em 1948, o primeiro um militante em ascensão dentro da estrutura do partido, o outro ainda procurando se adaptar à terra natal. Ambos teriam missões similares, auxiliar na instalação e segurança dos principais dirigentes do partido, fazendo também eventualmente as funções de secretários. Mário Alves ficaria encarregado de Arruda Câmara, com quem tinha ligações desde o congresso da Mantiqueira, enquanto Apolônio guardaria João Amazonas. A relação entre os dois, estreitada nos anos seguintes, contou com a atuação de suas mulheres, Dilma e Renée, que atuavam com oficiais de ligação, se encontrando em locais insuspeitos como praças e igrejas para trocar pastas e objetos com informações da militância.

21. A ASCENSÃO NO PARTIDO

Gorender, ao contrário dos amigos na clandestinidade em São Paulo, continuaria a viver no Rio de Janeiro e a trabalhar na imprensa partidária, que, apesar de alguma perseguição das autoridades, permaneceria sendo publicada, contribuindo principalmente com o *A Classe Operária*, a *Fundamentos*-Revista de Cultura Moderna e Problemas-Revista Mensal de Cultura Política.

Mas a cassação do PCB traria mudanças na vida de Gorender. Com a reorganização, seria também designado secretário de Agitação e Propaganda, posição que assumiu com bastante satisfação, pois permitiu seu envolvimento em algumas campanhas encabeçadas pelo partido e o colocou em contato com as organizações de base, que não tinha quando executava apenas a função de jornalista. Novas medidas de segurança também foram adotadas, tendo em vista a onda de repressão e a preocupação das lideranças com possíveis agentes de segurança vigiando suas ações.

As reuniões da seção de Agitação e Propaganda eram secretas e geralmente realizadas na casa de um dos membros do grupo. Como medida de segurança os convidados nunca deveriam chegar ao mesmo tempo, se apresentando um de cada vez para não levantar suspeitas dos vizinhos, sendo que cada um tinha uma hora exata pata bater na porta. Um desses membros era o escritor Graciliano Ramos, militante dedicado, que disponibilizava sua casa para as reuniões. Isto deu a Gorender a oportunidade de conviver, de maneira bastante próxima, àquele que, junto com Machado de Assis e Guimarães Rosas, é um dos grandes nomes da literatura brasileira. Ficou na sua memória a imagem de um homem aberto e nada arrogante, sempre com um cigarro entre os dedos.

A ascensão dentro do partido permite que Gorender escreva textos mais autorais. No segundo número da *Fundamentos* contribuiu com o artigo "Uma Filosofia Para Degenerados". A contundente crítica ao existencialismo seria um dos seus primeiros textos teóricos, que mostra sua evolução como intelectual e a predisposição para o debate acadêmico, mesmo que a maior parte do seu trabalho esteja inserida no discurso do partido, como os perfis de Prestes e Stalin que publicou em diferentes momentos.

Em 1949 publicaria dois textos abordando a questão agrária no *A Classe Operária*: "A Solução revolucionária para o problema da terra" e "O problema agrário na obra de Lima Barreto". Anos depois, com a publicação de "O Escravismo Colonial", abordando a questão do latifúndio escravocrata, Gorender se tornaria um intelectual respeitado. Nessas reportagens estão as primeiras contribuições acerca do tema, mesmo que nesse momento estejam focadas em destacar o pioneirismo de Prestes em abordar o assunto e seu extenso conhecimento.

O problema da terra estava no centro do debate comunista. O comunismo, antes muito focado na questão do proletariado industrial, no início dos anos 1950 seria influenciado pelo sucesso da revolução chinesa e do Maoísmo. A revolução poderia ser feita a partir do campo, algo decisivo em países predominantemente agrários, como o Brasil. Esta situação levou intelectuais comunistas do mundo inteiro a se dedicarem ao entendimento da situação agrária e das condições de vida dos trabalhadores rurais em seus respectivos países.

No Rio de Janeiro, Gorender ainda teria outra atividade importante, a participação na Associação de Ex-combatentes do Brasil (AECB). A participação do Brasil na guerra tinha acabado, mas muitos combatentes teriam a vida alterada permanentemente por ela. Além do contingente de militares regulares, que após o final da guerra retornaram ao serviço no Brasil, a FEB contou com um grande número de voluntários, homens que deixaram seus lares para lutar na Europa. Para esse grupo, após a grande parada em sua homenagem, a vida se mostrou dura. O soldo pago às tropas, que era retido enquanto estavam em combate, era insignificante e, mesmo o acumulado em mais de um ano, não sustentava uma pessoa por muito tempo. Os soldados, jovens no início da vida adulta, deixavam o mercado de trabalho em um momento chave da formação e, ao retornar, tinham dificuldades para se reinserir no mercado. Além disso, muitos voltavam da guerra com sequelas físicas e psicológicas, o que dificultava ainda mais a inserção na vida civil.

As AECB foram criadas com o intuito de ajudar essas pessoas, constituindo um ambiente onde os ex-combatentes pudessem confraternizar, procurar emprego e tivessem à disposição auxílio médico. A primeira foi criada ainda em 1945, no dia 1º de outubro no Rio. A ideia dessas associações veio da convivência com os soldados ingleses, franceses e americanos. Países que, pelo histórico militar, possuíam organizações desse tipo com milhões de membros e grande influência política. No Brasil, as AECB não teriam tanta importância, apenas 25 mil homens haviam participado da FEB, mesmo assim teriam alguma notoriedade nos primeiros anos, principalmente o diretório do Rio de Janeiro, que possuía o maior número de membros.

Gorender esteve envolvido com a AECB desde o início. Apesar da forte repressão, os comunistas sempre estiveram representados dentro das forças armadas, existindo um setor de esquerda importante, e por vezes influente, dentro da corporação. A associação acabaria por se tornar mais um palco para esse conflito, uma luta pelo controle da entidade e sua participação política. Os setores conservadores, aliados aos militares da ativa, defenderiam que a AECB tivesse uma atuação focada apenas em ajudar os ex-combatentes, enquanto os comunistas entenderiam que a situação dos soldados não podia ser dissociada do país como um todo e que a associação deveria se envolver na política nacional.

Os comunistas também defenderiam o caminho inverso, que os problemas dos ex-combatentes deveriam ser levados para a sociedade, posição que culminou, em julho de 1947, com o Desfile do Silêncio no Rio de Janeiro, onde a associação realizou uma passeata que entregou aos vereadores e deputados um documento com algumas demandas e reivindicações dos ex-combatentes. A atuação do PCB, porém, teve vida curta dentro da AECB. Seria sempre uma corrente minoritária dentro da organização, muitos membros eram abertamente anticomunistas enquanto outros eram indiferentes, buscando na associação um lugar de convívio social e auxílio em caso de dificuldade. Até que, em 1948, as forças armadas assumiriam o controle da organização, expulsando os comunistas dos cargos de liderança e tornando a associação um braço dos militares.

Gorender acabaria por se acostumar com o Rio de Janeiro, a vida diante do mar, os encontros com a intelectualidade carioca, a militância entre os veteranos e o início da sua produção intelectual. Mas o comitê central teria outros planos e, no final de 1950, seria desligado do comitê metropolitano e enviado para São Paulo, onde faria parte do secretariado do comitê estadual como responsável pela propaganda, subordinado ao primeiro-secretário, o conterrâneo Carlos Marighela.

22. MARIGHELLA

O ano de 1951 foi de grandes mudanças, não só para Gorender, mas para o Brasil. O mandato de Eurico Gaspar Dutra chegaria ao fim em 1950 e o país iria eleger um novo presidente para os próximos cinco anos. O novo balanço de forças traria, de um lado Getúlio Vargas, pelo PTB, e o Brigadeiro Eduardo Gomes, pela UDN. O estancieiro gaúcho, afastado da política por alguns anos, seria compelido a retornar pelos antigos aliados do PSD e PTB, partidos criados por ele, conquistando facilmente a vitória. A imagem do ditador continuava fresca na memória da população que relacionava seu período com a industrialização e as diversas conquistas sociais, como a CLT.

Getúlio não retornaria sem oposição, com setores importantes do exército e do empresariado se opondo à sua posse. O PCB passou à margem desses acontecimentos, na ilegalidade o partido mantinha sua posição contra tudo e contra todos, realizando uma oposição ferrenha a Getúlio. A militância, por sua vez, tinha sua própria opinião, apoiando em massa o candidato do PTB, que possuía uma plataforma populista e de nacionalismo econômico, em oposição à UDN conservadora, liberal e alinhada com os Estados Unidos. Getúlio, em seu mandato, criaria a Petrobras e o BNDE.

O comitê central do PCB, apesar da rígida hierarquia stalinista, não tinha o controle total das ações dos militantes, sendo que, em alguns raros casos, a liderança precisou se curvar à vontade dos subordinados. Gorender chegou a São Paulo no momento em que uma dessas raras situações acontecia, o PCB aos poucos retornava aos sindicatos, subvertendo a ordem imposta para essas instituições, que vinha desde o Estado Novo.

O partido que Gorender encontrou em São Paulo ainda passava por uma reestruturação, buscando se recuperar da perda da grande estrutura da época legal e aprendendo a funcionar, novamente, na ilegalidade. O envolvimento com os sindicatos era uma parte importante desse processo. Na época, o PCB de São Paulo se encontrava sob a liderança de Carlos Marighella, um grande dirigente na visão de Gorender, que nunca escondeu a admiração pelo conterrâneo e amigo, que possuía uma história muito similar à sua, apenas um capítulo à frente.

Marighella nasceu em 1911, numa família pobre, vivendo na periferia de Salvador, 12 anos antes de Gorender. Mesmo assim conseguiu ser admitido no curso de Engenharia Civil da Escola Politécnica da Bahia em 1931, quando se torna militante comunista. A decisão de abandonar a faculdade viria 3 anos depois, quando se torna militante profissional e se muda para o Rio de Janeiro. Com a declaração do Estado Novo, seria preso e perseguido durante todo o período. Vai ser libertado e inocentado com a anistia em 1945. Volta para a Bahia, onde conquista, como já foi colocado, o cargo de deputado constituinte, que manteria até 1948 quando foi cassado juntamente com os outros deputados comunistas. Assumiria então diversas funções dentro da estrutura partidária até 1953, quando foi enviado à China.

Gorender via no homem, que seria o guerrilheiro mais procurado do país nos anos 1960, um líder exigente, mas justo e sensível aos problemas dos militantes, sempre preocupado se seus subordinados estavam bem instalados e se tinham dinheiro para as necessidades básicas, como alimentação e transporte. Na convivência constante, viu um dirigente que convidava os militantes a se abrirem e confessarem seus problemas e dúvidas, ele mesmo possuindo um forte companheirismo com o conterrâneo, algo que nunca teve com Arruda, seu superior no Rio de Janeiro e cujo estilo autoritário e intransigente sempre desagradou Gorender.

A relativa independência do partido, e o próprio caráter de Marighella, permitiram que Gorender se envolvesse no trabalho de base. Academicamente foi sempre mais inclinado à teoria do que o trabalho de campo, e nos anos de militante esteve sempre vinculado ao trabalho de base e ligado a área intelectual do partido. Isso, porém, não impedia que tivesse uma grande admiração para com o trabalho de base, aproveitando as oportunidades que teve de interagir com o mundo real e, especialmente, com os trabalhadores. Nesse sentido, a atuação em São Paulo permitiu que Gorender participasse, mesmo que marginalmente, em um dos grandes momentos do movimento sindical brasileiro, a greve dos trezentos mil, que eclodiu em abril de 1953.

A estrutura sindical brasileira no início dos anos 1950 era um resquício do Estado Novo, espelhada no modelo fascista italiano que tornava os sindicatos um braço do Estado. Evitava ao máximo a organização independente, dificultada ainda mais por uma série de leis aprovadas em 1946, pelo presidente Dutra que, na prática, inviabilizavam o direito de greve. A volta de Getúlio Vargas ao poder contribuiria para energizar a base de trabalhadores. O governo Vargas adotaria uma postura fortemente intervencionista e nacionalista, aprovando algumas mediadas favoráveis aos trabalhadores. Mas que não eram suficientes, principalmente em relação ao salário mínimo, que perdia valor mensalmente com a alta taxa de inflação do país na época.

A agitação começou no dia 18 de abril, com a Passeata das Panelas Vazias, que contou com algo entre 60 e 100 mil participantes, que saíram da Praça da Sé e caminharam até o Palácio Campos Elíseos, sede do governo do estado na época. A passeata recebeu esse nome porque as mulheres presentes batiam panelas vazias. Uma semana depois, os trabalhadores do setor têxtil cruzariam os braços, seguidos pelos metalúrgicos, vidreiros, gráficos e marceneiros, parando cerca de 276 indústrias apenas na capital e, na prática, toda a cidade, que durante semanas conviveu com passeatas, piquetes e confrontos entre policiais e grevistas.

No movimento, estavam envolvidas as mais diferentes correntes políticas, incluindo militantes ligados à igreja católica e aos partidos tradicionais, como o PTB e o PSD. Uma aliança eclética como essa gerava desconfiança do comitê central, que via o PCB como única organização que podia representar os trabalhadores. Mesmo com essas críticas, aventadas em alguns momentos, o PCB de São Paulo, liderado por Marighella, aderiu de corpo e alma à greve, se tornando um dos seus principais organizadores e transformando o jornal do partido na cidade, o *Notícias de Hoje*, no porta-voz dos grevistas.

A imprensa burguesa, ligada aos patrões, boicotava a greve e quando noticiava os eventos era sempre do ponto de vista da direita, o que tornava o jornal comunista o único a noticiar a greve, acompanhar as assembleias e os piquetes. Nos 29 dias que durou o movimento a tiragem da publicação passou de 3 mil exemplares diários para mais de 25 mil, sendo essencial para o sucesso das reivindicações.

A greve obteve sucesso, já que conseguiram que o governo aumentasse o salário mínio em 32%, mas teria ramificações muito mais profundas. Esse seria o primeiro movimento onde categorias diferentes se organizavam de maneira conjunta, aliança que seria cristalizada com a criação Pacto de Unidade Intersindical, iniciando a construção das grandes centrais sindicais. A greve também contribuiria para levar uma nova leva de militantes ao controle dos sindicatos, substituindo as lideranças alinhadas com o governo. A greve dos trezentos mil foi o início de um movimento sindical ativista que cresceria rapidamente, se tornando uma força política importante até ser desmontado pelos militares após 1964.

O trabalho com a base não seria a ocupação principal de Gorender, sua função principal, no início, era manter o contato com a intelectualidade. O comunismo estava em alta e não havia falta de militantes e simpatizantes do partido, principalmente na alta cultura. Se no Rio de Janeiro pôde conviver com grandes nomes da literatura e outras áreas, como Carlos Drummond de Andrade, Graciliano Ramos e Jorge Amado, sua convivência em São Paulo não ficou para trás, tendo a oportunidade de debater com outros grandes nomes como o historiador Caio Prado Junior, o maestro Eduardo Guarnieri e o arquiteto Villanova Artigas.

Uma das primeiras discussões que Gorender participou foi em torno da I Bienal Internacional de Arte de São Paulo, inaugurada no dia 20 de outubro de 1951. No final dos anos 1940, a sociedade paulista ainda era bastante conservadora e a arte moderna ainda não tinha ganhado muito espaço no meio artístico. Uma série de medidas, patrocinadas por setores da elite cultural, modificaria o cenário, com a criação do Museu de Arte Moderna em São Paulo, em 1948 e no Rio de Janeiro, em 1949. A criação da Bienal, por sua vez, copiava o modelo de Veneza.

O evento, que envolveu grande parte da intelectualidade paulista da época, ocorreu em um pavilhão construído especialmente para a ocasião. O projeto ficou a cargo de dois arquitetos Eduardo Kneese de Mello e Luís Saia, este último membro do PCB, o que levou a uma série de discussões na ala intelectual. Na época, os comunistas estavam comprometidos com o realismo soviético, forma de arte criada e divulgada oficialmente pela URSS, e viam as outras formas de arte, principalmente a abstrata, como burguesas. Gorender não se envolveu ativamente no debate, considerando que não tinha conhecimento estético para avaliar a situação, mas intimamente, como bom stalinista, preferia o realismo soviético, posição que mudaria com o tempo.

23. OS CURSOS PARA FORMAÇÃO DE QUADROS

No início dos anos 1950 estavam em São Paulo Mário Alves, Apolônio de Carvalho e Gorender, cada um realizando uma função diferente. O primeiro dedicado à organização partidária, escrevendo discursos e traduzindo livros; o segundo realizando pequenas tarefas cotidianas e de segurança e o terceiro na ligação com os intelectuais. Os três, porém, se encontrariam novamente juntos em uma missão do partido, com o início do esforço educacional do PCB.

A formação de militantes sempre foi uma das principais preocupações dos comunistas. Lenin, em 1902, já destacava que apenas sonhadores não eram suficientes para uma revolução, a tomada do poder envolvia uma militância organizada, ideologicamente homogênea e eficiente. A preocupação com a educação dos quadros data de antes da revolução e acabou sendo impregnada pelo modelo da União Soviética, que considerava esse um dos principais elementos para o sucesso da revolução mundial.

A URSS, desde o início, terá a expansão do comunismo para o resto do mundo, assim como a consolidação da versão soviética desses ideais, como objetivos importantes. Nesse sentido a Rússia se tornará um centro de ensino para militantes de todas as partes do mundo. Já nos anos 1920 serão fundadas escolas com o objetivo de treinar e capacitar comunistas estrangeiros. Uma das mais famosas foi a Escola Internacional Lenin, fundada em 1926, menos de dez anos depois da revolução russa, que ministrava cursos de um ano. Nessas instituições, os militantes possuíam aulas teóricas sobre economia, política, sociologia e matérias relacionadas com a história do comunismo na Rússia. Além disso, o curso possuía uma parte prática voltada para a organização do partido, atividade guerrilheira e política.

A URSS, com isso, pretendia fortalecer os partidos comunistas do mundo, enviando militantes capazes de organizar os partidos e liderar a resistência aos regimes em vigor. A educação soviética também unificava os militantes do ponto de vista ideológico, fortalecendo a visão russa do comunismo, que nos primeiros anos ainda encontrava resistência de muitos setores da militância, não sendo hegemônica até 1945. Mas a educação na Rússia era um privilégio para poucos, apenas os militantes mais importantes eram convidados para a União Soviética, onde receberiam o treinamento que permitiria liderar a revolução em seus países. A formação dos quadros menores deveria ficar a cargo dos partidos locais.

O PCB flertou com a formação de quadros desde a sua formação em 1922, mas pela trajetória política brasileira teve dificuldades para colocar em prática um plano estruturado nesse sentido. Apenas a partir dos anos 1950 é que o comitê central decidiria focar a ação do partido em atividades educacionais. Os primeiros sinais seriam dados pelo líder supremo no país, Luís Carlos Prestes, no artigo "Guiados pelos ensinamentos do camarada Stálin, nosso educador, estudemos e assimilemos a doutrina marxista-leninista" publicado na revista *Problemas* – revista mensal de cultura política no final de 1950, onde ele destaca, a partir das palavras de Stalin, a necessidade de instrução formal dos quadros militantes e unidade teórica metodológica.

A orientação de Prestes foi formalizada pelo comitê central do partido, já no início de 1951, e colocada em prática. O partido então realizaria um grande esforço para montar uma rede de ensino organizada, tarefa que mobilizou os recursos do partido, tanto humanos quanto materiais, pelos anos seguintes. Na organização da empreitada, Mário Alves e Gorender, pelo envolvimento com o jornalismo e a intelectualidade, foram escolhidos como professores. O projeto educacional do PCB mobilizou todos os setores do partido, sendo que o corpo docente foi escolhido entre os militantes profissionais. Além dos dois jovens baianos outros nomes importantes também deram aulas, como os membros do comitê central Arruda Câmara e João Amazonas.

O curso seria composto de três etapas diferentes, que aprofundariam os conhecimentos dos militantes. A primeira etapa, denominada Curso Prestes, consistia em uma imersão de uma semana, mas que podia ser condensada em quatro ou cinco dias, nessa etapa os alunos aprendiam a posição oficial do PCB e os rudimentos do marxismo-leninismo. No segundo ciclo, chamado de Curso Stalin, os alunos estudavam de 6 a 15 dias e se aprofundavam na teoria marxista, sendo focada na formação de dirigentes partidários. Esse foi o mais popular entre os cursos do PCB, tanto que muitos se referem a todo esse projeto como Cursos Stalin. A etapa final, o Curso Lenin, tinha duração de mais de três meses, e era focado na formação dos líderes partidários, recebendo também alunos estrangeiros, tendo sido ministrados poucas vezes.

A estrutura era semelhante em todas as etapas. Os militantes geralmente se reuniam em um local afastado, uma chácara ou casarão, que servia de alojamento e escola. Além dos debates e aulas teóricas, os alunos também eram responsáveis pela limpeza, organização e alimentação. O PCB teve um grande sucesso na empreitada, principalmente se considerarmos que o partido se encontrava na ilegalidade. Por ocasião do IV Congresso do Partido Comunista do Brasil, realizado em novembro de 1954, Gorender foi o escolhido para fazer um balanço do projeto. Em três anos de atividade, passaram pelos cursos elementares do Partido, de 4 ou menos dias, 1.960 alunos; pelos cursos médios, de 6 a 15 dias, 1.492 alunos; e pelo curso superior do Comitê Central, 554 alunos.

Na condição de professor, Gorender assistiu a um desses cursos no Rio e logo depois passou a ministrar diferentes atividades pelo Brasil. O objetivo velado do projeto era incutir, no maior número de militantes ao redor do mundo, a visão soviética de comunismo, criando uma massa de militantes organizados, disciplinados e leais à URSS. Nas aulas, era ensinado que a lealdade ao partido vinha primeiro, que o partido estava sempre certo e não devia ser criticado pela militância. Nessa cosmovisão, o povo vinha em segundo plano.

Nas aulas, eram estudados os principais teóricos do comunismo, Marx, Lenin e principalmente Stalin. O ditador da URSS era descrito como um gênio inigualável, intelectualmente superior aos seus predecessores, e sua obra "Problemas Econômicos do Socialismo na União Soviética", que discutia as dificuldades e soluções encontradas pela economia soviética, era tratada como base de todo o curso. A obra recheada de erros teóricos, dados irreais e previsões fantasiosas não resistiu à passagem do tempo, sendo hoje Stalin considerado um intelectual de menor calibre dentro da teoria marxista. Como professor e intelectual, na época, Gorender já possuía dúvidas em relação ao gênio do ditador russo, considerando sua obra claramente inferior à de Lenin e Marx, mas em nome do partido se mantinha calado, sendo mais um a glorificar Stalin. O Brasil também era abordado no curso, sendo a história e análise igualmente baseada em discussões viciadas e infundadas.

Outra parte importante do curso focava a história de vida de militantes importantes. A glorificação dos mártires do comunismo era parte significativa da estratégia educacional da URSS, com objetivo de estabelecer normas éticas e de atuação da militância. Nessas histórias, os personagens eram sempre descritos como abnegados e leais ao partido, capazes de suportar as maiores privações e torturas, ao mesmo tempo em que se mantinham fieis a causa, sem nunca duvidar ou questionar as decisões dos superiores.

No dia 5 de março de 1953, Joseph Stalin, o maior entre todos os mitos que seriam criados, morria em sua Datcha nos arredores de Moscou. O falecimento do ditador seria anunciado logo em seguida pelos membros do Comitê Central para o mundo, mobilizando militantes de todos os cantos do globo. No Brasil, a notícia chocou o PCB, constituído na maior parte de stalinistas convictos, provocando reações emocionais. O filho de Graciliano Ramos lembraria, anos depois, que vira o pai chorar em duas ocasiões: no suicídio do irmão e quando soube do falecimento do grande líder. As homenagens seriam muitas e, na reunião do comitê, Marighella anunciaria que os cursos do partido, já conhecido informalmente como Cursos Stalin, seriam renomeados como Recrutamento Stalin.

Os maiores nomes do comunismo brasileiro e mundial renderiam homenagem ao falecido líder. Levado pelo tom de bajulação do comunismo da época, grandes nomes da cultura brasileira contribuiriam para o momento. Na revista *Fundamentos*, braço teórico do PCB, Jorge Amado aclamaria o líder, assim como Di Cavalcante. Pablo Neruda contribuiria com poemas. As exaltações exageradas, consideradas quase cômicas nos dias atuais, foram motivo de arrependimento e angústia para muitos intelectuais, inclusive Gorender e Mário Alves. Em uma edição especial do jornal *A Classe Operária*, mais importante veículo do PCB, os dois contribuiriam com reportagens, o que também mostra a influência da dupla dentro da estrutura do PCB.

O ano de 1953 seria também o ano em que a dupla seria separada novamente. Pouco depois da morte de Stalin, Mário Alves e Apolônio receberiam a chance de estudar na União Soviética, honra máxima para qualquer militante no mundo: poder viver e estudar na pátria dos trabalhadores. Gorender, por sua vez, teria de ficar no Brasil esperando a sua oportunidade.

Teria, no Brasil, a oportunidade de presenciar mais um momento histórico, que contribuiria para sua formação intelectual e partidária: o suicídio de Getúlio Vargas em 24 de agosto de 1954. Sofrendo forte ataque dos setores liberais, ou entreguistas como descritos na época, durante todo mandato, o contexto se tornou insustentável quando ocorre o atentado perpetrado contra um dos principais opositores do governo, o jornalista Carlos Lacerda, levando à morte o major Vaz, da Aeronáutica, força que o apoiava. A situação se tornaria então incontrolável para Getúlio, que se viu sem condições de manter a presidência, optando então por sair da vida para entrar para a história, como descrito em sua carta de suicídio.

O evento foi noticiado pela imprensa na manhã seguinte e, para surpresa de todos, em uma movimentação espontânea, a população saiu às ruas, disposta a defendera a memória do ex-ditador em uma marcha enfurecida, que vandalizou as principais sedes da oposição e quase linchou Carlos Lacerda, ao destruir a sede do seu jornal. Dentre a multidão enfurecida estavam, em grande parte, elementos da militância comunista. Expondo, na visão de Gorender, mais uma vez, a desconexão do comitê central com a realidade brasileira. O partido, depois de ser colocado na ilegalidade, adotara uma postura de oposição ferrenha à presidência do gaúcho. No início de 1954 o programa do PCB tinha a frase "abaixo o governo de traição de Getúlio Vargas".

O problema dessa linha era que, apesar das muitas divergências ideológicas, Getúlio Vargas tinha uma postura de defesa da soberania nacional, incentivo à indústria e, ao se opor ao governo, o comitê central do PC colocava o partido alinhado com os elementos pró-americanos e liberais. O erro só foi percebido muito tarde, quando a situação ficou insustentável. Não era possível alterar a linha a tempo, tanto que o jornal *Tribuna Gaúcha*, porta-voz do PCB na cidade, também foi depredado pelos manifestantes.

O comitê central, ciente do erro, alteraria o programa por ocasião do IV Congresso realizado em novembro de 1954, o mesmo em que Gorender apresentou os resultados do Curso Stalin. Na opinião de Gorender, a alteração da frase "derrubar o governo de traição nacional" também acarretava uma série de problemas programáticos, mas teve pouco tempo para ponderar sobre a situação brasileira porque, pouco depois do congresso, também foi convidado para viajar à URSS, iniciando a longa marcha até Moscou.

Anna e Nathan Gorender, Salvador (BA), década de 1960.

Jacob em Salvador, 1925, aos dois anos de idade.

Família Silva Fernandes, Cruzeiro (SP), 1930. Da esquerda para a direita, Idê, Paz, Mayo Uruguay, Hermogeneo, Liberta, Socialina, Julieta, Catarina, Marat, Laudelina, Nenovasco e Vera Natura.

Jacob em Salvador, 1939, aos 16 anos de idade.

Mário Alves, Sara Orestein e Jacob Gorender em Salvador (BA), 1942.

Campanha da Força Expedicionária Brasileira (FEB), Itália, 1944-45.

Campanha da Força Expedicionária Brasileira (FEB), Itália, 1944-45.

Campanha da Força Expedicionária Brasileira (FEB), Itália, 1944-45.

Campanha da Força Expedicionária Brasileira (FEB), Itália, 1944-45.

Jacob, Ethel, Hermogeneo, Socialina, Vladimir e Auguste Elise, Rio de Janeiro (RJ), em janeiro de 1963.

Jacob, Idê e Ethel no colo, Auguste Lise Criança, Rio de Janeiro (RJ), em janeiro de 1961.

Jacob e Ethel, Praia do Leblon, Rio de Janeiro (RJ), em novembro de 1963.

Jacob ao fundo, Congresso Nacional de Aeroviários, Recife (PE), em novembro de 1963.

PARTE 5
O AMOR NA RÚSSIA E A DIFÍCIL TAREFA DE DISCUTIR A VERDADE

24. ESTUDAR NA PÁTRIA DOS TRABALHADORES

Num mundo com dificuldades para viajar e obter informações, o exterior era pouco conhecido de uma forma geral. Os países de trás da cortina de ferro, então, se constituíam em um mistério ainda maior. O número de viajantes ocidentais era mínimo e os relatos sempre influenciados pelo viés ideológico. Para os seus detratores, o mundo comunista era um lugar sombrio, sem liberdade, onde as pessoas viviam em condições precárias e em constante medo da repressão. Para os militantes, era a pátria dos trabalhadores, um mundo sem classes onde todas as pessoas viviam em harmonia, sem os grilhões da opressão capitalista. Ficava a cargo de cada um escolher em que versão acreditar.

Para os militantes comunistas, estudar na União Soviética era uma oportunidade de ouro, tanto do ponto de vista de vivência quanto de oportunidade dentro da organização partidária. A URSS considerava a formação de quadros comunistas localmente um elemento importante da revolução, mas desde sempre entendeu que a formação de lideranças teria de ficar a cargo da União Soviética. Desta forma, desde a metade dos anos 1920, comunistas das mais diversas partes do mundo eram convidados a estudar na pátria dos trabalhadores.

Dentro dessa organização, o Brasil passou, com o tempo, a assumir um lugar de destaque. Relatórios inflamados dos líderes brasileiros chegavam à Rússia descrevendo um país em vias da revolução. Assim, a partir de 1950 os russos passariam a considerá-lo como a nação latino-americana com mais chances de aderir ao bloco comunista.

O Brasil tinha um PC organizado e com um número significativo de militantes, além disso, possuía um líder, Luís Carlos Prestes, com prestígio nacional reconhecido e admirado por diversos setores da sociedade, algo que os outros partidos comunistas não possuíam. Por fim, dentro do dogmatismo teórico comunista, que via as revoluções acontecendo de maneira similar à URSS, o país já tinha passado pela sua antessala da revolução, como Lenin definiria a Revolução de 1905, sendo, no caso brasileiro, a Intentona Comunista de 1935.

Nesse ambiente pré-revolucionário, a URSS organizou, durante os anos 1950, cursos na Escola Superior do PCUS. Um total de três turmas de brasileiros foram enviadas para estudar lá. A primeira e menor seria composta pelas grandes lideranças do partido, enviada em 1951. Os militantes de menor importância seriam enviados posteriormente, em 1953 e 1955. Assim, um grande número de militantes brasileiros, entre 1951 e 1957, foi enviado para estudar na União Soviética, compreendendo a maior parte dos quadros profissionais do partido no Brasil na época. Na década de 1960, o projeto ainda continuaria, mas em menor escala.

Muitos comunistas ainda se lembram do exato momento em que recebiam a grande notícia, envolvidos num misto de euforia, gratidão e apreensão pela possibilidade de estudar no URSS, a pátria dos trabalhadores, o lugar de nascimento de Lenin e Stalin. Mário Alves e Apolônio seriam convidados para fazer parte da segunda turma, que partiu em 1953. Gorender, por razões administrativas, a partida de militantes não poderia afetar o funcionamento da máquina partidária brasileira, receberia a oportunidade na terceira e última grande turma, em 1955, juntamente com a mulher de Apolônio, Renée, que se juntou ao marido.

A operação era mais complicada do que parecia. O Brasil, desde 1947, não possuía relações comerciais ou diplomáticas com a URSS; além disso, o clima de guerra fria fazia com que os eventuais visitantes dos países comunistas despertassem muita atenção das autoridades. A cautela, beirando a paranoia, do PC brasileiro também contribuía. Os militantes eram avisados em cima da hora pela direção partidária e, mesmo assim, só sabiam do destino final quando já estavam a caminho. Até então, eram mantidos no escuro, não sabendo se iriam para a América do Sul, para a Europa ocidental ou qualquer outro lugar que a direção considerasse pertinente.

Após receberem a notícia da viagem internacional que se aproximava, começava a corrida por passaportes válidos. Muitos militantes viviam na ilegalidade já há algum tempo e eram conhecidos da polícia, por isso não podiam entrar andando na Delegacia de Ordem Política e Social e realizar formalidades que para outras pessoas seriam banais. Outros militantes mais humildes, vindos do movimento operário e do interior do país não possuíam os documentos mais elementares, como uma certidão de nascimento, o que impedia de entrar com o pedido.

Para superar esses obstáculos, o partido contava com uma vasta gama de simpatizantes e militantes, infiltrados nos serviços públicos, que facilitavam a vida dos comunistas e, quando as afinidades ideológicas não ajudavam, uma propina resolvia o problema. E, dessa maneira, os militantes eram preparados para iniciar a grande viagem. O caminho era igualmente tortuoso, sem relações diplomáticas e sob a vigilância das autoridades, os militantes não podiam ir diretamente para a Rússia. Então, para não levantar suspeitas, era bolado um complexo itinerário que tinha como objetivo despistar as autoridades. Apesar do PC falar em turmas, os militantes iam e voltavam em pequenos grupos, ou sozinhos, em momentos diferentes.

Mário Alves seria o primeiro a partir, em 1953, acompanhando Arruda Câmara como seu secretário em viagem pelo bloco comunista, para posteriormente se juntar aos outros alunos. Arruda seria o grande elo entre o PCB e o PCUS, possuindo um trânsito muito bom entre os líderes globais do comunismo e, na visão dos críticos, constituindo-se no principal responsável pela visão exagerada sobre a força do PCB. Entre 1953 e 1957, Arruda passou a maior parte do tempo no exterior, principalmente entre a Rússia e a China.

Gorender, já um militante de nível mais alto, também não seguiu os trajetos mais comuns. O caminho completo se perdeu no tempo, mas seu trânsito pela Europa lhe deu oportunidade de crescer intelectualmente;

os PCs na época possuíam uma vasta rede que permitia a troca de informações e interações entre seus membros. Nesse sentido, Gorender teve a oportunidade encontrar, pela primeira vez, pessoas que conhecia por cartas e publicações. Em Londres, pôde conhecer um jovem historiador que posteriormente ganharia fama internacional, Perry Anderson e, na Bélgica, Ernest Mandel.

Gorender desembarcou na capital russa no auge do verão, com seus dias longos, quentes e úmidos, um clima muito diferente do que as pessoas imaginam nas cidades russas. Do aeroporto, foi direto para o colégio. O governo soviético, além das próprias universidades e escolas, possuía uma série de institutos dedicados a ensinar militantes estrangeiros.

Os brasileiros ficavam nos arredores da cidade em uma antiga *datcha*, como eram chamadas as antigas mansões na Rússia czarista, cerca de 30 quilômetros do centro da cidade. O casarão de dois andares, que acomodava com folga os mais de 50 estudantes e uma equipe de apoio composta por enfermeiras, cozinheiros, faxineiras entre outros, havia sido construído como casa de campo para um antigo governador imperial de Moscou, uma construção elegante localizada no bucólico campo russo, entre riachos e pinheiros como em um antigo livro de Tolstói.

Na escola, se reuniu com seus colegas à espera do início das aulas. Quando chegou, teve a oportunidade de se encontrar com alguns antigos companheiros. A viagem de volta era tão complicada como a de ida, por isso as turmas acabavam se misturando, com brasileiros que já estavam morando em Moscou havia dois anos. Entre eles estava Mário Alves, que continuaria a acompanhar Arruda, retornando ao Brasil apenas no meio de 1956, e Apolônio de Carvalho, que, sem muitas funções no Brasil, e agora na companhia da mulher, ficaria os dois períodos de 1953 a 1957.

A primeira turma seria mais restrita, com menos informações disponíveis, as duas seguintes teriam um formato e funcionamento similar. Os alunos estavam submetidos a uma estrutura rígida. O curso era puramente teórico, possuindo matérias introdutórias de história econômica, política, sociologia e do *Capital* de Marx, depois discussões sobre a história da Rússia, da revolução, da política da União Soviética, além de aulas de Russo e Português. Na época, não havia tradutores de português em Moscou, por isso, as aulas eram dadas em russo e traduzidas para o espanhol, assim como os textos utilizados. O dia começava às 9 horas, com três horas de aula, os estudantes então tinham uma hora de almoço, das 12 às 13 horas, e depois mais três horas até as 16 horas. Os estudantes então estavam liberados para o estudo privado ou para se dedicar a outras atividades e passatempos.

Cada brasileiro que passou pela escola teve sua própria experiência, mas muitos encontraram dificuldades de se adaptar ao estilo de vida, para começar pelo jeito frio e reservado dos russos, algo comum nos países comunistas. Os estudantes não podiam deixar a escola, apenas para ir ao médico ou a eventos pré-programados pela direção e estavam sujeitos à rígida hierarquia comunista. Os brasileiros respondiam ao chefe da delegação, outro brasileiro, que por sua vez respondia ao diretor da escola que se reportava ao chefe da divisão sul-americana, que devia informações ao coordenador das Américas, que por sua vez estava subordinado a alguém, e assim por diante até o próprio secretário-geral do partido, Nikita Khrushchov na época. As ordens seguiam de cima para baixo e deviam ser acatadas sem debate ou demora.

A turma de Gorender, porém, teria uma vida mais fácil que a de Mário Alves, principalmente pela troca de liderança. A segunda turma foi coordenada por João Amazonas enquanto a terceira por Maurício Grabois. Apoiado pela rígida hierarquia do lugar, dotado de uma admiração infinita por tudo o que era soviético e um olhar puritano quase carola da revolução, Amazonas pôde colocar em prática sua própria visão dos militantes. Preocupado com os recursos soviéticos, limitou a delegação a três banhos quentes por semana, proibiu que pedissem mais açúcar para o chá aos cozinheiros, chegando a ponto de vetar uma obturação de ouro a um dos membros da delegação para não prejudicar os estoques soviéticos. Na vida pessoal também imprimiu a sua marca interditando a vitrola, proibindo casais de dormirem juntos e até mesmo limitando a saudação de bom dia entre homens e mulheres. Por fim, afirmou para a direção que nenhum dos militantes presentes bebia álcool.

O dia a dia do lugar, e a convivência com os russos, que deviam achar muita graça em toda a situação, acabou por desmontar o mundo ideal de

Amazonas. A direção não via problemas em mais banhos quentes, algo natural dado o frio de Moscou, não havia falta de açúcar e vodca na URSS e o diretor, quando alertado por um tradutor do gosto brasileiro, riu e disse que na União Soviética havia açúcar para enterrar a todos. Algo semelhante aconteceu com a bebida, quando um dos alunos, que já morava há algum tempo na URSS, se aproximou do diretor e, com o argumento de que aquilo parecia mais um mosteiro que uma escola, pediu para que cerveja fosse servida aos domingos e, eventualmente, alguma vodca. Dada a cultura russa em relação a bebidas alcoólicas, deve ter parecido um pedido bem simplório.

A luta de Amazonas contra a música também não encontrou apoio. Os soviéticos não tinham nada contra pequenas festas e muitos estudantes, que frequentaram instituições semelhantes durante as décadas anteriores, voltaram da União Soviética com memórias de animadas festas, com música e bebidas, onde militantes de várias partes do mundo dançavam, confraternizavam e, às vezes, até iam além. A diretoria liberou a música e um exasperado Amazonas, em um último apelo, proibiu pares mistos, também sem sucesso. Homens e mulheres adultos, trancados 24 horas por dia juntos, era um convite para o romance e não foram poucos os casais que se formaram nesses cursos, com algumas aventuras internacionais também. As russas, já com 40 anos de revolução, haviam perdido parte do puritanismo cristão, tendo uma abordagem muito mais liberal para o romance, sendo atraídas pelo charme de alguns militantes brasileiros.

Maurício Grabois, o coordenador do grupo de Gorender, era um sujeito completamente diferente de João Amazonas. Bem-humorado e de fácil convivência, não causava problemas desnecessários e até mesmo arriscava alguns passos de dança nas eventuais festinhas. O grupo que chegou em 1955 era composto de dez mulheres e 40 homens, vindos de diversos pontos do Brasil, com perfis bem diferentes. A própria extensão e diversidade do PCB estava representada nesses homens e mulheres, brancos e negros, das mais diversas partes do país, com passados bem diferentes, desde intelectuais de classe média até militantes do movimento operário e rural. Entre as mulheres, uma em especial chamou a atenção de Gorender: Idealina da Silva Fernandes.

25. IDEALINA VAI À URSS

Idê, uma moça diminuta de cabelos negros e jeito gentil, chegava perdida como muitos outros. Vinha de uma célula de menor importância do Rio de Janeiro e carregava poucas roupas, já que o destino foi divulgado apenas quando já estava no navio e, agora, procurava se adaptar. Apesar de não ser uma das lideranças, tinha no sangue a história do Partido Comunista. Nascida no dia 12 de março de 1922, na cidade de Cruzeiro, em São Paulo, na época um importante entroncamento ferroviário que vivia uma iniciante industrialização, conheceu desde pequena a militância política. Treze dias depois dela nascer, seu pai, operário eletricista que trabalhava na Light, viajou para uma reunião secreta em Niterói, representando os comunistas da cidade e, junto com outros oito militantes de diferentes regiões, fundou oficialmente o Partido Comunista Brasileiro.

Hermogênio da Silva Fernandes era filho de um imigrante anarquista espanhol com uma mulata, morou na juventude em Furnas, uma região pobre do Alto da Boa Vista no Rio de Janeiro, onde conheceu Julieta da Silva, filha de lavradores da região de Parati, que trabalhava como doméstica em um colégio de freiras e era "filha de Maria". A sua religiosidade, porém, não sobreviveu à relação com Hermogênio, que na época era militante anarquista, ateu, e fortemente anticlerical. O casamento foi realizado apenas no civil.

Em 1913, Hermogênio consegue um emprego na Light e resolve deixar o Rio de Janeiro. Também nessa época começa a abandonar as ideias anarquistas, se envolvendo cada vez mais com o marxismo-leninismo. Um centro importante na época, com a Rede Mineira de Viação, uma fábrica de vagões, frigoríficos e laticínios, Cruzeiro possuía uma grande quantidade de operários que já tinha uma tradição de lutas, e que rapidamente começaram a se organizar. Até 1917 quatro grandes greves ocorreram na cidade, reivindicando principalmente a jornada de trabalho de 8 horas, mas também o pagamento de salários atrasados. Em 1917, Hermogênio e seus companheiros fundam a União 1º de Maio, organização operária de cunho sindical. Mais tarde é fundada a Associação 23 de agosto em homenagem a Sacco e Vanzetti, dois militantes anarquistas ítalo-americanos executados pelas autoridades nesse dia.

A paixão de seu pai pela revolução se traduziu nos nomes dos filhos. A filha mais velha chamou-se Liberta, em homenagem a Tiradentes; o segundo, Mayo Uruguay, por ter sido o Uruguai um dos primeiros países da América do Sul a se tornar, digamos, mais democrático. A terceira, Socialina, por causa do socialismo. Depois veio Paz, por ter nascido no final da Primeira Guerra Mundial. Depois veio Idealina, devido às ideias novas surgidas no mundo. Em seguida vem Marat, em homenagem ao Marat da revolução francesa. Para homenagear a família, têm duas irmãs com os nomes das avós paterna e materna, Catarina e Laudelina, e uma terceira, Julieta, com o nome de mãe. Escolheram para outra filha o nome de Vera Natura, natureza verdadeira. E para o caçula, Neno Vasco, o mesmo nome do português que traduziu a letra da internacional.

A organização operária que Idealina encontrou na primeira infância era muito diferente da máquina que se tornaria o movimento posteriormente. No início dos anos 1920, o movimento era composto principalmente por operários e suas famílias, as mulheres e crianças participavam e ajudavam no que podiam. Com o tempo, o sindicato foi se transformando e duas organizações surgiram, o partido propriamente dito que era só dos comunistas e uma associação aberta a todos os operários e famílias, o Socorro Vermelho. Nesta associação ocorriam conferências, festas e comemorações, cantava-se canções revolucionárias, e organizavam-se as passeatas de 1º de maio, aonde cantavam a Internacional.

Ser comunista em uma cidade pequena, naquela época, e não batizar nenhum filho levou as "baratinhas de igreja" a não ver a família com bons olhos e perseguir os filhos na escola. Hermogênio e seus camaradas sofreram perseguições mais sérias, sendo preso cinco ou seis vezes, e levado para Lorena ou para São Paulo. O Socorro Vermelho assistia às famílias dos presos. Quando toda a direção do partido em Cruzeiro foi presa, Julieta e mais um operário foram à casa de força e desligaram toda a luz da região, incluindo Cruzeiro, Cachoeira Paulista, Lavrinhas. O delegado foi obrigado a libertar Hermogênio e seus camaradas para resolver a situação.

A década de 1930 traz inúmeros sacrifícios para a família. Em 1933, com o aumento da repressão e, finalmente, a declaração do Estado Novo, Hermogênio foi demitido. Em 1934, Julieta, aos 39 anos, engravida novamente e, com a situação já bastante grave, com 11 filhos para criar, decide abortar, procedimento ao qual já havia recorrido em outras ocasiões, sempre com uma parteira polonesa que residia na cidade. Dessa vez, porém, o procedimento não resultou como esperado. A morte de uma pessoa jovem, forte e cheia de vida como ela foi um grande baque para todos. E em 1936, Hermogênio passa para a ilegalidade, quando abandona Cruzeiro e foge para o Rio de Janeiro.

Sem os pais, os irmãos passaram a viver com os tios, que também residiam na cidade e continuaram, cada um à sua maneira, a resistir. Em outubro de 1937, aos 15 anos, Idê conhece a prisão política pela primeira vez. Depois de uma discussão acalorada com um professor da escola, em que afirmava que a vida na URSS era melhor que no Brasil, Idê é denunciada pela direção da escola e presa, juntamente com outra estudante, também filha de um militante comunista da região. Foram alojadas na sala do delegado porque o juiz de menores proibiu que fossem colocadas em uma cela. A prisão teve pouco a ver com a discussão em sala de aula, mas com a estratégia de utilizar a família para chegar aos militantes políticos.

Elas foram liberadas, mas a situação não melhorou, sendo seguida pela polícia diariamente. Seus irmãos viviam situações semelhantes, demitidos dos empregos e impedidos de encontrar outros, ou em prisão domiciliar. Acabaram por decidir abandonar Cruzeiro e se juntar ao pai no Rio de Janeiro. A cidade maravilhosa, que Gorender conheceu como soldado a caminho da Itália, era muito diferente da que Idealina viveu, longe do mar numa vila no Pedregulho, em São Cristóvão, uma das regiões mais pobres da cidade na época.

A família reunida novamente vivia em uma casa pequena de dois quartos, mas com condições de abrigar a todos. O pai arranjou um emprego em uma empresa que instalava e reparava elevadores, sempre com muita discrição, já que o país passava pelo auge da repressão e poderia ser reconhecido. Como havia muitas bocas para alimentar, todos tinham de contribuir e, em 1939, aso 17 anos, Idealina conseguiu um emprego como caixa em um café na avenida Rio Branco.

Nessa época, o Estado Novo começava a enfraquecer e, com a repressão diminuindo, movimentos sociais passaram crescer. Hermogênio, como um membro histórico do PCB, foi convidado por Maurício Grabois para comparecer à reunião da Mantiqueira, que reorganizaria o partido, a mesma reunião para a qual Mário Alves seria levado por Arruda. Hermogênio, ao contrário do jovem militante baiano, recusou educadamente o convite. No antigo anarquista ainda estava vivo o velho sindicalista que o impedia de ver com bons olhos a liderança sem contestação de Luís Carlos Prestes, o mesmo espírito não o deixava compactuar com o endeusamento sem limites de Stalin no pós-guerra, o que de fato impediu a sua ascensão dentro da engessada máquina do PCB.

A retirada do pai do movimento organizado deu lugar à entrada dos filhos, que já no início dos anos 1940 estavam envolvidos em manifestações pela entrada do Brasil na Segunda Guerra. Com a legalização do PCB, em 1945, alguns dos irmãos se filiariam: Catarina, Marat e Laudelina. Socialina, que sempre participou de toda a luta, não se filiou. Nessa época, ela já era casada. Participava, emprestava a casa para as reuniões e fazia o que fosse necessário.

Em 1943, Idealina passou a trabalhar junto com a irmã Socialina em um escritório imobiliário e casa bancária, onde aprendeu muito sobre o ramo, o que a ajudaria na vida futura. O escritório era gerido por dois irmãos abertamente simpatizantes do fascismo, que ficaram muito contrariados quando descobriram a posição política das irmãs. Mas, como bons funcionários sempre foram difíceis de achar, e as meninas apareciam na hora e faziam seus deveres, acabaram aceitando-as sem grandes problemas. Idealina ficaria no emprego até 1952, quando mudaria para outro escritório.

Paralelamente ao trabalho diário, levava uma segunda vida, atuando na célula comunista Auguste Elise, nome em homenagem à militante comunista que em 1935 foi presa, torturada e enviada junto com Olga Benário para a Alemanha nazista. Todos os irmãos filiados militavam nessa célula que ficava no bairro do Rocha, próxima à casa da família, que tinha deixado São Cristóvão.

A célula formada na época da legalidade e que teve no auge 25 membros, sendo posteriormente reduzida a 12, fazia reuniões e propaganda participando da campanha da constituinte; a campanha pela paz, na época do apelo de Estocolmo – quando os EUA romperam com URSS e começou a guerra fria. Os membros distribuíam panfletos e faziam colagens e pichações.

Idealina também participou de uma das etapas dos Cursos Stalin, onde teve aula com Gorender, mas, como acontece frequentemente, a memória do professor é mais marcante para o aluno do que a do aluno para o professor. Então, no início de 1955, foi comunicada pela direção do partido que deveria preparar o passaporte para uma viagem internacional, apesar de todos desconfiarem que o curso na URSS fosse o motivo, a direção não informou oficialmente o destino e a duração.

A partida foi no cais Mauá, onde a família se despediu. Apenas no barco é que o destino final foi comunicado. Mesmo desconfiando de que iria conhecer a terra da revolução, Idealina não entendeu a razão de ter sido escolhida, e não seu pai, já que era militante sem expressão de uma célula sem grande importância. O caminho do barco levou os militantes até a Espanha, depois Itália e, de lá, de avião, para a Tchecoslováquia, depois Moscou, onde se reuniram com o resto da turma, totalizando 50 alunos.

26. A VIDA NA *DATCHA*

Com o grupo reunido, iniciaram-se as aulas, o que foi difícil para muitos dos novos alunos, com graus de conhecimento diversos. O grupo era heterogêneo, formado por operários, estudantes, algumas pessoas de classe média e quadros do partido. Dadas em espanhol e sendo bastante complexas, representavam um desafio para aqueles não acostumados com o trabalho intelectual ou sem a predisposição. Alguns tiveram de se esforçar bastante para acompanhar os conteúdos.

Para muitos, o período na URSS foi de grande sofrimento pessoal. Sem vocação teórica ou uma base sólida de conhecimentos, as aulas somadas às dificuldades com o espanhol se transformavam em uma tortura, sendo que para acompanhar os conteúdos eram necessárias muitas horas de estudo, durante as tardes e as noites. Outros não se adaptavam ao estilo ditatorial e burocrático da vida stalinista, que, para tudo, exigia uma permissão superior e uma discussão, sentindo falta de um pouco de liberdade pessoal.

No final do dia, já com as tarefas cumpridas, os moradores da *datcha* liam, jogavam dominó, conversavam, jogavam cartas e assistiam a filmes russos, com ajuda dos tradutores. Também aproveitavam os largos dias do verão russo para jogar futebol, vôlei ou caminhar no vasto quintal. Aos domingos, organizavam animados bailes, nos quais a partir de uma vitrola de 48 rotações, que funcionava com discos de acetato, a música animava o ambiente. O repertório era bastante variado – valsas, sambas e músicas da moda, como *Eu vou para Maracangalha*, além de músicas russas feitas para dançar. Todos participavam, mas como havia dez mulheres para 40 homens as meninas acabavam dançando até não conseguirem parar em pé.

Os alunos passaram a maior parte do tempo na casa, só visitando Moscou para ir ao médico ou quando, eventualmente, eram organizadas excursões geralmente a museus, pontos turísticos, ao Bolshoi ou a concertos de música clássica. Estes momentos eram bastante esperados por todos, pois permitia ver um pouco mais do dia a dia dos russos.

Idealina relata a decepção com a qualidade de vida dos russos, ao contrário da expectativa de encontrar um país fabuloso, que tivesse de tudo. Considerou muito pobre e atrasado mesmo em relação ao Brasil, percebendo que o que era oferecido na *datcha* não era a realidade para a população em geral. Depois de um ano, tiveram férias de 30 dias, ocasião na qual fizeram uma viagem pelo Volga até Ulfá, capital da Bashkiria, aonde encontraram um lugar pobre, com agricultura muito atrasada.

A experiência é algo muito pessoal e cada viajante voltou com sua própria impressão. Jacob Gorender, apesar de voltar com várias dúvidas sobre a viabilidade do sistema soviético, não teve problemas de adaptação à vida no casarão, se considerando muito bem tratado. Ao contrário de muitos companheiros, intelectuais e de classe média criados nos grandes centros urbanos, como o próprio companheiro Mário Alves, que se ressentiam da falta de liberdade pessoal e não entendiam certas atitudes dos russos, Gorender possuía um conjunto mais amplo de experiências. E, graças à grande facilidade com idiomas, em pouco tempo falava russo com certa desenvoltura, o que lhe permitia uma relação mais próxima com empregados e professores.

A origem humilde nos cortiços de Salvador o ajudava a valorizar as pequenas coisas, como uma cama confortável e a mesa farta. Em uma atitude comum da URSS do período, como uma forma de maquiar para o mundo os problemas, os brasileiros eram convidados a comer tudo o que pudessem e mais um pouco. Algo que causava vergonha em Gorender, que via os companheiros engordando a olhos vistos, enquanto soube, por meio dos funcionários, que a região passava por problemas de abastecimento e as rações eram contadas. O estilo ditatorial e burocrático de vida dos russos, com ordens sendo passadas de cima para baixo sem questionamentos e a forma seca de tratamento, não era muito diferente do exército. Nada tão diferente da experiência no *front* italiano, recebendo ordens e convivendo com superiores e estrangeiros.

Gorender, mesmo com as dificuldades, não tinha razões para reclamar. Com grande vocação intelectual, tinha a oportunidade de passar os dias sem preocupações, bem alimentado, discutindo política, filosofia, história e sociologia, tudo no ambiente bucólico da enorme casa de campo que havia servido aos antigos senhores da Rússia imperial, em meio aos riachos, pinheiros e campos de trigo que haviam inspirado gigantes da literatura russa, como Tolstói e Pasternak. Tinha tempo para ler, não só os materiais do curso, mas também os clássicos e romances que conseguia encontrar, já que em seis ou sete meses podia ler em cirílico.

As saídas para concertos, ópera e balés, que para muitos pareciam enfadonhas, tanto que depois de um tempo saiam ao *hall* para conversar, eram um deleite para Gorender. Amante da música erudita, tinha a oportunidade de, sentado no elegante prédio do século XVII do Teatro Bolshoi, ouvir os clássicos de Prokofiev, Tchaikovsky, Shostakovich, a partir da famosa Orquestra Sinfônica de Moscou, que posteriormente viajaria o mundo tocando para plateias em Nova Iorque, Paris e Londres, lotando salas de concerto com ingressos a mais de 100 dólares.

Assim os dias transcorriam entre aulas, festinhas e passeios. A maioria não se conhecia e, pela paranoia que vigorava no PCB, eram recomendados a não falar de operações no Brasil, utilizando nomes falsos. Isso não evitou que Gorender chegasse à casa com conhecidos como Mário Alves. E lá ele foi aproximado a outro companheiro, Apolônio de Carvalho, agora mais tranquilo com a chegada da mulher Renée. Apolônio e Gorender se conheciam superficialmente e, durante a estadia em Moscou, formariam uma amizade que sobreviveria ao tempo e às muitas provações que viriam no futuro.

Mas não só de antigas amizades viviam os ocupantes da casa. Confinados 24 horas por dia, comendo, dormindo e vivendo juntos a maior parte do tempo, mesmo com as regras impostas pelo PCB era natural que amizades e até algo mais surgisse, principalmente nos bailes de domingo, em que, em um ambiente mais descontraído, com um pouco de vodca e cerveja, homens e mulheres podiam confraternizar com mais liberdade. Muitos romances surgiram na escola russa. Mesmo muito tímido e não sendo um grande dançarino, Gorender também permitia se envolver, eventualmente, nas festinhas de domingo. Foi numa dessas que começou a notar uma jovem miúda, de cabelos negros, bem-humorada e sorridente, Idealina, uma atração correspondida instantaneamente.

A neve começa a cair em Moscou no início de novembro, cobrindo a URSS até o final de março, com isso as atividades dos alunos mudaram passando de futebol e vôlei para esqui e patinação. A amizade de Gorender e Idealina crescia e, para ter um pouco de privacidade, tinham o hábito de fazer longas caminhadas pelos vastos jardins da propriedade, agora totalmente brancos, não se importando com o frio ou a neve que caía constantemente durante esse período. Apesar de Idealina ser alguns meses mais velha, e uma militante experimentada, Gorender era mais experiente, membro da direção do partido e veterano de guerra, além de ter grande facilidade com o formato da escola, sendo um dos melhores alunos, o que impressionava sua nova companheira.

Juntos visitaram o Mausoléu de Lenin, localizado na Praça Vermelha, uma oportunidade histórica, já que na enorme estrutura de concreto, onde hoje ainda repousa o corpo mumificado de Lenin, estava também o corpo de Stalin, o local de descanso dos dois grandes heróis da revolução. Gorender e Idealina foram dos últimos a ver pessoalmente o corpo do líder russo, já que no processo de 'desestalinização' da URSS o corpo seria removido e enterrado ao lado de outros dirigentes, nos arredores de Moscou.

O inverno selaria as novas amizades: Gorender, Idealina, Apolônio, Renée, de quem Idealina se tornou grande amiga, e Mário Alves formariam um laço, construído no frio de Moscou, que os acompanharia por toda a vida, apoiando incondicionalmente um ao outro nos melhores e piores momentos de cada um, até o final da vida.

27. STALINISMO E DESESTALINIZAÇÃO

O grupo, porém, não conseguira chegar junto à primavera. Mário Alves, como secretário de Arruda, seria convidado a participar da delegação brasileira no XX Congresso do PCUS. Maurício Grabois e Jover Telles completariam o grupo que participaria do evento, entre os dias 14 e 25 de fevereiro, e de lá Mário Alves acompanharia Arruda no VII Congresso do Partido Comunista Chinês.

O XX Congresso não seria apenas mais um dos 28 congressos organizados pelo PCUS entre 1898 e 1990, era o primeiro realizado após a morte de Stalin e, por trás dos discursos ufanistas e das centenas de delegações enviadas pelos partidos comunistas ao redor do mundo, acontecia uma intensa luta política pelo controle da URSS. No tempo que passou nos imponentes salões do Kremlin, assistindo palestras e conversando com outros delegados, Mário Alves não sabia que estava presenciando um dos momentos políticos mais significativos do século XX.

Stalin liderou a URSS sem ser questionado por cerca de 30 anos, utilizando o enorme e violento aparato de segurança para esmagar e perseguir todos aqueles que ele considerava que podiam representar algum perigo para sua liderança. Sua morte súbita, no dia 5 de março de 1953, abriu um vácuo de poder no sistema soviético dando lugar a uma intensa disputa, frequentemente sangrenta, entre os diversos grupos da política comunista.

Os anos de perseguição e expurgos políticos fizeram milhões de vítimas e muitos russos haviam sido torturados, perdido pessoas próximas nos *gulags* ou executadas pela polícia secreta, gerando um grande ressentimento por parte da população e inclusive entre setores da elite política, eles mesmo perseguidos frequentemente, fato que Stalin morto não podia mais revidar.

Quando o ditador morreu, a organização mais importante dentro da URSS era a NKVD, órgão responsável pela polícia política, uma organização temida por todos os russos, responsável pela perseguição política a inimigos do regime e responsável pelo Grande Expurgo, período entre 1936 e 1938, quando mais 1 milhão de pessoas foram executadas ou enviadas para os campos de concentração na Sibéria, conhecidos como *gulags*. Seu líder era Levian Beria, homem sanguinário e reconhecido pedófilo, que coordenava todo o aparato e tinha o poder de perseguir seus próprios desafetos. Georgiano como Stalin, era o homem de confiança do ditador, com quem frequentemente conversava na língua materna, evitando que os outros participassem da conversa.

Beria assumiria rapidamente o papel de premiê e colocaria em prática seus planos para se tornar ditador supremo, alegando até mesmo que foi o responsável pela morte de Stalin, envenenando o antigo líder. Mas, mesmo controlando todo aparato de segurança do NKVD, não conseguiu evitar um complô por parte do exército e dos membros do Politiburo, decorrente principalmente da união entre o ministro Nikita Khrushchov e o general Georgy Zhukov.

O exército vermelho era uma das instituições mais poderosas do mundo, contando com milhões dos homens e a máquina de guerra responsável pela derrota do nazismo. Mas, dentro da URSS, contava com pouco poder, ficando à mercê de Stalin e dos frequentes expurgos organizados pelo NKVD, principalmente entre os generais, como Zhukov, uma das figuras mais populares do período.

Lendário estrategista militar, responsável por algumas das mais importantes vitórias soviéticas na Segunda Guerra, foi o responsável por aceitar a rendição nazista. Já muito famoso, se tornou um dos rostos mais conhecidos no mundo comunista ao liderar em um corcel branco a gigantesca parada da vitória, realizada no dia 24 de junho de 1945 em Moscou. A escolha lógica para a posição seria Stalin, mas o ditador não sabia cavalgar, e a honra acabou ficando com Zhukov.

A popularidade do general, porém, causou ciúmes em Stalin. Foi acusado de contrabandear espólios de guerra, uma coleção de rifles de caça alemã, caindo em desgraça e foi enviado para liderar tarefas menores nos cantos mais longínquos do império soviético. Khrushchov resgataria o general e organizaria seu próprio golpe, junto com outros membros do comitê central, que ocorreria no dia 26 de junho de 1953. Nesse dia, em uma reunião restrita do comitê central, apenas entre os membros mais importantes do Politiburo, a prisão de Beria foi anunciada e Zhukov, escondido no banheiro com alguns soldados leais, executaria a sentença, ao mesmo tempo que divisões leais do exército cercariam os quartéis do NKVD e prenderiam as principais lideranças.

O plano foi um grande sucesso e Beria, assim como seus principais aliados, foram mantidos incomunicáveis até serem executados depois de um julgamento secreto em dezembro. O NKVD foi desmontado e renomeado KGB, agora um órgão vinculado ao exército, o que transformou os militares no principal ator político do regime. Após a prisão de Beria, outra luta política surgiu, menos violenta e mais arrastada, e que termina no XX Congresso. De um lado Khrushchov defendia uma desestalinização radical enquanto, do outro, Vyacheslav Molotov e Geórgiy Malenkov, que haviam participado dos momentos mais sanguinários do regime, preocupados com possíveis consequências, defendiam uma revisão parcial do legado do ditador.

No XX Congresso, essa disputa chega definitivamente ao fim. A data oficial de encerramento era no dia 24, mas foi anunciado que haveria uma sessão especial não programada no dia seguinte, apenas para os membros dos partidos comunistas da URSS. Jornalistas, convidados e delegações estrangeiras ficaram de fora. No grande *hall*, sem saber do que se tratava e na presença de centenas de prisioneiros recém-libertados dos campos de concentração, os delegados ouviram Khrushchov proferir o discurso

"Sobre o culto da personalidade e suas consequências", em que criticava abertamente as atitudes de Stalin, alegando serem contra os verdadeiros valores comunistas, e o culpava pelos expurgos e outras atrocidades.

Nos anos seguintes muitos relatos seriam publicados sobre o clima dentro do salão. Os delegados ouviam sem saber o que fazer, alguns riam, outros aplaudiam, muitos chegaram a desmaiar e tiveram de ser retirados. O discurso, que não foi gravado, ganharia o mundo e Khrushchov permitiu que fosse vazado na íntegra para o exterior. Na URSS foi editado e lido em todas as reuniões de comitês do partido, a versão completa só ficaria disponível para os russos em 1989. Assim, no final de março, praticamente todos os cidadãos que viviam atrás da cortina de ferro tinham tido algum tipo de contato com o texto, tendo sido informados da montagem, como política estatal, de um grande processo de liberalização e desestalinização.

Em meio ao turbilhão que envolvia a URSS no final do inverno de 1956, a vida na *datcha* continuava inalterada. Sem acesso à mídia internacional, e sem falar russo, os moradores seguiam com suas vidas diárias sem imaginar que estavam no meio de uma das maiores transformações do comunismo mundial desde a revolução de 1917. A força das mudanças, porém, chegaria à casa.

28. UMA VIAGEM PELA RÚSSIA

Gorender, de todos os brasileiros do grupo, foi o único que dominou o russo. Era um leitor ávido do *Pravda*, mais importante jornal da URSS, que pertencia ao PCUS e cuja tradução do nome era 'verdade'. Após o Congresso, ele percebeu que o jornal adotou um tom mais crítico em relação a Stalin, mas não conseguiu entender o que acontecia até que uma enfermeira, com quem tinha alguma proximidade, lhe emprestou um exemplar do discurso. A leitura teria um efeito devastador em Gorender. Como um membro militante do PCB e apoiador incondicional do regime stalinista, se viu como um cúmplice, mesmo que distante, de todas as atrocidades cometidas em nome da bandeira vermelha, uma sensação que cresceria à medida que todos os crimes do período fossem revelados.

Com o discurso em mãos, Gorender foi procurar os líderes da delegação Arruda e Grabois. Ambos haviam estado no XX congresso, mas não participaram da reunião final e, como não liam russo, continuavam a vida alheios ao que ocorria além dos muros da *datcha*. A explicação do conteúdo do folheto que tinham em mãos deixou os dois consternados. Ao contrário de Gorender, porém, a preocupação dos dois não tinha um fundo ético, mas prático.

O PCB era um partido estritamente stalinista em grande parte pelas ações do comitê central, composto por Grabois, Arruda e Amazonas. Arruda até mesmo deixava o bigode para se assemelhar fisicamente ao grande ditador. Sendo assim, mesmo estando em Moscou, a dupla sabia que a notícia chegaria ao Brasil e que um eventual processo de desestalinização acabaria por prejudicar a posição política dos três, resultando até mesmo na sua expulsão do partido.

De uma maneira ou de outra, os alunos foram descobrindo as denúncias e dentro da delegação se estabeleceu a confusão e o debate. Gorender era um dos mais ativos, lidando com a própria crise de consciência, criticava abertamente o partido e a figura de Stalin, se excedendo a tal ponto que acabou irritando membros mais stalinistas da delegação, sendo abertamente criticado e julgado. Como parte do funcionamento dos partidos comunistas no período, era comum a prática de julgar e criticar abertamente companheiros que tivessem atitudes supostamente antirrevolucionárias. Assim, despois de uma série de debates e discussões, o acusado era julgado e, dependendo do caso, obrigado a fazer uma autocrítica em que admitia seus erros e revia suas atitudes, podendo até mesmo vir a ser expulso do partido.

No processo se criava um júri, geralmente presidido pelo chefe da delegação que indicava os outros membros, e então era iniciada uma série de acusações onde todos os deslizes, por mais insignificantes que fossem, eram expostos pelos colegas na frente de todos. No final, era esperado que o acusado reconhecesse seus erros e agradecesse aos colegas pelos conselhos e críticas. Gorender, colocado nessa situação, precisou reutilizar todas as técnicas que havia aprendido na faculdade de direito para convencer os colegas que apenas reproduzia o discurso de Khrushchov.

Gorender se safou das acusações e entre um debate e outro a vida continuava. As caminhadas com Idealina eram cada vez mais frequentes e agradáveis, com ambos pensando que ali poderia estar algo a mais, e assim foi passando o tempo e o inverno deu lugar à primavera. Na casa, um ar de ansiedade começava a tomar conta dos moradores, a grande viagem estava chegando. Todos sabiam, desde o começo, que seria organizado um *tour* pelo interior da Rússia, algo que todos esperavam com excitação.

Além de ser uma oportunidade de ver a verdadeira URSS também era o momento de uma mudança de ares, depois de mais de um ano confinados na *datcha*.

A viagem foi um passeio de barco pelo Volga, cruzando as mais importantes cidades da Rússia. Ela cobriu os 400 quilômetros que separam Moscou de Nizhny Novgorod, a cidade medieval, renomeada pelos comunistas de Gorki, em homenagem ao escritor Máximo Gorki e uma das mais belas da Rússia. Na cidade, os brasileiros viram que o sistema de controle não seria muito diferente, não podiam deixar o hotel sem uma autorização expressa do supervisor russo da turma, o contato com os russos também era muito vigiado e, mesmo quando os brasileiros conseguiam conversar, os russos, ainda tomados do medo dos tempos stalinistas, falavam apenas o mínimo necessário, nunca reclamando de nada.

Na cidade, embarcaram em um pequeno navio rumo ao sul. O Volga é o maior rio da Europa, sendo o mais importante da Rússia, historicamente e economicamente. Durante o trajeto, foram agendadas diversas paradas em pequenas cidades, que tinham o objetivo de mostrar as inúmeras conquistas da URSS, como as fazendas coletivas, usinas, fábricas, hidroelétricas e museus, tudo apresentado com uma avalanche de números ilustrando o crescimento da produção. Para finalizar, todas as noites os viajantes eram brindados com um enorme banquete.

A única parada mais longa foi dedicada à lendária cidade de Stalingrado, hoje Volgogrado, palco da maior batalha da Segunda Guerra e da primeira grande derrota nazista, onde os turistas dedicaram três dias andando por museus e ouvindo histórias da maior vitória comunista. As autoridades da URSS faziam o melhor esforço para esconder os problemas enfrentados pelo país, mas algumas coisas eram óbvias, contrariando a expectativa de que na terra dos trabalhadores tudo era perfeito. Da borda do barco, Gorender e Idealina viam o campo russo e conversavam baixo sobre como em muitos aspectos eles estavam atrás, até mesmo, do Brasil. O maquinário era, na maior parte, obsoleto e faltavam produtos básicos, como sabão, a comida era farta para os brasileiros, mas eles sabiam, por conversas com funcionários, que ela era especial e não correspondia ao que um russo médio comia.

A trajetória do barco levou ao canal Volga-Don, grande obra de engenharia soviética, inaugurado em 1952 e que ligava o Volga ao Mar Negro, de onde os navios podiam atingir o mediterrâneo. O canal passava pela cidade portuária de Rostov, também fundada durante a União Soviética e que se tornou um grande centro comercial. Lá, os brasileiros desembarcaram e voltaram ao trem para uma longa viagem. Em mais de 24 horas, enquanto os viajantes entediados viam as mudanças na monótona paisagem do campo russo, eles cobriram os 1.700 quilômetros que separavam Rostov, no extremo sul, de Leningrado.

São Petersburgo, uma das cidades mais belas do mundo, foi, durante mais de 200 anos, a capital do império russo. Quando os bolcheviques assumiram o poder, mudaram o nome da cidade para Petrogrado e, posteriormente, para Leningrado, e transferiram a capital para Moscou, tradicionalmente considerada a capital asiática do império. Em 1991, com o final da URSS, o antigo nome da cidade seria restaurado. Na época, não era permitido nem aos russos nem aos brasileiros ter uma visão que não fosse negativa sobre a antiga fase imperial russa, mas deve ter sido difícil para Gorender, um historiador no coração, não se emocionar com a beleza da cidade, centro de um império que ajudou a moldar a história, tanto do ocidente quanto do oriente.

Leningrado foi a última parada e de lá voltaram de trem para Moscou, retornando à *datcha* depois de um mês de viagem. O retorno foi encarado com um misto de alívio e desânimo. Voltavam à antiga rotina maçante, mas a casa e seus vastos jardins permitiam um grau de privacidade maior do que gozaram na viagem pela Rússia stalinista. Para Gorender, foi um momento de tristeza, pois ao voltarem Idealina foi chamada para retornar ao país, o PCB precisava de ajuda. Assim como no caso do XX congresso, o isolamento da casa impedia que soubessem do que ocorria no Brasil, comemorando a chegada de 1956 sem saber do caos institucional que se instalava no país.

29. A POLÍTICA NO BRASIL

O suicídio de Getúlio Vargas colocou no poder seu vice, Café Filho, em um tempo em que as eleições de presidente e vice eram disputadas separadamente e a situação política das transições era mais complicada. Político sem grande talento ou distinção, era membro do PSP, partido fundado pelo folclórico político populista paulista Adhemar de Barros, uma agremiação menor no cenário brasileiro, o que contribuiu para que, durante o pouco mais de um ano que durou sua presidência, Café Filho ficasse pressionado pelas duas maiores forças políticas da época: a aliança getulista PTB\PSD, que representava ideias mais de esquerda, e a UDN, que aglutinava a direita.

As eleições foram disputadas em clima de grande tensão. Nesse cenário, o PCB buscou articular a candidatura do general Newton Estillac Leal, antigo ministro da guerra no governo Vargas, que tinha contato com as lideranças do partido, era nacionalista e simpático aos ideais de esquerda. O general, porém, viria a falecer inesperadamente no dia primeiro de maio de 1955, seis meses antes da eleição, o que deixou o PCB sem saída a não ser apoiar a candidatura de Juscelino Kubitschek pela aliança de PTB\PSD. Era um nacionalista, de centro-esquerda, contra o conservadorismo da UDN, que disputava com o militar Juarez Távora e o populismo de Adhemar de Barros, do PSP.

O país se encontrava dividido, tanto ideologicamente quanto em feudos políticos. Juscelino sairia vencedor com uma campanha focada no nacionalismo e desenvolvimentismo, com um *slogan* que ficaria famoso: '50 anos em 5'. A vitória na eleição, realizada em outubro, contribuiu pouco para aliviar os ânimos. A constituição de 1946 estabelecia a disputa em turno único, o que quer dizer que, em uma eleição muito disputada, Juscelino ganhou com 35% dos votos, uma vantagem de cerca de 500 mil votos para o segundo colocado Juarez Távora, que teve 30% da preferência do eleitorado. Adhemar de Barros embolou a disputa levando 25% dos votos, vencendo em São Paulo, maior colégio eleitoral, enquanto o nanico PRP do fascista Plínio Salgado teve 8%.

O turno único, que seria abandonado na Constituição Federal de 1988, contribuía para uma situação de eterna crise, já que o presidente nunca era eleito com uma margem grande de votos, sendo que em um cenário tão fragmentado como o de 1955, é impossível saber quem seria eleito em um hipotético segundo turno entre Juscelino e Juarez. Gorender alegaria anos depois, já como acadêmico, que a participação do PCB no processo, apesar de pequena, foi fundamental, já que a diferença mínima de votos, cerca de 500 mil, correspondia aproximadamente ao número de comunistas no Brasil naquele momento.

A UDN, que possuía importantes setores antidemocráticos, não aceitou o resultado e estava disposta a lutar até o final para assumir o poder, tanto por vias legais quanto ilegais. Nesse ambiente qualquer pequena crise poderia levar ao desastre. A faísca veio quando o coronel Jurandir Mamede discursa no dia 31 de outubro, no funeral de um colega militar, um conhecido antigetulista, acusando o país de viver uma "mentira democrática". O discurso enfureceria as lideranças do PTB que pedem a cabeça do coronel ao ministro da guerra, o general Henrique Teixeira Lott. O ministro buscaria afastar o coronel, mas a situação se complica com o afastamento de Café Filho, que não era simpático à vitória de Juscelino, da presidência no dia 3 de novembro devido a um ataque cardíaco. A presidência passaria, então, para as mãos do presidente do congresso, Carlos Luz.

Carlos Luz era membro do PSD, partido aliado a Juscelino, mas de uma ala que foi contra a coligação, além disso, era um forte aliado da

UDN e de Carlos Lacerda. Luz contrariaria a decisão de Lott de afastar o coronel Mamede, na prática humilhando o general e obrigando a sua demissão, que veio a ocorrer no dia 10 de novembro. O ministro da guerra seria então substituído por um general simpático a um possível golpe, iniciando-se uma série de modificações na liderança das forças armadas.

A decisão alarmaria os setores legalistas e democráticos das forças armadas, liderados pelo general Lott, e já nos dias seguintes unidades leais a Lott se levantariam, cercando o palácio do Catete e tomando o controle de delegacias, quartéis e pontos estratégicos da cidade. Carlos Luz, acuado, fugiria no Cruzador Tamandaré, em companhia do coronel Mamede e de Carlos Lacerda. Ruma para São Paulo onde, se dizia, teriam o apoio do então governador Jânio Quadros e do ministro da aeronáutica, o brigadeiro Eduardo Gomes. Na fuga da baía de Guanabara, os comandos do exército na costa abririam fogo contra o navio, Carlos Luz, em um momento de lucidez, ordenou que o cruzador não revidasse, já que o grande poder de fogo do navio tinha potencial de causar enormes estragos na cidade do Rio de Janeiro. Foi o último conflito militar na baia de Guanabara até os dias de hoje.

Em terra, Lott agiria rápido, organizando o impeachment de Carlos Luz, baseado em uma tecnicalidade, alegando que o presidente havia deixado o país sem autorização do congresso, já que na carta que entregou ao se afastar do poder temporariamente alegava que estaria em águas territoriais, sem especificar de qual país. Com o processo pronto, ambas as casas entrariam em sessão na manhã do dia 11, votando pelo afastamento do presidente. O poder passaria então ao presidente do Senado, Nereu Ramos, que renomeia Lott ao Ministério da Guerra, com o apoio dos principais comandantes das forças armadas, mesmo os da ala contrária a Juscelino.

Enquanto isso, Carlos Luz e Lacerda rumariam em direção ao porto de Santos, mas seriam abandonados por Jânio Quadros e Eduardo Gomes, que ficaram do lado de Lott. Perseguidos pela marinha e isolados, optaram por retornar ao Rio e se entregar. Carlos Luz renunciaria à presidência, mas não sofreria maiores consequência, enquanto Lacerda optou por se refugiar na embaixada de Cuba, ainda uma ditadura conservadora sob o controle do general Fulgêncio Batista. A situação, porém, continuaria tensa e, no dia 24, Café Filho anuncia a intenção de retornar ao poder. Alarmado, Lott organiza um impedimento relâmpago do ex-presidente, impedindo seu retorno. Seria declarado estado de sítio, na prática sacramentando a eleição de Juscelino, que assumiria o poder oficialmente no dia 31 de janeiro, com um mês de atraso, já que a constituição da época, como a atual, previa que o presidente entrasse no cargo no dia primeiro.

A tensão nunca se dissiparia por completo, com grupos golpistas e autoritários sempre à espreita. Para o partido comunista, a eleição marcaria o retorno a uma semilegalidade e um período de crescimento. Com o ambiente conturbado no país, e o terremoto causado pelo discurso de Khrushchov, a direção optou por trazer alguns membros de volta ao Brasil, incluindo Idealina.

30. A URSS MOSTRA SUA FORÇA NO LESTE EUROPEU

Assim, no calor úmido do verão russo, Gorender e Idealina se despediram. Ele ficaria até o final do curso na Rússia enquanto ela voltaria para o Rio de Janeiro. Apesar da tristeza, os dois sabiam que era apenas uma separação temporária, com o reencontro marcado no Brasil, assim que Gorender pudesse voltar. O caminho de volta seria tão intrincado quanto o da ida, passando por Tchecoslováquia, Suíça e finalmente o Rio de Janeiro.

A estadia na URSS não trouxe grandes mudanças para a vida de Idealina. A grande crise que a chamou de volta ao país acabou não ocorrendo e, depois de uma breve entrevista com as lideranças do partido sobre a sua estadia em Moscou, foi alocada no Comitê Distrital do Méier, cargo mais importante do que o que possuía na célula Auguste Elise. O trabalho, porém, era semelhante, durante a maior parte do tempo produziam propaganda e participavam dos comícios do partido. Entre as novas funções estava a missão de criar novas células na região. O distrito do Méier, composto por uma região na maior parte de classe média, também englobava a favela do Jacarezinho, onde o PCB tentou, sem grande sucesso, conscientizar politicamente os moradores. Idealina ficaria no comitê até 1964, tendo a oportunidade de trabalhar bastante na comunidade, inclusive como professora em uma escola de alfabetização para crianças.

Idealina também daria várias palestras sobre a vida na URSS, algumas em Cruzeiro, organizadas pelo seu pai, e as outras no Rio de Janeiro. Como as viagens para a URSS eram proibidas, ela sempre discursava como uma estudiosa do país. A versão que contava para os ouvintes não era a construída a partir de sua experiência, mas a oficial do partido, que descrevia a URSS em um tom muito mais positivo do que era de fato. Enquanto Idealina se adaptava à vida carioca, Gorender seguia no enorme casarão em Moscou, agora muito mais vazio sem sua companheira, com o maçante ritmo de sempre, sendo que agora tinha de conviver com sua consciência, repensando toda sua experiência stalinista, que ficaria cada vez mais pesada com o passar do tempo, e as transformações políticas da URSS.

Ao final da Segunda Guerra ficou acordado, entre as potências aliadas, que praticamente todo o Leste Europeu ficaria sobre controle da URSS, inclusive as partes ocupadas da Alemanha, que seria renomeada República Democrática da Alemanha, e da Áustria desocupada em 1956. A URSS assumiria o controle das regiões antes vinculadas ao império russo, ou com maior envolvimento histórico russo, que funcionariam como um único país. Outras foram transformadas em estados satélites. Polônia, Hungria, Tchecoslováquia, Bulgária, Iugoslávia e Romênia eram formalmente independentes, esses países gozavam de relativa autonomia, tanto que por um breve período foram estabelecidas democracias liberais, mas com o recrudescimento da Guerra Fria, as seguidas derrotas eleitorais dos comunistas e as tentativas de aproximação com os EUA, os governos autônomos foram sendo substituídos por ditaduras de estilo soviético stalinista, cada um com seu próprio grande ditador.

O discurso de Khrushchov provocou um terremoto no mundo comunista. A crítica a Stalin agradou a maior parte dos cidadãos soviéticos, que tinham a chance de se ver livres das perseguições e da contínua paranoia que dominava o país. Outros, porém, viram a posição de Khrushchov como uma traição. A forma como a figura de Stalin foi destruída desagradou principalmente os chineses, que viviam sob a ditadura absoluta de Mao Tsé-Tung e viam a desestalinização como um golpe de morte no comunismo soviético. Esse seria o início do afastamento entre as duas maiores potências do mundo comunista, culminando inclusive com pequenos enfrentamentos militares na extensa fronteira entre os dois países.

Na Europa, o único país a proteger a memória do ditador foi a Albânia. O país mais pobre do continente foi governado, de 1948 a 1985, por Enver Hoxa um ditador totalitário e com delírios de grandeza. Hoxa era um dos maiores admiradores de Stalin, que foi um dos arquitetos da independência do país da Iugoslávia, e teria diversos desentendimentos com Khrushchov, até o rompimento formal das relações com URSS, em 1956, e a aproximação com a China, que passaria a enviar ajuda financeira ao país. A relação, porém, não duraria e em 1978 Hoxa romperia com a China, principalmente pela mudança de posição do país asiático após a morte de Mao, na prática isolando a pequena nação do resto do mundo e infligindo grande sofrimento ao seu povo. Quando o muro de Berlim caiu, a Albânia era um dos países mais pobres do mundo.

Em outras regiões a perspectiva de desestalinização gerou muita animação, com a perspectiva de maior liberdade política e independência da influência russa, o que acabou por gerar conflitos com as autoridades comunistas. A primeira delas ocorreu na cidade de Poznan, na Polônia, no final de junho de 1956.

Os poloneses são um povo muito antigo, possuindo uma herança comum, língua e uma distribuição geográfica definida. Apesar disso, durante a maior parte da história foram subjugados por outras potências, deixando de ser um estado independente em 1795, dividida entre a Prússia, a Rússia Czarista e o Império Austro-Húngaro. Vai recuperar seu território em 1918, após o final da Primeira Guerra Mundial, apenas para ser repartida de novo entre a Alemanha Nazista e a URSS. Apesar dos muitos problemas enfrentados pela Polônia no pós-guerra, os comunistas gozavam de certo prestígio e apoio popular no país.

O movimento espontâneo em Poznan teve início quando uma série de demandas dos trabalhadores de uma das maiores indústrias metalúrgicas do país, que na época possuía o sugestivo nome de Joseph Stalin, não tiveram suas demandas atendidas, relativas principalmente ao pagamento de um bônus por produtividade. As manifestações tiveram início na manhã do dia 28 de junho. Quando os trabalhadores chegaram para o início do expediente e descobriram que as demandas não seriam atendidas, resolveram cruzar os braços, parando a fábrica e se dirigiram ao centro da cidade, onde pretendiam fazer uma manifestação em frente à prefeitura.

Na cidade de Poznan, a manifestação cresceu, com muitos dos moradores aderindo ao movimento. As reivindicações da população giravam em torno de melhores salários, redução do preço dos alimentos e mais liberdade política. Diversos grupos anticomunistas também se juntaram à massa e as coisas saíram do controle. A sede do partido comunista foi destruída e os manifestantes tomaram os principais prédios da cidade, inclusive o quartel e o presídio. Ao final da manhã, a cidade era controlada, na prática, pelos manifestantes. A revolta teria curta duração, com as forças comunistas rapidamente invadindo a cidade, reprimindo violentamente os manifestantes e retomando o controle da região.

Mesmo que os poloneses tivessem suas queixas com relação à URSS, não havia um forte sentimento anticomunista no país, as demandas dos manifestantes eram relativas a temas pontuais, como abastecimento e salários. Os poloneses possuíam certo poder político dentro do mundo comunista, muitos lutaram contra a invasão nazista e importantes generais do exército vermelho eram poloneses étnicos. A próxima revolta seria em um ambiente mais polarizado.

A Hungria era uma história diferente. Herdeira do antigo Império Austro-Húngaro, desmembrado no final da Primeira Guerra Mundial, possuía uma rivalidade antiga com o império russo, numa disputa histórica pelo controle do Leste Europeu. No período entre as duas guerras, os húngaros, à semelhança dos alemães e dos austríacos, conviveram com um forte ressentimento contra as potências aliadas e a perda de territórios históricos, que possuíam populações húngaras. Por essas razões, o país acabaria nas mãos de um governo de extrema direita, que se aliou aos nazistas, aproveitando-se da guerra para ocupar antigos territórios, antes pertencentes ao Império Austro-húngaro, na Eslováquia, Ucrânia e Iugoslávia.

A aliança cresceria a tal ponto que os húngaros participariam da invasão da URSS, lutando lado a lado com os nazistas. Mesmo com um exército pequeno e mal armado, os húngaros protagonizaram momentos importantes da guerra, perdendo mais de 100 mil homens na batalha de Stalingrado. À medida que a situação se deteriorava, e o exército vermelho se aproximava, setores da política húngara, que não compartilhavam da política nazista de lutar até o último homem, buscaram uma aproximação com os aliados, realizando um acordo secreto de paz. Os nazistas, porém, descobririam os planos e iniciariam a sua própria ocupação da Hungria, a usando como escudo contra as tropas soviéticas. A cidade de Budapeste, uma das mais belas capitais da Europa, foi cercada e quase completamente arrasada pelas tropas russas. Mesmo sob ocupação alemã, havia um grande número de nazistas entre os húngaros, tanto que algumas divisões do país estavam junto das últimas tropas nazistas a se renderem formalmente.

Ao final da guerra a Hungria se encontrava totalmente ocupada pelas tropas soviéticas, que ainda tomariam metade da vizinha Áustria que, como a Alemanha, seria dividida em quatro zonas, com a capital Viena, localizada na zona soviética, também repartida em quatro.

Os russos, porém, não imporiam um governo comunista na Hungria, permitindo a realização de eleições gerais multipartidárias já no final de 1945, com os comunistas conquistando apenas 17% dos votos, fazendo parte de um governo de coalização. Mas o sistema não sobreviveria à Guerra Fria e, em 1949, o país seria refundado como República Popular da Hungria, país comunista governado no sistema de partido único, controlado pelo líder supremo Mátyás Rákosi. Stalinista ferrenho, começaria seu governo com uma série de expurgos dentro do partido comunista, utilizando a polícia secreta para esmagar qualquer sinal de oposição. A Hungria do pós-guerra sofria com uma grave crise econômica, agravada pelas reparações pagas à URSS e, para sanar o problema, Rákosi copiaria os planos quinquenais de Stalin, com o objetivo de aumentar a produção industrial, com resultados desastrosos. Em 1951, como homenagem ao aniversário de 70 anos do ditador russo, Rákosi inauguraria, nos arredores de Budapeste, uma enorme estátua de mais de 25 metros de altura de Stalin, símbolo do reinado stalinista húngaro. A morte de Stalin, em 1953, colocaria um fim no domínio absoluto dos stalinistas na Hungria, iniciando uma longa disputa entre os reformistas, liderados por Imre Nagy, e os membros da linha dura que continuavam vinculados a Rákosi.

Nagy ocupou o cargo de primeiro-ministro de 1953 até 1955, quando as autoridades soviéticas colocaram um fim na sua experiência liberalizante. Apesar de não ser linha dura, era um comunista acima de qualquer suspeita. Nascido no antigo Império Austro-Húngaro, foi feito prisioneiro dos russos durante a Primeira Guerra Mundial, levado para um campo de concentração militar na Sibéria, onde se converteria aos ideais comunistas, e, de volta à Hungria, passaria a militar no partido. Foi expulso do país nos anos 1930, se refugiando na URSS, onde cumpriu diversas funções políticas, sendo inclusive informante da NKVD, o temido serviço secreto da era stalinista, denunciando mais de 200 companheiros. De volta à Hungria, foi um membro importante do comitê central, se tornando um reformista.

Em 1955, Nagy seria tirado do cargo com a linha dura reassumindo o poder. Nesse mesmo ano as pretensões políticas de muitos húngaros, que queriam uma maior independência da URSS, sofreriam um grande golpe. Em resposta à criação da Organização do Tratado do Atlântico Norte (OTAN) pelas potências ocidentais, os comunistas organizariam o Pacto de Varsóvia, uma aliança militar que pretendia fazer frente às potências capitalistas, com a Hungria no meio. Isso colocaria fim às esperanças de muitos húngaros que sonhavam com um destino similar ao da Áustria, que em um acordo entre russos e americanos foi desocupada pelos soviéticos, com a garantia de que seria um país neutro.

Nesse ambiente, o discurso de Khrushchov teve um grande impacto, acirrando os ânimos e, no dia 23 de outubro de 1956, uma manifestação de estudantes em Budapeste escalaria para uma revolta em larga escala. Em questão de horas, a cidade foi tomada por lutas e a estátua gigantesca de Stalin foi derrubada pelos manifestantes, que deixaram apenas as botas do ditador no pedestal. A bandeira do movimento seria a bandeira húngara, com um furo no meio, onde antes estava o símbolo comunista. Os manifestantes tomaram a estação de rádio de Budapeste e passaram a transmitir para toda a Hungria. Em questão de dias, o país estava tomado. Nagy foi realocado no cargo de primeiro-ministro, anunciando que as tropas soviéticas haviam abandonado a Hungria, junto com uma série de reformas e a retirada do país do Pacto de Varsóvia.

Os manifestantes, porém, confundiram a ausência de resposta soviética com vitória. Enquanto os manifestantes comemoravam nas ruas de Budapeste, uma intensa disputa política se desenrolava no Kremlin, entre Kruschov e a linha dura, capitaneada por Molotov, que consideravam que as reformas estavam indo longe demais e que a situação húngara era resultado disso. Kruschov, no início, relutou em apoiar uma intervenção, mas com o acirramento da situação acabou cedendo diante dos representantes da linha dura.

No dia 3 de novembro teve início a operação Redemoinho, Budapeste foi rapidamente cercada pelas tropas russas e no dia seguinte invadida pelo exército vermelho. As tropas húngaras, mal armadas e desorganizadas, não conseguiram fazer frente ao poderio militar soviético e no mesmo dia a cidade foi tomada, as tropas ainda conseguiriam impor alguma luta no campo mas, em questão de dias, seriam completamente eliminadas. Nagy se refugiou na embaixada iugoslava, sendo preso pelos soviéticos depois de ter recebido um falso salvo conduto para deixar o país. Foi julgado e executado em junho de 1958. Com os revoltosos dispersos, presos ou mortos, comunistas leais seriam recolocados no poder, onde ficariam sem oposição até a queda do muro de Berlim, em 1989.

Gorender acompanhou o desenrolar da revolução através de um pequeno rádio que tinha em seu quarto. Lá, no enorme casarão que antes havia pertencido à nobreza russa, e agora servia de colégio para os comunistas do mundo, ouviu a transmissão da rádio Budapeste, onde uma mulher não identificada pedia ajuda ao mundo.

"Povos civilizados do mundo: na torre de vigia da Hungria de 1.000 anos de idade, as últimas chamas começam a se apagar. Tanques e armas soviéticas estão rugindo sobre o solo húngaro. Nossas mulheres – mães e filhas – estão sentadas com pavor. Elas ainda têm péssimas lembranças da entrada do exército em 1945. Salvem nossas almas! Esta palavra pode ser a última da última estação húngara livre. Ouça nosso chamado. Ajudem-nos – não com conselhos, não com palavras, mas com ação, com soldados e armas. Ajudem a Hungria. Ajudem, ajudem, ajudem" (tradução livre).

A fé, já abalada, de Gorender no modelo de socialismo soviético sofreria o golpe final com o término sangrento da revolução húngara. No frio do inverno russo, que novamente voltava para assombrar os brasileiros, Gorender faz uma profunda reflexão sobre suas convicções políticas e suas ações em prol de um regime, agora revelado injusto e sanguinário, e que seguiu de maneira cega por mais de vinte anos, desde que era um jovem pobre na faculdade de direito de Salvador. Essa angústia se perpetuaria por mais de cinco meses e, quando a neve começou a derreter em Moscou, Gorender foi chamado de volta ao Brasil. O discurso de Kruschov não havia causado apenas transtornos no Leste Europeu, o PCB também se encontrava no caos e precisava de todos de volta ao país. No início de abril, Gorender fez o longo caminho de volta para a sua terra natal.

PARTE 6
A FAMÍLIA, A ASCENSÃO NOS QUADROS DO PARTIDO E A CRISE POLÍTICA

31. A CRÍTICA AO STALINISMO CHEGA AO PCB

O calor do final de verão ainda assolava o Rio de Janeiro e, da proa do navio, Gorender viu novamente o Cristo Redentor abençoando aqueles que chegavam à cidade maravilhosa, a mesma visão que tinha tido 12 anos antes, voltando da Itália. Desta vez, porém, não tinha a consciência tranquila do soldado que acabara de participar da queda do nazismo. Retornava ao Brasil, um homem angustiado, com uma grande crise de consciência e, ao contrário de 1945, quando saíra de uma zona de guerra, dessa vez desembarcava em uma. O relatório de Kruschov provocara um terremoto no PCB, que se encontrava em uma disputa interna pela própria essência do partido, uma guerra civil que ameaçava desintegrar o movimento comunista brasileiro.

O fatídico discurso de Khrushchov foi levado a cabo no dia 24 de fevereiro de 1956 e foi se espalhando pelo mundo, primeiro entre os países da cortina de ferro e depois para o ocidente, nas páginas do *New York Times*, em 5 de junho, e do *Le Monde* de 6 de junho, chegando ao Brasil. Diante de tamanha repercussão, a resposta do PCB foi enfática: o relatório era mais uma manipulação da CIA em conjunto com a imprensa burguesa mundial visando enfraquecer o movimento internacional. O único que poderia esclarecer a situação era Arruda Câmara, que continuava incomunicável atrás da cortina de ferro.

Arruda deixou a Rússia logo após o final do XX Congresso, rumando para China juntamente com Mário Alves como secretário. Monoglota completo, só tomaria conhecimento do relatório muitos meses depois de sua chegada ao oriente. Alarmado com a situação, retornaria ao Brasil, passando por Moscou na volta, onde pôde cerificar-se da autenticidade do documento. Militante experiente, deveria saber que o relatório enfraqueceria muito sua situação, e, portanto, deveria ser divulgado da maneira correta, talvez o último ato stalinista do PCB. A confirmação do documento foi feita em uma reunião ampliada do Comitê Central, no dia 25 de agosto, com meia centena de militantes que se espremeram em uma casa na cidade de São Paulo, onde funcionava uma escola de quadros. O grande líder Luís Carlos Prestes não estaria presente e para manter o segredo, todos os militantes foram transportados vendados, de forma a não saber a localização exata do local.

Na pequena sala de aula, onde se apertaram os principais militantes do comunismo brasileiro, o clima não foi muito diferente daquele no suntuoso salão do Kremlin, quando o relatório foi lido pela primeira vez. Militantes engoliam o choro ou se mostravam atônitos, Marighela seria tão afetado que, sofrendo de insônia e depressão, chegaria a se consultar secretamente com um psiquiatra. Após o susto inicial, a angústia deu lugar à raiva, direcionada principalmente às lideranças. Para muitos militantes, foi o momento de expor anos de injustiças e abuso, aqueles que não subiram na hierarquia do partido, subitamente, viram as razões, enquanto os que eram constantemente abusados pelos superiores não teriam um momento melhor para revidar.

O dia 25 de agosto de 1956 não acabaria tão cedo para os comunistas brasileiros e todos naquela sala sabiam que este era apenas o primeiro capítulo de uma longa batalha pela reformulação do PCB. Mesmo diante dessa tensão, e talvez pela própria ausência de um caminho claro a seguir, a posição do comitê central foi ignorar o assunto o máximo possível, mesmo que entre a militância não se falasse de mais nada. Prestes, como sempre, seguiria incomunicável e alheio a tudo e todos, o que não impediria que os mais variados grupos políticos se formassem e iniciassem seu planejamento para o futuro do PCB e do comunismo brasileiro.

A aparente paz entre os comunistas duraria apenas um mês, quando, em outubro, o jornal *Voz Operária* publicou um texto do jornalista João Batista da Lima e Silva intitulado "Não se poderia adiar uma discussão que já está em todas as cabeças", no qual clamava por uma ampla discussão em torno das práticas stalinistas do PCB e alertava para os perigos de se ignorar essas transformações. A coluna foi uma provocação orquestrada pela redação, já que foi escrita como resposta a uma carta de Maurício Pinto Ferreira perguntando sobre a suposta demora em se discutir os acontecimentos do XX Congresso, posicionando politicamente a redação do jornal.

A imprensa partidária era um dos principais ativos do partido, a principal fonte de divulgação e contato com a militância, sendo que o controle desta era uma parte importante dentro da estratégia dos diversos grupos políticos do PCB. O *Voz Operária* era o jornal oficial do PCB e sua publicação mais importante. A partir do início dos anos 1950 uma série de modificações editorias e gráficas tornariam o jornal mais aberto. Notícias de interesse geral, passatempos e charges tornariam a publicação bastante popular, com uma tiragem significativa e leitores além da militância. Em 1956, a redação, que tinha atritos históricos com o Comitê Central, se tornaria o centro do movimento abridista.

Os abridistas eram o núcleo renovador do PCB, defendendo uma revisão radical das posições anteriores do partido e uma ruptura com o passado stalinista, modificações que se fossem levadas ao extremo, diziam seus detratores, aproximariam o partido muito mais da social-democracia do que do movimento comunista. A redação do *Voz Operária* era seu centro mais importante, abrindo as páginas da publicação para todos aqueles que quisessem debater e criticar os rumos do partido.

Mas a ala abridista estava nos mais diversos setores do partido, sendo liderada por Agildo Barata. Ele era uma das figuras mais conhecidas dentro do partido, eleito vereador pelo Rio de Janeiro nas eleições de 1947, a única que o PCB participou. Agildo Barata era um ex-militar, teve participação no movimento tenentista para a derrubada da República Velha apenas para depois se aliar aos paulistas na revolução constitucionalista. Aproximou-se do partido a partir de 1935, se tornando o principal porta-voz dos renovadores. Gorender não possuía relações próximas com Barata, mas nutria certa simpatia pela sua figura, que nunca considerou um comunista convicto, mas um nacionalista, o que explicaria parte da reação ao XX Congresso. No lado oposto, estavam os fechadistas, compostos principalmente pelas antigas lideranças stalinistas, Arruda Câmara, Maurício Grabois, Pedro Pomar e João Amazonas, que defendiam a manutenção das antigas práticas e, apenas, uma autocrítica tímida.

Nesse ambiente polarizado, que ameaçava destruir o partido, a figura lendária de Luís Carlos Prestes poderia dar um norte para a militância desencontrada, mas o cavaleiro da esperança optou por continuar calado. Apesar de o culto a sua personalidade ser uma consequência direta das práticas stalinistas do PCB, as críticas deixaram de lado a atuação de Prestes. Utilizando uma das desculpas mais comuns nos regimes autoritários, alegaria que não tomou conhecimento das injustiças cometidas pelos seus subordinados, além disso, seu isolamento contribuía para que não houvesse críticas diretas contra sua conduta, sendo a ira dos militantes dirigida às figuras que trabalhavam no dia a dia do partido, como o truculento Arruda Câmara, que durante os anos criou uma série de ressentimentos entre a militância.

A disputa partidária, porém, não estava na cabeça de Gorender quando desembarcou no Rio de Janeiro, sua principal preocupação era Idealina. Os dois haviam se separado em Moscou com a promessa de reunião em terras brasileiras. Perdido no inverno russo, Gorender não tinha muito que pensar além de Idealina e, isolado dos companheiros, seguia a vida sem pressão. Para a sua futura esposa a situação era bem diferente.

A cultura stalinista do PCB passava por todos os aspectos da vida dos militantes, principalmente os mais envolvidos na estrutura partidária, não deixando de fora os relacionamentos amorosos. Na época, era comum militantes do partido pedirem permissão aos dirigentes para se casar, assim como a prática do PCB de impor restrições aos relacionamentos quando consideravam um dos parceiros pouco envolvidos com a causa. Os casos de resistência podiam levar até à expulsão do membro. O partido chegava até mesmo a selecionar os parceiros de forma a resultar em uniões mais eficientes, como no caso da tentativa de relacionar o João Saldanha com a tecelã Maria Sallas como uma forma de impor cultura proletária ao lendário jornalista esportivo, considerado muito pequeno burguês.

No caso, Idealina teve de conviver, desde a chegada ao Brasil, com a persistente fofoca de que Gorender estaria arranjado para se casar com a filha de Luís Carlos Prestes, Anita, o que levou alguns companheiros a pressionar para que Idealina esquecesse o noivo. Idealina avisou que Gorender era livre para estar com que quisesse e que não havia nada prometido.

Se houve de fato alguma aproximação entre Prestes e Gorender ambos levaram a história para o túmulo, restando apenas a fofoca que continua a ser lembrada por amigos e familiares. O fato é que naquele abril de 1957, ao desembarcar, Gorender foi para o Rocha, onde reencontrou Idealina, que morava com a irmã Socialina, passando a viver também na casa da cunhada, até que o jovem casal conseguisse reorganizar a vida. Apesar de ficarem para sempre juntos desde aquele momento, o casal não formalizaria a união – como bons militantes comunistas, o casamento religioso estava fora de questão. No caso, o casamento civil também não era recomendável. Gorender, na época, já era um militante importante, sendo preparado para a liderança do partido, por isso, quanto menos informação houvesse sobre sua vida pessoal melhor, já que isso poderia ser utilizado pelos mecanismos de repressão do Estado.

A união marcou o afastamento de Idealina do partido, que continuaria apenas com uma pequena atuação na célula do Méier. Como tantas mulheres do período, acabou afastada da estrutura partidária, deixando de progredir entre os quadros. Porém, não ficaria inativa: como o salário minguado de militante profissional de Gorender não era suficiente para sustentar a família, Idealina arrumaria um emprego.

Apesar de não continuar na militância profissional depois de voltar da Rússia, isto não significou que o partido houvesse se esquecido dela, assim conseguiu um emprego de secretária na embaixada da Tchecoslováquia. Na Guerra Fria, as embaixadas e consulados eram uma parte importante nas redes de espionagem dos dois lados, atuando na coleta de informações e no apoio a militantes e espiões. Por isso, aquelas pessoas empregadas nessas organizações tinham de possuir credenciais acima de qualquer suspeita, se não havia o risco de serem espiões. A militância no partido, a história de seu pai, e tempo na URSS tornaram Idealina uma candidata ideal para o trabalho.

Agora, com o salário combinado, puderam alugar uma pequena casa no Engenho Novo, subúrbio na zona norte carioca. Idealina se adaptaria bem à nova profissão, ficando na embaixada até o golpe de 1964.

32. OS "ABRIDISTAS", OS "FECHADISTAS" E O PÂNTANO

As disputas partidárias chegaram rapidamente à vida de Gorender, que precisaria se posicionar diante do caos que reinava no partido. Mais uma vez, se aliou ao velho amigo Mário Alves que, chegado ao Rio de Janeiro quase um ano antes, já se movimentava para redesenhar a política do PCB e trazer vida nova ao partido, que amaçava se desintegrar diante da disputa incessante entre os quadros.

Na fatídica reunião de agosto, em São Paulo, muitos militantes se entregaram ao desespero. Mário Alves, porém, viu na situação uma oportunidade. Dotado de cultura e inteligência raras, estava mais bem preparado para lidar com a situação do que a maioria dos militantes. Apesar da pouca idade, tinha 32 anos na época, possuía uma experiência política superior à maioria dos companheiros, estava no movimento desde o colégio e envolvido com o jogo sujo da política há ainda mais tempo, já que desde a primeira infância conviveu com as aventuras políticas da família na Bahia. Assim, Mário Alves viu além das posições inconciliáveis de abridistas e fechadista, adotando um tom moderado.

No seio da disputa nasceu um segmento que ficava entre os dois lados, defendendo uma revisão da conduta do PCB, sem perder de vista os valores revolucionários. A posição seria definida anos depois por Osvaldo

Peralva, um dos líderes dos abridistas, como pântano, em referência aos textos de Lenin que descrevia um grupo que busca o poder acima de tudo, se aliando ou criticando as outras posições de acordo com o momento. O pântano foi uma articulação de Giocondo Dias, baiano de Salvador, onde começou a militar em meados dos anos 1920. Ele era o responsável pela segurança e agenda de Luís Carlos Prestes, o que fazia com que fosse uma das poucas pessoas a ter contato direto com o presidente do PCB. Essa posição privilegiada permitiu que Giocondo articulasse com o líder uma saída que pacificasse o partido e mantivesse a liderança de Prestes inconteste. Mário Alves acabou se aproximando de Dias, a quem conhecia desde os tempos de militante em Salvador.

Gorender, como sempre fez, entrou em contato com o amigo para se orientar e foi rapidamente assimilado ao pântano. Ao chegar abril, porém, não participou da organização, presenciando apenas o desfecho da situação. As primeiras vítimas foram os abridistas. Chegou a tempo de presenciar a última reunião do Comitê Central com Agildo Barata, que se desligaria do partido pouco depois. Os jornalistas rebeldes, aquartelados nas redações da imprensa partidária, também seriam silenciados, expulsos à força pelo músculo do partido. Os espólios ficariam com o pântano: em junho, Mário Alves assumiria o *Voz Operária* enquanto Gorender receberia o *Imprensa Popular*, ambos trocariam os cargos alguns meses depois. Mas a tarefa foi inglória. Privados dos seus mais brilhantes e experientes jornalistas, os periódicos nunca recuperariam o prestígio e a tiragem do período anterior.

A segunda etapa do plano de pacificação do PCB era mais delicada, a supressão dos fechadistas, stalinistas convictos que ainda controlavam diversos setores do partido, incluindo o Comitê Central, e que podiam resistir. Assim, Giocondo Dias se aproximou de Gorender e Mário Alves, pedindo a redação de um documento justificando a modificação da linha partidária, sendo que em julho, depois do expediente, já noite fechada, foram levados a uma casa aparentemente insuspeita no subúrbio carioca. Dentro dela, encontraram Luís Carlos Prestes em pessoa. Uma visita pessoal ao cavaleiro da esperança seria considerada uma honra inimaginável, o elusivo dirigente ainda continuava fugindo da lei, sendo raramente visto, mantendo contato com apenas algumas figuras do Comitê Central.

Gorender havia conversado com o dirigente pela última vez no Rio de Janeiro, quando retornou da Europa. Desta vez, no ambiente de contestação e debate da época, Gorender já possuía uma admiração muito menor por Prestes. A conversa girou em torno das modificações na linha política do partido e a dupla redigiu um pequeno texto para Prestes apresentar ao Comitê Central.

O texto de Gorender e Mário Alves foi lido em agosto pelo próprio Prestes, que depois de dez anos de ausência retornou a uma reunião do Comitê Central. O secretário-geral anuncia uma nova linha a ser tomada pelo partido e mudanças no Comitê Central. Arruda Câmara, Maurício Grabois e João Amazonas, o antigo trio de ferro stalinista que comandava o partido desde os anos 1940, seria tirado do poder e substituído por Giocondo Dias, o novo homem de confiança de Prestes e Mário Alves, que havia se colocado do lado certo nas lutas ideológicas.

Os antigos dirigentes cairiam no ostracismo, relegados a funções menores, acabando por se desligar do partido em 1960, com a realização do V congresso do PCB. Maurício Grabois e João Amazonas, ao lado de outros descontentes com a linha revisionista do PCB fundariam, em 1962, o Partido Comunista do Brasil (PC do B), maoísta e contrário a toda tentativa de rever o legado stalinista, tendo como postulado que os únicos dois países comunistas ainda existentes eram a China e a Albânia, único país europeu a não se desestalinizar. Arruda Câmara, por sua vez, decidiu não se envolver. Outrora o expoente máximo do stalinismo brasileiro, o antigo dirigente, que nutria uma lealdade inabalável por Prestes, fez uma profunda autocrítica pública. Mas, mesmo assim, não conseguiu recuperar o antigo prestígio, optando por se afastar do PCB, só retornando à militância comunista anos depois, para ajudar na luta armada.

A ordem retornava ao PCB, os abridista foram expulsos e os fechadistas tirados do Comitê Central. Os custos, porém, foram altos – a reputação do comunismo internacional sofrera muito com a denúncia de Kruschov. Além disso, o partido perdera militantes históricos e talentosos em todos os sentidos, alguns nas batalhas internas e outros que com uma profunda crise de consciência se desligariam do partido, como foi o caso de Jorge Amado, que aos poucos abandonaria a militância formal. No nível pessoal, a disputa também deixaria marcas, amizades de décadas sendo desfeitas e mágoas incuráveis criadas. Mário Alves viveu essa situação, apesar das críticas gerais a Arruda Câmara, eles sempre foram amigos.

O pântano conquista o poder dentro do PCB e Mário Alves e Gorender encontram-se em uma posição privilegiada para impor a sua visão do que deveria ser a luta comunista, tendo ambos, pela primeira vez, a oportunidade de falar abertamente com a militância. Muitas dessas posições estão resumidas na coluna publicada no *Voz Operária* em 12 de dezembro de 1957.

O partido continuaria vinculado oficialmente às diretrizes aprovadas no V Congresso, sectárias e stalinistas. Prestes delegaria a Giocondo Dias, em dezembro de 1957, a tarefa de redigir um documento atualizando a posição do partido. A missão foi dada no maior sigilo, o Comitê Central não seria informado, apenas Prestes e os redatores saberiam do projeto. Giocondo Dias organizou os encontros em sua casa no Rio de Janeiro e, nas noites abafadas do verão carioca, as novas diretrizes do PCB foram definidas. Além de Gorender e Mário Alves, Dias também convidou Armênio Guedes e Alberto Passos Guimarães.

Armênio Guedes, nascido na pequena cidade baiana de Macugê na Chapada Diamantina, tinha sido recrutado em 1935 enquanto cursava Direito em Salvador. Extremamente culto e rebelde de coração, colecionou reprimendas e advertências da direção do PCB durante todo o tempo que esteve no partido, mas, ao mesmo tempo que não se abstinha de fazer críticas, era considerado um comunista de coração. Alberto Passos Guimarães era o mais velho do grupo, nascido em 1908 em Maceió, tendo se mudado para a Bahia no final dos anos 1930 fugindo da repressão. Era considerado por Gorender, na época que iniciava no movimento, como um dos grandes exemplos dentro do partido.

Em comum, o grupo tinha o fato de todos terem nascido ou morado em Salvador, o que levou a ser apelidado por alguns estudiosos de "o grupo baiano", mesmo com Gorender tendo repetido inúmeras vezes que essa era uma questão anedótica e que o local de nascimento pouco importava entre eles. Também passou pelo grupo Jorge Amado, que compareceu a algumas reuniões, mas o escritor, que também era baiano por sinal, não conseguiu resolver suas lutas internas sobre o futuro do partido e acabou se afastando do grupo.

Já na parte final do manuscrito se juntou Apolônio de Carvalho, que retornava da URSS. Mesmo distante, foi um dos vitoriosos da luta interna do PCB, desafeto de Prestes e da antiga diretoria stalinista, o herói de três nações, como escreveu Jorge Amado. Apolônio havia acumulado funções inexpressivas de motorista, secretário e segurança, esquecido na União Soviética por mais de quatro anos, e agora, em uma virada do destino, tinha seus melhores amigos na liderança do partido e retornava ao Brasil para debater o que seria o futuro do comunismo no país.

Assim, no dia 22 de março de 1958 foi lida para o Comitê Central, e depois impressa, uma carta que ficou conhecida como Declaração de Março de 1958. Ela vinha substituir o manifesto de 1950, que pregava a luta armada e a revolução imediata. A nova posição abandonava essas demandas e assumia um caráter anti-imperialista, antiamericano e democrático. Nesse sentido, o partido pregava uma aliança com a burguesia nacional e os setores progressistas da sociedade, liderada pelo proletariado, é claro, com o objetivo de assegurar um desenvolvimento social e industrial autônomo e livre da influência norte-americana. O documento reconheceria que não havia condições para uma revolução comunista no Brasil, sendo que a superação dos resquícios feudais, o aprofundamento da democracia e a independência eram as necessidades imediatas.

A declaração de março marca o fim definitivo da disputa de poder interna. O partido agora possuía novas diretrizes, construídas tendo em conta a realidade brasileira com objetivos plausíveis e antenados com o cenário mundial. O PCB também sai fortalecido, constituindo-se como uma organização mais dinâmica e aberta, deixando de lado os anos stalinistas, quando os líderes falavam, muitas vezes sem conhecimento, e a militância obedecia.

33. CINQUENTA ANOS EM CINCO

Março era apenas a prévia do que seria um grande ano. Em junho a seleção brasileira de futebol conquista a Copa do Mundo pela primeira vez, o time de Garrincha, Zagallo, Pepe e Pelé, na época ainda uma jovem promessa, encanta o mundo apagando a imagem vexatória deixada pelo vice de 1950, com muita comemoração nas ruas e um clima de euforia com a nação. A economia também ajudava, com o país crescendo mais de 10% no ano.

Juscelino Kubitscheck tinha prometido 'cinquenta anos em cinco' na campanha de 1955 e parecia cumprir a promessa. O plano de metas previa o investimento na indústria de base e na substituição das importações. Nesse sentido, a indústria automobilística tinha uma posição central, em um movimento, depois muito criticado, de substituição do modelo ferroviário pelo rodoviário. Na época, porém, a iniciativa foi muito aplaudida, com diversas empresas vindo se instalar na região do ABC em São Paulo. Para o PCB, o projeto também se mostrou benéfico.

Com o estabelecimento da indústria pesada em São Paulo, o país finalmente caminhava para a construção de um proletariado industrial no estilo marxista. O ABC se mostraria terreno fértil para a atuação do PCB e um dos locais mais ativos politicamente, com sindicatos fortes e organizados. Os metalúrgicos seriam, posteriormente, um setor importante no processo de redemocratização. Outro grande projeto da era Juscelino foi a construção de Brasília. A construção da capital no centro do país era um tema discutido desde os tempos da colônia, sendo parte importante da campanha eleitoral de 1955. Inaugurada oficialmente no dia 20 de abril de 1960, foi um projeto de grandes proporções, transportando pessoas e materiais por milhares de quilômetros para uma região antes despovoada, tanto que nem estradas havia ligando a região com o resto do Brasil.

A execução do projeto também teve seus críticos, principalmente entre a oposição política. O custo astronômico, nunca calculado, exauriu os cofres públicos, os milhões de toneladas de material necessários para a execução do projeto, assim como água, energia e combustível levaram a capacidade da produtiva da indústria brasileira ao limite, sendo o investimento na construção de Brasília um elemento importante das crises econômicas dos anos subsequentes. O PCB também esteve envolvido com a nova capital. Escolhido para projetar a nova cidade pelo próprio Juscelino, Oscar Niemeyer era um comunista declarado, o que ajudou a aumentar a legitimidade do partido.

O final dos anos 1950 também foi um momento de expansão do PCB – Juscelino foi fiel a sua promessa e pelos votos dos comunistas deixou o partido viver uma situação de semilegalidade, mesmo com algum eventual conflito. Incentivados pela nova liberdade e tendo se livrado de boa parte da paranoia stalinista, os comunistas passaram a agir mais abertamente. O V Congresso do PCB, que oficializou a declaração de março de 1958, foi feito às claras em um edifício na Cinelândia, com o encerramento realizado no auditório da Associação Brasileira de Imprensa.

Esses seriam os anos mais felizes da vida de Gorender, o salário de dirigente, muito maior do que recebia antes de viajar a URSS, complementado por Idealina, permitiu ao casal deixar o subúrbio e se mudar inicialmente para a rua Montenegro, em Ipanema, e depois para um espaçoso apartamento na Rua Carlos Góis, no Leblon, onde, como o próprio Gorender lembraria, entre os livros e o mar, encontrou a felicidade, relacionada também com o nascimento de sua primeira e única filha, Ethel Fernandes Gorender, em 1961.

A criança vinha ao mundo já com credenciais comunistas, o nome Ethel não era por acaso. Tradicional nome judaico, foi escolhido para homenagear outra judia comunista. Julius e Ethel Rosenberg foram um casal judeu americano preso em 1951, acusados de espionagem e de entregar o segredo da bomba atômica para os soviéticos. O julgamento, na época, atraiu a atenção da mídia mundial, misturando muito da histeria anticomunista do período com uma boa dose de antissemitismo. Vítimas, heróis ou monstros – cada pessoa na época tinha a sua própria opinião. Apenas com o fim da URSS e a abertura dos arquivos da KGB é que o caso foi esclarecido, Julius era de fato um espião comunista, tendo mantido contato com alguns dos envolvidos no projeto Manhattan, enquanto Ethel, mesmo conhecendo a situação do marido, não participou ativamente na prática.

34. REVOLUÇÃO EM CUBA

Se 1958 foi um grande ano para os comunistas brasileiros, 1959 seria um grande ano para revolução mundial. Na pequena ilha caribenha de Cuba, logo no dia 3 de janeiro, as forças rebeldes lideradas por Ernesto Che Guevara e Camilo Cienfuegos entravam na capital Havana. O antigo ditador Fulgêncio Batista havia abandonado o país dois dias antes. O restante das tropas, comandadas pelo grande líder da revolução, Fidel Castro, chegaria no dia 8 tomando o poder oficialmente, colocando fim a uma longa revolta que logo chegaria aos jornais do mundo.

A pequena ilha de Cuba, localizada no mar do caribe a apenas alguns quilômetros da costa da Flórida, vivia uma situação política instável desde a sua independência em 1902. Uma das últimas possessões espanholas, Cuba, Porto Rico e outras ilhas caribenhas conquistaram a independência, principalmente pela ajuda norte-americana que interveio diretamente na guerra, utilizando a sua já poderosa armada para esmagar o decadente exército espanhol. Cuba seria formalmente independente, mas sob controle político e econômico americano, se tornando na prática uma colônia informal dos Estados Unidos.

A proximidade com os EUA tornaria a ilha um dos destinos turísticos dos americanos, que buscavam as praias paradisíacas do país, aliado com as leis liberais que contrastavam com o puritanismo que imperava no continente. Assim, uma indústria turística acabou se desenvolvendo com opulentos hotéis e grandes cassinos dominando a ilha, turismo que recebeu um grande incentivo durante os anos da lei seca, quando americanos endinheirados viajavam para beber, festejar e gastar dinheiro nos cassinos, o que contribuiu para a fama de Cuba como *playground* da América, um lugar onde se podia tudo e a festa nunca acabava.

A opulência dos hotéis ficava, porém, restrita aos turistas e à pequena elite cubana. Para o resto dos moradores restava o outro lado – corrupção, tráfico de drogas, prostituição e crime organizado, que eram parte do dia a dia dos cubanos. Politicamente, a ilha não conseguia se organizar, passando por golpes, contragolpes e eventuais intervenções americanas durante os 50 anos de independência. Em 1952, Fulgêncio Batista, um antigo presidente, daria um golpe de Estado se tornando o último ditador capitalista da ilha.

Em uma das muitas tentativas fracassadas de golpe, um grupo de idealistas, em 1953, tentou tomar o quartel de Moncada, localizado na cidade de Santiago de Cuba, a 850 quilômetros da capital Havana. O objetivo dos rebeldes era incentivar uma rebelião nacional. A operação foi um fracasso, com as autoridades suprimindo rapidamente os rebeldes e prendendo todos os envolvidos. Entre eles os irmãos Fidel e Raul Castro.

Fidel Castro, o líder oficial do grupo, em seu julgamento, faria um discurso de mais de quatro horas, terminando com a profética frase "a história me absolverá". O tribunal, porém, o condenou com o irmão, recebendo cada um a pena de mais de dez anos de prisão. O ambiente político confuso de Cuba impediu que a pena fosse cumprida na sua totalidade e, em 1955, foi modificada para exílio, com os dois irmãos sendo mandados para o México.

A prisão e o exílio não diminuíram o ímpeto revolucionário dos irmãos Castro e assim que desembarcaram na Cidade do México começaram a planejar a tomada do poder em Cuba, no que resolveram chamar de "movimento 26 de julho", em homenagem ao dia que tentaram tomar o quartel de Moncada. No continente, fariam amizade com um jovem estudante de medicina argentino que resolveria se juntar ao movimento, Ernesto "Che" Guevara, se tornando ele mesmo uma lenda.

Assim, no dia 25 de novembro de 1956, os irmãos Castro, Che Guevara e mais 80 homens partiram no Yatch Granma, rumo a Cuba. A travessia do mar do caribe, perigosa nas melhores das condições, foi a primeira grande vitória do grupo, que viajava em uma pequena embarcação feita para, no máximo, 25 pessoas. O plano do grupo era desembarcar no dia 2 de novembro, partindo em direção a Sierra Maestra, um conjunto montanhas isolado e distante da capital havana, iniciando um movimento em conjunto com outros grupos revolucionários da ilha para tomar o poder.

A iniciativa foi um fracasso, as forças rebeldes foram facilmente repelidas pelo governo, e já nos primeiros dias uma emboscada das forças de Batista dizimou as forças dos irmãos Castro. Dos 80 homens que desembarcaram do Granma, apenas 20 restaram, espalhados pela enorme e despovoada área de Sierra Maestra. Apesar disso, os guerrilheiros se reuniram novamente, criando um foco de guerrilha na província, contando, aos poucos, com a ajuda da população. O governo Batista enfrentava oposição, armada ou não, em outras partes da ilha ao mesmo tempo em que os guerrilheiros de Castro ganhavam prestígio. Até que finalmente, em janeiro de 1959, Fidel Castro entraria em Havana.

Originalmente o movimento 26 de julho não era comunista, mas antiamericano e anti-imperialista. As primeiras medidas de Castro envolveram a universalização da educação, o combate ao analfabetismo e a reforma agrária. Segundo dados da época, 95% da terra arável de Cuba estava nas mãos de estrangeiros, sendo expropriadas pelo governo, assim como algumas companhias. As posições do novo governo cubano acabaram indo de encontro com o governo dos EUA, empurrando Castro para uma aliança com a URSS. A revolução cubana esquentaria a Guerra Fria, ninguém estava a salvo do perigo vermelho. Cuba, a algumas dezenas de quilômetros da costa da Flórida, praticamente um estado dos EUA, havia sido tomada por 20 homens.

As figuras dos guerrilheiros barbudos na selva, fumando charutos, passariam a figurar no imaginário coletivo do continente. Fidel Castro se tornaria um líder de importância mundial e Che Guevara, uma lenda. A figura do médico argentino que, em uma viagem de moto pela América

Latina termina participando da Revolução Cubana, influenciaria o estilo de vida e as ideias de toda uma geração de jovens.

A Revolução Cubana teria um grande impacto em Gorender, que pôde ouvir Fidel falar em 1960, quando este passou pelo Rio de Janeiro. A perspectiva inicial da revolução mais voltada para a modernização da economia e melhora da qualidade de vida era muito similar à posição do PCB na época. Também veria na Revolução Cubana uma postura mais humana e democrática que a experiência russa, mesmo com algum eventual excesso, um passo mais próximo do seu ideal de um socialismo democrático. Esta opinião parece ter ficado ainda mais forte com o fim da URSS, que não afetou a ilha de Cuba. Para os comunistas mais otimistas, os eventos na pequena ilha caribenha eram apenas a prévia do que seria a grande revolução latino-americana, agora praticamente inevitável.

A Revolução Cubana não ficaria restrita à ilha caribenha, servindo de base para revoltas e movimentos armados em todo o continente e o crescimento da paranoia anticomunista. Se o processo de desestalinização e a coexistência pacífica haviam servido para acalmar os ânimos, a Revolução Cubana contribuiria para colocar o perigo comunista de novo no debate. Em um mundo onde 20 guerrilheiros eram suficientes para tomar uma colônia informal norte-americana, ninguém estava a salvo, e as elites latino-americanas passariam as próximas décadas com medo de se tornarem refugiados em Miami, como os antigos donos de Cuba.

35. JÂNIO QUADROS E JOÃO GOULART

Em 1960, porém, essa não era a preocupação principal do PCB, nem de Gorender. O país se preparava para uma nova eleição, evento sempre traumático na jovem república. A constituição proibia a reeleição e, assim, Juscelino ficava fora de cena e das engrenagens políticas. A situação econômica também se complicava – o crescimento, apesar de continuar forte, dava sinais de esgotamento, e a inflação, acima de 30% ao ano, cobrava seu preço, principalmente nas classes mais baixas que começavam a ver seu poder de compra diminuir bastante.

A já tradicional aliança PSD-PTB, do então presidente, lançaria a candidatura do marechal Henrique Teixeira Lott. O militar considerado um nacionalista, ganhara notoriedade em 1955, quando garantiu a posse de Juscelino, impedindo um golpe dos setores antigetulistas. A opinião do militar em relação ao PCB, porém, era muito diferente do seu antecessor. Ao contrário de 1955, quando os comunistas eram vistos como possíveis aliados, em 1960 voltavam a ser o inimigo e, mesmo com o apoio formal do PCB, Lott se declara anticomunista e anticastrista.

O que o *establishment* não contava era com a ascensão meteórica de um obscuro político paulista, Jânio Quadros. Nascido no Mato Grosso e formado em direito, dava aulas de Geografia nos colégios Dante Alighieri e Vera Cruz, tradicionais instituições de ensino paulistanas. Em 1947 seria eleito suplente ao cargo de vereador por São Paulo, assumindo em uma das vagas criadas com a cassação do PCB, iniciando uma das ascensões políticas mais rápidas da história brasileira. Em 1951, se elege deputado estadual; em 1953, prefeito; em 1955, governador e em 1960, disputa a eleição presidencial pelo PTN, um partido político de menor expressão, construindo uma aliança com outras agremiações nanicas.

Figura singular, com os óculos e os trejeitos afetados, seria na visão da oposição o grande exemplo de populista e demagogo, com frases vazias, mas de efeito, e propostas superficiais. No tempo que atuou como vereador se destacou como o político mais produtivo do país, assinando um grande número de leis e decretos favoráveis à classe trabalhadora.

Nas eleições, faria uma campanha que se tornaria lendária na política brasileira, se colocando como o candidato que propunha a acabar com a corrupção, adotando a vassoura como símbolo de campanha, prometendo varrer a corrupção, sempre acompanhado do *jingle* "Varre, varre vassourinha, / Varre, varre a bandalheira / Que o povo já está cansado / De sofrer dessa maneira / Jânio Quadros é esperança / Desse povo abandonado".

A campanha de Jânio ganha força, cativando até mesmo setores do PTB. A UDN, eterna oposicionista, e até aquele momento a voz da direita brasileira, se viu ultrapassada pelo populismo de direita, se aliando ao político paulista apenas quando a vitória já estava encaminhada.

Nas eleições disputadas no dia 3 de outubro, Jânio é eleito com 48% dos votos, a maior porcentagem de um político no período após o Estado Novo, Lott tem 32% e Adhemar de Barros, 18%. A vitória arrasadora de Jânio continua sem explicação e não encontra paralelo na história republicana. Ele não era militar, não tinha dinheiro ou conexões importantes, não era jornalista ou figura da mídia, não era bonito ou simpático, tendo inclusive fama de alcoólatra. Apesar disso, cativou e continuaria a cativar a população. Em 1985, venceria Fernando Henrique Cardoso na disputa pela prefeitura de São Paulo, em uma campanha recheada de factoides e frases de efeito.

Jânio assumiu a presidência no dia 31 de janeiro de 1961, governando durante apenas sete meses, que entraram para a singular história política brasileira como um de seus períodos mais estranhos. Não teria tempo de montar um projeto de nação ou colocar em prática planos de longo prazo. A atuação de Jânio seria errática, apoiada em factoides, proibindo o biquíni nos concursos de miss, assim como as rinhas de galo. Condecoraria Che Guevara com a Ordem do Cruzeiro do Sul, que recebeu a medalha em Brasília das mãos do presidente, uma atitude polêmica, para dizer o mínimo, ainda mais singular dado que Jânio se elegeu com uma plataforma de centro-direita. Por fim, organizaria um plano de invasão e anexação da Guiana Francesa que nunca foi colocado em prática.

Vindo de um partido pequeno, Jânio não contava com uma base ampla no Congresso, tendo dificuldades para aprovar sua pauta. Tinha na oposição, a tradicional aliança PTB-PSD enquanto a conservadora UDN se mantinha neutra, apoiando o presidente nas pautas que mais lhes interessavam. As atitudes desencontradas do presidente o isolaram ainda mais e, em apenas sete meses, se encontrava fragilizado politicamente. Apesar disso, a vida seguia normal em Brasília, com as tensões e disputas comuns da vida política do período. Mas Jânio tinha outros planos.

No dia 25 de agosto, para surpresa da nação, envia ao congresso sua carta de renúncia. Imitando o estilo da carta de suicídio de Vargas, culparia "forças terríveis", que nunca chegou a identificar, pela sua atitude. Os motivos que levaram Jânio a renunciar continuam a ser motivo de especulação, mas podem ser vistos como um descuidado cálculo político do ex-presidente, que sem apoio no Congresso e pressionado por todos os lados, tinha de tentar recuperar o capital político.

Jânio sabia que o seu vice João Goulart era considerado esquerdista, sendo impopular com os militares e parte do congresso, visão incentivada pelo próprio presidente, que o enviou para China em uma missão diplomática. Assim, seu plano era entregar a carta de renúncia, voltar para São Paulo, mais especificamente para Vila Maria, seu principal reduto eleitoral, onde, nos braços do povo, seria reconduzido pelo congresso à presidência.

O plano, como todos sabem, deu errado. Jânio foi impedido de voltar a São Paulo, ficando preso em Brasília, uma cidade despovoada na época, enquanto o congresso aceitava seu pedido de renúncia. Ao contrário do que ele esperava, as massas não saíram às ruas para pedir seu retorno e, na manhã seguinte, a nação acordou tranquilamente com um novo presidente, João Goulart, que estava na China.

A Constituição de 1945 previa eleições separadas para presidente e vice, por isso não havia necessariamente relação entre os dois políticos eleitos. O novo presidente, João Goulart, ou Jango, era membro do PTB, estava no seu segundo mandato como vice, e era imensamente popular, tendo inclusive, em 1955, sido eleito com mais votos que Juscelino. Estancieiro gaúcho de uma família tradicional, com terras no Rio Grande do Sul e Uruguai, era um dos mais proeminentes membros do PTB, juntamente com seu cunhado Leonel Brizola. Estava na política desde o início dos anos 1940, mas ganhara notoriedade apenas em 1954 quando, como ministro do Trabalho de Getúlio Vargas, organizou um aumento de 100% do salário mínimo, passando por cima dos interesses do grande capital e da classe média.

As ações voltadas para o povo renderam a Jango a fama de comunista, e uma forte desconfiança dentro das forças armadas. A súbita renúncia de Jânio criava então um impasse, os militares não aceitavam Jango, que estava isolado na China, enquanto os setores trabalhistas, liderados por Leonel Brizola, então governador do Rio Grande do Sul, pressionavam pela posse do novo presidente. Em meio às tensões foi decidido que Jango não deveria voltar ao Brasil, esperando no Uruguai até que uma solução fosse encontrada.

A solução veio no dia 2 de setembro em uma gambiarra política, no melhor estilo brasileiro. O congresso mudaria o sistema político brasileiro, adotando o sistema parlamentarista, elegendo Tancredo Neves para o cargo de primeiro-ministro, assim Jango estava livre para voltar ao país e assumir seu cargo, satisfazendo os trabalhistas, mas com menos poder, o que acalmava os militares. A solução não duraria, principalmente por pressão do governo, que conseguiria chamar um plebiscito em janeiro de 1963 no qual a população votou amplamente pela volta do presidencialismo. A situação do país também era complicada, a inflação continuava a subir sem controle, pressionando o poder de compra da população.

A primeira tentativa de controlar a inflação, o Plano Trienal desenvolvido por Celso Furtado, um dos mais importantes economistas do país, fracassaria, colocando mais pressão no presidente. Politicamente,

Jango tentava se equilibrar entre as diferentes correntes – à direita sofria a oposição dos militares e da UDN, enquanto sofria pressão da extrema esquerda para aprofundar suas políticas sociais.

No comando da ala mais à esquerda estava seu cunhado Leonel Brizola. Vindo de uma família humilde do interior do Rio Grande Sul, era um político hábil e de grande apelo popular. Tornar-se-ia posteriormente governador do Rio de Janeiro, sendo até hoje o único brasileiro eleito para governar dois estados diferentes. Possuía um temperamento irascível e não tinha problemas em apelar para a força bruta contra desafetos.

Jango se alternava entre apaziguar os militares e satisfazer sua base, mas no final acabou pendendo para a esquerda, com o programa de Reformas de Base. Revolucionárias, as medidas propostas abrangiam quase toda a sociedade, um programa agressivo de reforma agrária, taxação das remessas de lucros, a expansão dos direitos políticos de analfabetos e militares de baixa patente, entre outras.

As medidas desagradaram setores importantes da sociedade, principalmente os ligados ao capital internacional. A pressão crescia e a sociedade se dividia, mesmo entre os militares, com setores mais à esquerda defendendo Jango, sobretudo entre os de baixa patente, e outros defendendo a retirada do presidente à força. Nesse ambiente, Jango organizou um grande comício na Central do Brasil, que levou mais de 150 mil pessoas ao centro do Rio de Janeiro, no dia 13 de março de 1964, para mostrar o apoio às reformas. Movimento arriscado por parte de Jango, dado o momento de grande polarização, sendo que alguns analistas mais atentos viam um golpe se aproximando.

O próprio Jango foi alertado, na noite anterior ao comício, pelo jornalista Samuel Weiner, dono do jornal *Última Hora* e um dos principais apoiadores do governo, que a situação era precária e que caso deixasse o impulsivo Brizola falar, iria acirrar ainda mais os ânimos. Jango não ouviu o conselho e, no dia seguinte, o governador gaúcho falou para o povo que o congresso deveria ser fechado e uma constituinte, composta por operários, camponeses e militares nacionalistas deveria ser convocada. O discurso foi a gota d'água para os setores conservadores que, na surdina, começaram a se organizar.

O PCB seguia alheio a todo tipo de tensão, estava tomado por um imenso otimismo. O partido vivia um bom momento, a semilegalidade conquistada com o apoio de Juscelino se tornara de fato com ascensão de Jango. Os encontros do partido eram feitos abertamente e amplamente divulgados, os dirigentes eram agora figuras públicas, aparecendo constantemente nas páginas dos jornais, tendo inclusive espaço dentro do governo Jango. O país passava por um momento de politização, principalmente entre a classe trabalhadora, com a ascensão de Jango e as pautas de esquerda, como a reforma agrária e o aumento do salário mínimo. O PCB agora estava com uma estrutura pronta para captar muitos desses novos militantes, crescendo bastante no período.

A militância também se encontrava empolgada, a guerra política tinha ficado para trás, com a autocrítica ao stalinismo dando lugar a uma imensa euforia. A heroica vitória em Cuba reviveria o sonho revolucionário da militância latino-americana. Antes distante, a possibilidade de um Brasil comunista parecia cada vez mais real. Para os mais pessimistas, que viam a possibilidade de um golpe de direita, o grande líder Luís Carlos Prestes assegurava que isso não era possível.

Na longa carreira política de Prestes, o golpe de 1964 foi seu maior erro de cálculo. O dirigente garantia que não havia condições materiais para um golpe militar, assegurava ter contatos secretos, conhecidos apenas por ele, nas forças armadas que assegurariam a continuidade democrática. Dizia para os militantes e dirigentes mais próximos que a revolução comunista estava próxima e que, caso o fascismo ousasse colocar a cabeça para fora, ela seria rapidamente degolada e o Brasil se tornaria uma segunda Cuba.

A paranoia dos antigos dirigentes stalinistas, com suas reuniões secretas e espiões imaginários, daria lugar à prepotência, uma das razões da repressão pós-golpe militar ter sido tão eficiente. O aparato de segurança do partido fora desmontado, não havia mais esconderijos, planos de fuga, códigos, nomes falsos ou reuniões secretas. O partido se encontrava completamente despreparado para um eventual golpe militar.

A vida de Gorender seguia no mesmo tom que o partido. A desestalinização havia lhe dado muito prestígio, a tal ponto que era considerado um dos favoritos para substituir Prestes. Junto com Marighela, se tornaria uma das caras do PCB, viajando o país para conferências e cursos. Tornava-se, aos poucos, um intelectual de respeito, sendo inclusive retratado como professor em algumas reportagens. Além de artigos na imprensa partidária, era convidado a escrever prefácios e introduções para livros de esquerda. Nesse período, começa a formular pesquisas de maior rigor teórico, tendo iniciado a escrita do que seria sua obra mais importante do ponto de vista acadêmico: *O Escravismo Colonial*.

Pessoalmente também vivia seu melhor momento, morava em um apartamento confortável no Leblon, cercado de livros. Tinha dinheiro para cobrir as necessidades básicas e ainda se permitir alguns luxos, contava com uma esposa apaixonada e curtia a infância da filha Ethel. Foi nesse espírito que, depois do comício da Central do Brasil, no dia 13 de março, deixou o Rio rumo a Goiânia, onde participaria de uma série de conferências, sem saber que nunca mais retornaria ao apartamento do Leblon.

PARTE 7
O GOLPE, A CLANDESTINIDADE E O DILEMA DA LUTA ARMADA

36. O GOLPE MILITAR

O dia que durou 21 anos, como descrito no famoso documentário. As 48 horas dos dias 31 de março e 1º de abril ficariam marcadas na memória dos militantes comunistas. Gorender se levantou no apertado quarto de hotel, em Goiânia e, como já era de hábito, foi à banca de jornais mais próxima para ver o que diziam os periódicos. Estava na capital goiana desde o dia 17, dando um curso de filosofia marxista para os comunistas locais.

Havia deixado o Rio de Janeiro logo após o comício da Central Brasil, com um sentimento de desconforto por ter de se ausentar em momento de tamanha ebulição. Despedira-se de Idealina e Ethel, sem saber que era a última vez que punha os pés no apartamento do Leblon, e que não tornaria a ver a esposa por quase nove meses.

No centro de Goiânia, o curso ocorria em dias alternados, quando mais de 300 pessoas se reuniam para ouvir o dirigente comunista falar. A maioria dos entusiasmados estudantes era composta de jovens, mas também havia professores e intelectuais de idades variadas. Entre os estudantes, um sujeito de ar marcial se destacava na multidão – era o coronel Clementino Gomes, que comparecia em todas as reuniões, sempre à paisana, e tentava se enturmar nas rodas de conversa, mesmo não mostrando aptidão para a filosofia.

Gorender não deu muita atenção ao sujeito até que no final de uma das reuniões, no dia 23 de março, o coronel se aproximou e transmitiu um convite do governador Mauro Borges para um encontro. O convite foi prontamente aceito e, no dia seguinte, às 14 horas, o próprio coronel buscou Gorender no hotel e o levou ao palácio do governador. Mauro Borges, que também era coronel do exército, era considerado um dos mais importantes governadores alinhados com a esquerda. Foi, junto com Brizola, o único governador a defender que Jango assumisse a presidência, em 1961. Da reunião no dia 24 de março, a única memória que Gorender reteve foi a clara antipatia do político com Jango, por razões que logo ficariam explicadas.

Na banca de jornal, no dia 31, Gorender se deparou com um perplexo jornaleiro que comunicou que nenhum dos jornais do Rio de Janeiro havia chegado. As razões ele não sabia explicar, apenas disse que talvez houvesse algum problema com os aviões. Apesar de certa desconfiança, não deu muita atenção ao ocorrido e seguiu com os afazeres do dia. Naquela hora, a 1.300 quilômetros de distância, Idealina via através da varanda uma grande movimentação de tropas ao redor da base militar próxima.

Idealina estava sozinha no Rio com sua filha Ethel e, naquela manhã quente de terça feira, seu pai veio lhe fazer companhia e passar um tempo com a neta. Fundador do PCB, o velho militante comunista comentou que todo aquele rebuliço cheirava a golpe. O instinto do veterano não podia estar mais certo. As tropas estavam mobilizadas para prender o almirante Candido da Costa Aragão, um dos mais importantes militares da corrente nacionalista.

O dia 31 não foi o início do golpe, mas o ponto culminante deste. Enquanto os comunistas e setores nacionalistas confiavam cegamente na popularidade e capacidade de Jango, assim como no apoio de um importante segmento dos militares, os setores golpistas se organizavam em uma aliança entre os militares de direita e os governadores de oposição.

O acordo estava sendo costurado há algum tempo, sendo provável que na reunião no dia 24 de março o governador Mauro Borges já tivesse alguma informação sobre os acontecimentos. A princípio, a ideia era tomar o poder no dia 4 ou 8 de abril. Em Minas Gerais, porém, por razões desconhecidas, os generais Olímpio Mourão Filho e Odílio Denys, apoiados pelo governador Magalhães Pinto, resolveram se adiantar e, às 3 horas da manhã, anunciaram suas intenções e partiram com as tropas em direção ao Rio de Janeiro. Os dirigentes golpistas seriam pegos de surpresa pela intempestividade de seus subordinados, mas naquele momento já não havia saída a não ser colocar em prática seus planos. Caso essa tentativa falhasse, não haveria outra oportunidade igual.

O golpe seria rápido, sem derramamento de sangue, consumado no dia 2 de abril quando o congresso declarou vaga a cadeira do presidente. Qualquer possibilidade de um contragolpe foi anulada pelo próprio Jango, que no momento se encontrava no Rio Grande Sul e, diante do governador Leonel Brizola e do comandante do III exército general Ladário Teles, que queriam resistir, se recusou a apoiar uma resposta violenta, o que certamente mergulharia o país em uma guerra civil de duração e intensidade incertas. Jango então optou por se exilar no Uruguai, matando qualquer chance de uma resposta de força aos golpistas.

A decisão de Jango, de não fomentar um enfrentamento contra os militares golpistas, acabou com qualquer chance de um contragolpe. Os militares tomariam o poder sem oposição importante, com o general Castelo Branco sendo conduzido à presidência pelo congresso alguns dias depois. A possibilidade de os militares tomarem o poder pela força era um desastre anunciado. Os grupos golpistas estavam presentes no país há décadas, com o prestígio e poder variando com o tempo. O século XX está recheado de golpes e contragolpes, como uma tentativa desastrada na posse de Juscelino, as tensões durante a condução de Jango ao poder e até um pouco provável projeto abortado com o suicídio de Getúlio Vargas. Apesar deste histórico e a óbvia instabilidade política brasileira, a possibilidade de um golpe não existia na cabeça dos líderes do PCB.

Foi nesse clima de confiança que Apolônio de Carvalho entrou na reunião do comitê central, na manhã do dia 31 de março. A revolta militar seria rapidamente sufocada, como previra Prestes alguns dias antes. Os comunistas tinham uma fé cega em Jango e nos militares nacionalistas, principalmente na figura do general Assis Brasil e do almirante Aragão. A ideia de um golpe de Estado era completamente alienígena para as lideranças do PCB e a consequência disso é que não havia nenhum plano de contingência para essa possibilidade. A paranoica estrutura secreta da era stalinista, que teria sido muito útil em 1964, havia sido inteiramente desmontada. Não havia locais secretos de reunião, plano de proteção às lideranças ou uma estrutura de fuga para os militantes. Tudo estava às claras.

Completando o quadro, ainda houve o caso das Cadernetas Prestes. Nos primeiros dias do golpe as forças da repressão invadiram o apartamento de Prestes, no Rio de Janeiro, e nem o mais empolgado dos militares pode acreditar no que encontrariam. O poderoso líder do PCB, como Gorender descreveria anos depois, possuía uma vocação de arquivista. Prestes se sentava nas reuniões do partido, anotando todos os detalhes, atas, locais, opiniões, cargos, utilizando sempre os nomes verdadeiros. Para isso, utilizava uma série de cadernos, que depois de completos ficavam guardados em seu apartamento, sem segurança especial ou criptografia.

Assim, sem nenhum trabalho de investigação, sem torturas ou prisões, em uma tarde os militares desvendaram toda a estrutura de poder do partido. Cargos, locais de reunião e todas as outras informações estavam lá. Levou mais de um ano para o PCB conseguir se organizar novamente. O conteúdo das cadernetas seria utilizado como base para o processo de diversos militantes, inclusive de Mário Alves, que seria preso em uma reunião do partido alguns meses depois do golpe, ficando na prisão quase um ano.

O passar das horas deixaria cada vez mais claro que não haveria reação ao golpe. Apolônio voltaria para casa na hora do almoço e comunicaria à família a decisão do PCB, seus filhos, porém, não aceitariam a decisão e toda a família sairia em direção ao centro para participar das manifestações que ocorriam na cidade. A violenta repressão que sofreram os manifestantes acabaria com qualquer dúvida sobre a força dos golpistas. Na noite do dia primeiro, Apolônio deixaria sua casa, logo depois cercada pela polícia, indo para Niterói e voltando para a ilegalidade.

Em Goiás, Gorender descobriria a causa do atraso dos jornais apenas no final da tarde. Na barbearia do hotel, recebeu um telefonema. Era um dos membros com comitê estadual relatando o levante em Minas Gerais, informando que, por segurança, era melhor abandonar o hotel e que um militante o viria buscar. Voltaria a seu quarto, faria as malas, pagaria a conta e deixaria o hotel. Esse seria seu último ato como um homem livre, antes do final do dia, seria um homem procurado, transitando de esconderijo em esconderijo, com a constante preocupação de que alguém o reconhecesse na rua e alertasse as forças da repressão.

Foi transportado para a sede do diretório estadual, onde acompanhou as notícias que vinham do Rio e do palácio do governo de Goiás, e onde logo ficou claro que o governador Mauro Borges, ao contrário de 1961, ficaria do lado dos golpistas. No dia seguinte, depois de uma longa noite, Gorender foi ao Diretório Central dos Estudantes, onde, diante de uma juventude desolada, cumpriu seu papel de líder, fazendo discursos e procurando levantar os ânimos. O que de nada adiantou, já que na madrugada do dia 1º ficou claro que, ao contrário das outras vezes, o golpe seria bem-sucedido.

Com o partido em completo caos e as forças repressivas já em ação, Gorender ficou em Goiás, passando de casa em casa e também num sítio nos arredores da capital. A rotatividade de moradias seria uma constate na vida dos militantes perseguidos pelo regime. Após abandonar a luta, seis anos depois do golpe, Gorender calcularia que morou em cerca de 30 casas diferentes enquanto fugia da lei. Passou cerca de 40 dias em Goiânia, deixando a cidade no final de maio em companhia do tenente Walter Ribeiro, hoje um desaparecido, rumando para São Paulo.

Enquanto Gorender acompanhava distante o desenrolar do golpe, Idealina estava no olho do furacão. Quando ficou claro que os progressistas seriam derrotados, seu pai e um companheiro a ajudaram na árdua tarefa, que Prestes não fez, de se livrar de todos os documentos que pudessem interessar às forças da repressão. Um processo metódico e demorado – enquanto os homens rasgavam o papel, Idealina se encarregava de jogar tudo na privada, o que acabou por entupir o encanamento.

Já tomados pela paranoia e em um prédio de classe média, onde sem dúvidas muitos dos moradores estavam comemorando a derrota dos vermelhos, logo surgiu a preocupação de que alguém notasse os documentos no encanamento e alertasse a polícia. O síndico, porém, era simpatizante e conseguiu arrumar tudo sem chamar a atenção. Além disso,

Gorender e Idealina levavam uma vida discreta dando poucas pistas para os vizinhos que eles fossem militantes comunistas.

Ainda sem notícias de Gorender, Idealina passaria mais alguns dias no apartamento, que teria de ser rapidamente abandonado já que, assim como a casa de Apolônio e Prestes, logo receberia uma visita das forças de repressão. A mobília foi enviada para a casa de Laudelina enquanto ela se mudaria com a filha Ethel para a casa de Socialina.

Era o fim do apartamento na rua Carlos Góes. Gorender, com os passar dos anos, declararia mais de uma vez que o período no Leblon foi o mais feliz de sua vida. Um raro momento de alegria e ingenuidade, vivendo na beira mar com os seus livros e o amor da filha pequena e da esposa, à espera de uma revolução que parecia inevitável e grandiosa, mas democrática e sem o derramamento de sangue da revolução russa. Gorender não teria a chance de se despedir da casa em que vivera tantos bons momentos e nem podia imaginar, quando deixou o Rio em direção a Goiás, que se passariam mais de seis anos até que tivesse um lar novamente. Naquele apartamento vazio ficaram muitas das suas memórias, da fé na revolução e de seus livros que se perderam durante os anos turbulentos que viveu o país.

37. O PARTIDO TENTA REAGIR

O golpe de 1964 foi um evento chave da história brasileira, com vencedores e perdedores, mas para os comunistas foi algo mais pessoal e filosófico. Apesar do stalinismo ter oficialmente acabado, muitas estruturas ainda sobreviviam, mesmo que internamente. Um homem de partido, como se autodefinia Apolônio de Carvalho, e muitos outros militantes, tinham uma fé quase religiosa no PC, seguiam as ordens e consideravam as razões do partido superiores às demais, mesmo que para os meros militantes elas pudessem parecer insanas. A liderança comunista via mais longe.

Tudo isso caiu por terra em menos de 48 horas, os golpistas tomaram o poder com uma facilidade alarmante diante de um PCB atônito, que pouco pôde fazer diante de uma ameaça que não previram. Ocorreu uma série de erros de cálculo que, quando vistos em retrospectiva, assumem ares tragicômicos. O golpe foi longamente anunciado e as tentativas frustradas em 1955 e 1961 mostravam a fragilidade da democracia brasileira. O partido ainda apostaria suas fichas na figura de Jango, o trabalhista, um rico estancieiro gaúcho que quando confrontado com a possibilidade de uma guerra civil preferiu se exilar em sua fazenda confortável no Uruguai, entregando o poder nas mãos dos golpistas.

Os comunistas foram obrigados a rever seus conceitos, cada um à sua maneira. Gorender, como era seu estilo, fez uma revisão analítica de todo o processo que levou ao golpe militar. Pessoalmente, Gorender colocaria grande parte da culpa em Prestes. O Cavaleiro da Esperança cometeu vários erros políticos na sua carreira e, mesmo com todo o distanciamento acadêmico, até o fim da vida Gorender não conseguiria falar da figura do antigo dirigente sem se exaltar.

Apolônio também teria sua jornada, sempre fora um homem de partido. Lutara na Espanha por ordem do PCB e retornara ao Brasil pela mesma razão, abandonando uma vida confortável como herói de guerra na França apenas para ser maltratado por Prestes e outros dirigentes stalinistas, que alguns dizem que tinham ciúmes da sua história. Passou por tudo isso sem reclamar ou pensar duas vezes. Agora, em 1964, revia algumas dessas atitudes.

A situação que Gorender encontrou quando chegou a São Paulo, no final de maio, foi de caos total. O governo perseguia abertamente sindicalistas, estudantes e políticos, mas sem grande eficiência. O maior problema era o completo despreparo do partido para essa situação, a militância tinha vontade, mas não sabia o que fazer. Para completar o quadro desolador, em maio estoura o escândalo das cadernetas de Prestes, muitas pessoas foram presas e processadas com base nelas, incluindo Mário Alves e Marighella.

Ele pôde se estabelecer na cidade graças a um resquício do aparelho ilegal. Moisés Vinha, um dos dirigentes do PCB, havia conservado parte do aparato stalinista. Não se sabe por que velho dirigente manteve o aparato, se por nostalgia ou premonição dos tempos difíceis que viriam, o fato é que aquele sistema, que alguns meses antes seria considerado anacrônico, ajudou muitos comunistas, inclusive Gorender.

Os militantes teriam uma resposta do partido apenas na segunda quinzena de maio. Desorganizados, despreparados e com a polícia prendendo seus líderes, a direção estava ilhada no Rio e tudo o que conseguiu produzir foi um breve manifesto intitulado "Esquema para discussão", um documento breve cujo conteúdo completo se perdeu na história, e tinha como sentido geral apontamentos para a autocrítica do partido, que falhara em prever a reação armada dos setores conservadores. Gorender, tendo em mãos o documento, em parceria com outros militantes, escreveu uma resposta crítica ao "Esquema", mas o texto foi boicotado pela secretaria estadual do partido que não permitiu sua divulgação.

Não teria tempo de participar das disputas políticas em São Paulo. No final de 1964 seria enviado para o Rio Grande do Sul, onde pôde, finalmente, se encontrar com a família. A separação súbita impedira qualquer comunicação do casal – isolado em Goiás, não conseguiria se comunicar com Idealina que, escondida no Rio, só saberia que o marido sobrevivera quando ele já estava em São Paulo, por meio de um militante que foi a sua casa no Rio. Quando foi transferido para o Rio Grande do Sul, o casal resolveu se encontrar. Idealina fez então o longo trajeto entre as duas cidades de ônibus, com uma breve parada em São Paulo, tudo com a pequena Ethel, de três anos de idade.

Dizem que as maiores vítimas da guerra são as crianças e com Ethel não foi diferente, obrigada a passar a primeira infância entre esconderijos, prisões e casas de parentes. Idealina, mesmo não estando na estrutura formal do partido, era uma pessoa de interesse para os militares. A posição do marido no PC era conhecida pelos militares e, caso fosse presa, poderia dar informações importantes ou ser usada para pressionar Gorender. Por isso sua segurança era tão importante quanto a de outros militantes procurados.

Em Porto Alegre, a família lutou para se adaptar à vida como procurados, sempre com a constante tensão de serem reconhecidos e denunciados. Gorender dera muitos cursos pelo Brasil, sendo um rosto conhecido pelos interessados em política. Em Porto Alegre, aonde fora muitas vezes, era constantemente reconhecido na rua, porém sempre negava sua identidade, alegando uma estranha semelhança. Apesar disso, nenhum dos interessados nunca se revelou um policial ou simpatizante da ditadura.

Idealina passou a maior parte do tempo isolada. Com a exceção de alguns militantes, era melhor que ela não conversasse com ninguém. Também havia o problema de Ethel, que deveria estar matriculada em uma escola. A escolha foi a escola Scholem Aleichem. Nesta escola, também presente em outros estados, vários fundadores, pais e professores, eram simpatizantes de esquerda da comunidade judaica. Isto permitiu que Ethel fosse matriculada com um nome falso, e com poucas perguntas. O sistema particular tinha a vantagem de ser menos fiscalizado, caso Ethel fosse matriculada em uma escola pública, provavelmente sua identidade seria descoberta e seus pais localizados pela polícia. Assim, Ethel se tornou, durante um tempo, filha de Haydée Fernandes e Carlos Weber.

A vida política de Gorender não era mais fácil. No Rio Grande do Sul, encontrou um ambiente de clara hostilidade às lideranças do PCB e a desilusão com Jango e Brizola. Era a semente de uma revolta que acabaria dilacerando o partido, que se dividiria em um sem fim de diferentes grupos. Entre esses núcleos dissidentes Gorender via algumas similaridades que acabariam, eventualmente, marcando a atuação da esquerda.

O PCB manteria a linha pacífica da revolução, mas os militantes viam outro caminho. O golpe mostrara o fracasso da revolução pacífica, a única solução eram as armas. A geração de 1964, distante da revolução russa e da Segunda Guerra Mundial, havia sido marcada pela revolução Cubana. A tomada do poder no país caribenho e as figura de Fidel Castro e Che Guevara entrariam profundamente no imaginário da esquerda, desenhando o que seria o método revolucionário.

Assim, com a contribuição da revolução chinesa, a tomada do poder se daria a partir do campo, sendo o foquismo o processo. Esta linha de ação, desenvolvida logo após a revolução cubana, postulava que a revolução se dava a partir de um pequeno foco de ações revolucionárias, a partir de uma área rural remota, mimetizando o movimento que levou os comunistas ao poder na ilha. Modelo extensamente utilizado pelos comunistas latino-americanos, deu origem a diversos grupos guerrilheiros, como as Forças Armadas Revolucionárias da Colômbia (FARCS); o Sendero Luminoso no Peru; os Sandinistas na Nicarágua, entre outros.

Gorender, com seu realismo característico, via em cada um desses processos características específicas que contribuíram para o seu sucesso ou fracasso, e que não podiam ser simplesmente replicadas, sendo necessário que cada situação específica fosse analisada individualmente. Mas estava sozinho nessa análise. O foquismo dominava a mente dos militantes. Nesse sentido, o caminho estava dado, o objetivo final era o estabelecimento de um foco viável de guerrilha rural no Brasil, com as ações urbanas sendo meramente um acessório para o objetivo final.

Tudo isso, porém, ainda estava em gestação quando tomou rumo a São Paulo, em maio de 1965, para a primeira reunião do comitê central desde o golpe. Ali deveria ficar clara qual seria a posição do partido diante do novo cenário. O encontro demonstrou, rapidamente, que as coisas iam morro abaixo. O PCB continuava controlado pela dupla Carlos Prestes e Giocondo Dias, a posição oficial do partido não seria alterada, as linhas do quinto congresso se manteriam as mesmas. Na prática não haveria autocrítica, o problema não foi a forma, mas sim a execução, transformando a busca por culpados em objetivo da reunião. O erro seria o "desvio de esquerda", que na época queria dizer a superestimação da força dos comunistas o que teria levado o outro ao golpismo, incentivando as ações de Jango. A culpa era carregada por um largo grupo, mas apenas os maiores deveriam ser expostos, definidos antes da reunião na comissão de educação. Os culpados eram Gorender, Mário Alves (que estava preso na época), Apolônio de Carvalho e Jover Telles que estava na direção sindical.

Esse grupo de culpados era composto de lideranças intermediárias, que não tinham papel ativo na decisão da linha do partido. A reunião não abordou o papel de Prestes ou Dias na formulação dessas políticas, ou nos desvios, mesmo que fosse Prestes o mais confiante na força dos comunistas dentro do exército ou na popularidade de Jango. O encontro terminou com um informe oficial, que foi colocado em votação, tendo cinco abstenções e apenas um voto contrário: Gorender. Já desiludido com o PCB, e não vendo muito futuro, foi o único a se colocar abertamente contra o que estava sendo discutido.

O velho PCB estava ferido de morte pelos acontecimentos recentes, assim como Prestes, que perdera o pouco de prestígio que lhe restava com o caso das cadernetas. Muitos militantes, porém, ainda não sentiam que era o momento de rachar definitivamente com o partido, que ainda possuía uma estrutura formidável. Assim, ao contrário de Gorender, muitos militantes optaram por se aliar a Prestes, ou manter uma neutralidade, com o objetivo de usar ao máximo os recursos do partido antes da separação.

Em uma noite de grandes mudanças políticas na organização partidária, houve vencedores e perdedores. Gorender e Mário Alves, que estava preso, estavam no segundo grupo, culpados pelos erros do partido. O aliado Apolônio de Carvalho, porém, se saíra melhor: mesmo sendo contra a posição do partido ficou, em parceria com Miguel Batista dos Santos, com o controle do Comitê Estadual do Rio de Janeiro. A noite teve um grande vencedor, Marighella, que saiu da reunião como primeiro secretário do comitê estadual de São Paulo, um cargo de grande importância, que consolidava seu prestígio. Apesar de figura conhecida, até mesmo fora do núcleo partidário, nunca conseguiria ascender dentro da intricada máquina comunista. Sempre às margens do poder, ficara de fora do isolado núcleo de poder stalinista, e tampouco conseguira ascender com a troca de poder que levara Gorender e Mário Alves para o núcleo dirigente.

Gorender considerava Marighella um dos homens mais valentes que conhecera, sempre disposto a desafiar a morte. A idade não diminuiria nenhuma dessas características conservando o físico avantajado e o espírito de luta. Na reunião de 1965, chegava ainda mais prestigiado, nos primeiros momentos do golpe estava entre as figuras a serem neutralizadas, perseguido implacavelmente pelo novo regime. A fuga teria fim em um cinema onde, mesmo ferido à bala, resistiria bravamente à prisão. Acabaria preso por mais de um ano, mas sua história se tornaria lendária entre os militantes, contribuindo ainda mais para sua fama e papel de liderança nesse novo momento. Seu prestígio seria ainda potencializado pelo lançamento ilegal do livro *Por que resisti à prisão*, no segundo semestre de 1965, no qual, em 141 páginas, expunha suas ideias sobre a revolução.

Reunião finalizada, os delegados voltaram para suas casas nos respectivos estados. Ao contrário do que pretendiam os líderes do partido, esse encontro foi o início e não o fim da dissidência. O comitê central perdera grande parte do seu prestígio, sofrendo oposição aberta de diversos setores, incluindo os comitês estaduais do Rio Grande do Sul e do Rio de Janeiro. Pelo país, começavam a surgir dissidências e novas organizações, principalmente no meio estudantil, que se distanciava rapidamente do velho partido. A ilegalidade também contribuía para a divergência, isolados e com as linhas de comunicação constantemente ameaçadas, os comitês regionais e estaduais atuavam com uma liberdade sem precedentes, longe dos olhos vigilantes do comitê central.

Em julho de 1966 o comitê central divulgaria, como conclusão do sexto congresso, por meio do jornal *Voz Operária*, as "Teses para discussão". O documento apenas confirmava o que já havia sido discutido na reunião de maio. O partido condenava os excessos cometidos que levaram à reação da direita e advogava como linha de oposição ao regime militar a atuação pacífica em parceria com a burguesia nacionalista. As Teses seriam rejeitadas amplamente pela militância e pela imprensa partidária, tendo sido inclusive, em 1967, rejeitadas pelo Comitê Central paulista, em uma reunião que o próprio Prestes, já muito enfraquecido, compareceu para tentar cooptar os militantes, uma batalha perdida.

Gorender continuaria a atuação em Porto Alegre. Era um dos principais nomes do partido e, assim como Marighella, estava no topo da lista de procurados pelo regime, mudando constantemente de casa e identidade. A situação se complicaria na capital gaúcha, os militares sabiam que estava na cidade e, graças ao vacilo de um companheiro, estavam perigosamente perto da sua localização. Além disso, em março de 1966, foi assassinado o sargento Manoel Raimundo Soares, preso por militares à paisana, torturado, executado e o corpo jogado no mar.

Depois desse acontecimento, a família decidiu que não era mais seguro ficar no Sul. Gorender comunicou sua decisão ao comitê estadual, que prontamente aceitou suas razões. A família, então, pegou um carro em direção a São Paulo, onde, mais uma vez, se separou. Gorender se estabeleceu na capital paulista, enquanto Ethel e Idealina foram para o Rio de Janeiro, se esconder com a família.

As duas permaneceram quase um ano no Rio de Janeiro, retornando a São Paulo no início de 1968, estabelecendo-se na rua Iperoig, em Perdizes, em um apartamento no segundo subsolo com vista para a avenida Sumaré, em construção. Um momento muito solitário para Idealina, isolada do mundo, sem poder sair com frequência, sempre preocupada.

Tinha companhia constante de Gorender, mas este, por questões de segurança, não podia contar muitas coisas para a mulher, então acabavam conversando pouco. A única oportunidade de interagir era quando levava Ethel para a escola, onde podia conversar com os simpatizantes que trabalhavam na instituição, ou possuíam filhos lá, ou ter conversas informais com outros pais.

Ethel foi matriculada no Ginásio Israelita Brasileiro Scholem Aleichem de São Paulo. Estudaria lá dois anos neste período clandestino, sem o nome do pai nos certificados e depois faria os quatro anos de ginásio, após o período de prisão dos pais, já com a documentação regularizada. Esta escola teve como uma de suas fundadoras, e depois diretora, Elisa Kaufman, primeira mulher eleita para a Câmara Municipal de São Paulo, comunista filiada ao PCB. A fundação responsável pelo ginásio era presidida por Max Altman. Filho de revolucionários poloneses, e membro do Partido Comunista, não estava envolvido diretamente na militância, mas era um simpatizante. Era uma escola com uma mistura da cultura judaica e brasileira, estudavam judeus e não judeus, e com uma linha de ensino muito à frente de seu tempo, e até dos tempos atuais. Além de vanguarda no projeto pedagógico, a política de solidariedade na qual os pais que podiam arcavam com as mensalidades de alunos que não podiam pagar, sem que nenhum soubesse quem mantinha e quem era mantido, permitiu que Ethel estudasse lá neste período, bem como na unidade de Porto Alegre, em 1966 e na do Rio de Janeiro, em 1967 e 1971.

38. BUSCANDO CULPADOS

Em São Paulo, Gorender se manteria em contato com a estrutura do PCB, que enfrentava críticas por todos os lados e a perseguição implacável do regime. Em 1966, Marighella lançaria outro livro, *A Crise Brasileira*, no qual criticaria abertamente a direção do PCB, expondo os erros de confiar no caráter democrático das forças armadas e nas alianças de cúpula com setores da burguesia progressista. Nesse livro, também, a via democrática era descartada e a revolução pacífica classificada como uma falácia. Diferente, porém, do que seria a guerrilha brasileira, Marighella entende que a luta nas cidades possuía um caráter central na revolução, sendo a luta rural apenas um adendo para viabilizar a entrada nas cidades.

As lideranças do PCB, por outro lado, perseguiam a própria agenda. Defendendo sempre as alianças de cúpula e uma oposição ao golpe, acabaram se aliando com os setores da antiga política, que haviam perdido espaço com a chegada dos militares. Políticos tradicionais como Carlos Lacerda e Ademar de Barros, grandes defensores da derrubada de Jango, agora se viam alienados do poder e buscavam derrubar os generais. A possibilidade do PCB se aliar com o que havia de mais reacionário e decadente na política brasileira revirava o estômago da maioria dos militantes, que, com perplexidade, viam a direção partidária tomando este caminho.

Apesar das disputas internas, ainda havia aqueles que consideravam que era possível salvar o PCB e fortalecer a luta contra o golpe. A intitulada, informalmente, de "corrente revolucionária" tinha no Rio de Janeiro e na figura do inabalável Apolônio de Carvalho seu centro. Realizavam, em Niterói, reuniões constantes sobre como lutar contra a direção partidária e influenciar de dentro as decisões do partido. Apesar das disputas, a imprensa partidária se mantinha supreendentemente imparcial e nos veículos ilegais se debatiam abertamente ideias e estratégias. A iniciativa conseguiria manter o partido unido até meados de 1967, mas os moderados iam contra a história e a queda era inevitável.

Em janeiro de 1966 foi realizada, em Havana, a Primeira Conferência Tricontinental. Encontram-se 483 representantes de 82 países, empolgados com as vitórias na Revolução Cubana e a Independência da Argélia, tendo entre eles um jovem Salvador Allende.

Nessa reunião, é criada a Organização Latino-Americana de Solidariedade (OLAS), uma entidade sediada em Havana que se propunha a organizar os diversos movimentos guerrilheiros espalhados pelo continente, dando apoio material, treinamento e suporte para as diversas organizações. A organização também colocava Cuba como centro da revolução latino-americana, o modelo foquista e a centralidade da guerrilha rural eram abertamente incentivados.

O PCB, apesar de não poder abertamente se opor à Revolução Cubana, discordava dos métodos empregados pela ilha caribenha, além de defender a revolução pacífica, criticando a reunião e a própria OLAS na imprensa partidária, e optando por não enviar delegados. A OLAS, porém, ignorou a posição oficial do PCB, convidando diretamente Marighella para comparecer, e este viajou sem comunicar o partido.

Marighella foi o único brasileiro a participar do encontro, aumentando ainda mais seu prestígio no Brasil, surgindo como o escolhido pelos cubanos para executar a revolução no Brasil. A Revolução Cubana estava sempre presente no imaginário dos latino-americanos, que cresceram ouvindo as histórias do pequeno grupo de guerrilheiros, liderados por

Fidel Castro e Che Guevara, que, de uma região isolada, tomaram o poder na ilha, um feudo dos Estados Unidos. Muitos ainda sonhavam em replicar o sucesso dos cubanos em seus próprios países.

O pensamento de Marighella seria irremediavelmente alterado e suas principais ideias se formariam. Os cubanos teriam sucesso em incutir no baiano a doutrina foquista. Nesse sentido, a revolução seria feita a partir do campo, com um pequeno grupo de guerrilheiros treinados se espalhando pelo país, alterando assim a sua ideia inicial, na qual a revolução estava centrada nos centros urbanos. Outro ponto importante seria concentrar-se na ação. Possuindo uma veia anarquista, ele acreditava que da prática surgiriam as soluções, sem perder tempo com teoria ou com a organização partidária, o que ele, em diversos momentos, definiria como "reunismo". Em Cuba, foi acertado o envio de turmas de militantes brasileiros que seriam treinadas no ofício de guerrilha, a primeira já em 1967, seguidas por outras em 1968 e 1969.

No Brasil, a viagem à Cuba provocaria a ira do comitê central, que votou para excluir Marighella antes mesmo do seu retorno ao Brasil. As lideranças perdiam terreno, estando claramente desconectadas com a militância. Com o VI Congresso Nacional do PCB se aproximando, Prestes e seus aliados provavelmente sofreriam uma derrota histórica, vendo suas teses refutadas pelos delegados. Sem a disposição de entregar o poder, o comitê central passou a trabalhar internamente para que as delegações estaduais enviassem apenas representantes alinhados com a direção partidária, na prática esvaziando o congresso e garantindo uma vitória para a situação. Seria o esforço derradeiro.

A última reunião do comitê central que Gorender participou ocorreu em setembro de 1967. Nela, viu Prestes alegar que os dissidentes eram ingratos e se rebelavam contra o partido que lhes garantia o sustento. A ameaça não atingia a dissidência, mas era efetiva contra os indecisos e os mais humildes, ex-operários beirando os 50 anos e agora procurados pela polícia, tendo poucas condições de sustentar a família sem a ajuda do partido. Tudo isto levou Gorender a se exaltar e criticar abertamente Prestes em sua fala, abrindo mão de qualquer ajuda financeira do partido. Seria sua intervenção final, naquela noite abandonava o PCB.

Deixava de ser um homem de partido, pela primeira vez em sua vida. Abandonava a organização que militara por 22 anos, desde que fora recrutado na faculdade de Direito, em 1942. A organização partidária norteara todos os aspectos da sua vida, seus amigos, sua esposa, todos estavam envolvidos diretamente com o PCB. Ao final da reunião, nenhuma decisão havia sido tomada, mas todos sabiam que Gorender não voltaria.

A despedida foi melancólica. Um abraço em amigos de longa data que o acompanharam dede o início e estiveram presentes em todos os momentos importantes de sua vida. A política se colocava entre eles, como uma parede instransponível, alguns eram capazes de separar o pessoal do político, outros não. Essa seria a última vez que Gorender veria alguns companheiros, agora na lista de mortos e desaparecidos.

Em outubro, Apolônio de Carvalho fez uma última tentativa de conciliação, uma reunião em Niterói com todos os representantes da "Corrente Revolucionária", buscando um consenso. Os diferentes enviados conversaram amigavelmente sobre a situação do partido, mas não chegaram a um acordo, que foi deixado para as próximas. Naquele momento, apesar das esperanças do eterno otimista Apolônio, todos já sabiam que o futuro da revolução, independente do resultado, aconteceria fora do PCB.

O VI Congresso serviria apenas para sacramentar o processo que vinha se desenhando desde 1964. O evento durou 15 dias e foi realizado em um sítio próximo a São Paulo, contando com a participação de 80 delegados, de todo o Brasil. Um feito impressionante se considerada a perseguição que os comunistas sofriam. O resultado foi o esperado, a posição do comitê central foi reafirmada, assim como a linha de oposição ao golpe e a punição aos dissidentes. Foram formalmente expulsos: Carlos Marighella, Jacob Gorender, Mário Alves, Jover Teles, Apolônio de Carvalho, Câmara Ferreira e Miguel Batista.

O PCB recebeu, após esse momento, a alcunha de Partidão, mas nunca foi tão pequeno. As lideranças rebeldes foram expulsas e levaram junto grande parte dos militantes. Em 1968 já havia iniciativas independentes do PCB como o Polop, o PC do B e a AP. Agora o partido se via sem seus melhores quadros, se tornando completamente irrelevante na luta contra a ditadura.

Já em fevereiro de 1968, Marighella lançaria o "Pronunciamento do Agrupamento Comunista de São Paulo", um documento em que estavam presentes as raízes da Ação Libertadora Nacional. Nesse processo, grande parte do contingente estudantil de São Paulo abandonaria o PCB se juntando ao novo grupo. O pronunciamento pregava um novo tipo de organização partidária, voltada para a ação direta e armada, de maneira muito semelhante ao *slogan* da OLAS: "A ação move montanhas; eleva o nível de consciência do povo; multiplica sua força criativa; cria e dinamiza suas formas de organização"

A oposição ao regime militar seguia também independente aos comunistas. Diante de uma situação econômica delicada, e um ajuste doloroso proposto pelos economistas do novo regime, os militares sofriam com disputas em diversos setores, inclusive uma sucessão de importantes greves. O movimento sindical mantinha sua força e, apesar da perseguição política, continuava influente. Os políticos tradicionais, mesmo os mais conservadores, que se viam agora alijados das grandes decisões, exerciam uma oposição de dentro.

Tudo isso teria um fim no dia 13 de dezembro de 1968 com a emissão do Ato Institucional número 5 (AI-5). Começavam os anos de chumbo. Os direitos e liberdades constitucionais eram suspensos. Os militares assumiam abertamente o poder sem tolerar nenhum tipo de desafio. A sociedade civil era censurada e nenhum tipo de publicação que desafiasse o regime seria tolerada. As forças da repressão agora podiam prender, torturar e executar quem bem entendessem, sem se preocupar em prestar contas. O judiciário se encontrava com as mãos amarradas, sem condições de garantir qualquer tipo de proteção das liberdades individuais e dos direitos humanos.

A opção pela luta armada ainda não era unanimidade na esquerda, encontrando resistência em diversos setores. Durante 1968 diversas ações violentas, como assaltos a banco e execuções, foram realizadas, embora só em novembro de 1968 os militares descobriram que os assaltos possuíam caráter político. Era uma opção estratégica para despistar a repressão.

As ações, como eram chamadas pelos militantes, na cidade eram apenas temporárias. O objetivo final desse tipo de operação era preparar o terreno para a guerrilha rural, o verdadeiro local da revolução comunista segundo a ideologia seguida pelos diversos grupos comunistas espalhados pelo Brasil, importada de Cuba.

39. NOVAS ESTRATÉGIAS, O PARTIDO COMUNISTA BRASILEIRO REVOLUCIONÁRIO

Idealina via no AI-5 mais dificuldades. A repressão aumentaria, deixando a vida mais difícil, aumentado seu isolamento do mundo. Ficou sabendo do ato pelo jornal, pois a casa em que estavam não tinha televisão, o que não era de todo ruim já que aumentava o tempo que a jovem Ethel podia dedicar à leitura. Logo se mudariam novamente, a repressão em Perdizes aumentou e, por razões de segurança, o casal se transferiu para o Tucuruvi.

Gorender sempre teve problemas em assimilar o foquismo como método de ação mais adequado. Como o próprio Marx colocou "a história acontece como tragédia e se repete como farsa" ou a história não se repete, na versão popular. Nesse sentido, não conseguia ver como uma tática aplicada em uma ilha de 6 milhões de habitantes, pouco maior que o estado de Pernambuco, podia ser efetiva nas proporções continentais do Brasil. Além disso, também não concordava com o conceito de vanguarda.

Não era contra a revolução armada ou o uso da violência em si, mas entendia que esse era um processo, de certa maneira orgânico, construído a partir de um forte movimento de massas e grande apoio popular. A noção de que um seleto grupo de guerrilheiros, a partir de focos de violência, conseguiria, de certa maneira, produzir uma grande revolução não lhe parecia correta.

A reunião de outubro de 1967 não tivera resultados práticos, mas de lá, com algumas deserções, saíram as bases do que seria o Partido Comunista Brasileiro Revolucionário (PCBR). Gorender não concordava com Marighella e considerava a organização partidária como a base fundamental da revolução, assim ele, Apolônio de Carvalho, Mário Alves e outros aliados iniciaram o processo para construir um novo partido.

Antes que o passo final fosse tomado, Mário Alves e Gorender tiveram, em fevereiro, um encontro com Grabois, Pomar e Amazonas, dirigentes do PC do B, em uma tentativa de unir a Corrente Revolucionária com o partido fundado pelos stalinistas expulsos anos antes. Gorender conhecia e estimava os três homens e, em uma discussão cordial, mas também áspera, ficou claro que não haveria acordo. Além de divergências teóricas, não conseguia aceitar a submissão ao comunismo albanês e chinês que, em sua opinião, se distanciavam da realidade brasileira. Apesar da reunião não ter dado certo, ainda mantinha muito carinho pelos dirigentes, sendo essa última vez que veria Maurício Grabois, morto no Araguaia em 1973, e Pedro Pomar, assassinado na Chacina da Lapa em 1976.

Assim, estava decidido: era necessário fundar um novo partido, oficialmente criado em abril de 1968. O surgimento de novos grupos, e as dissidências entre os antigos, criara na esquerda uma profusão de legendas e siglas que podiam dar a impressão, para um observador superficial, de estar frente a uma sopa de letrinhas. Nesse contexto, Gorender optou por apenas acrescentar uma letra R, de revolucionário, à velha sigla do partidão. Em um sítio no lado fluminense da Serra da Mantiqueira, com cerca de 25 pessoas vindas de diversos estados, foi realizada a reunião fundadora do PCBR.

Mário Alves liderou os trabalhos, sendo o redator do programa do partido. O documento tinha a difícil missão de mesclar os preceitos marxistas tradicionais com as novas correntes foquistas e a favor da luta armada. O resultado final foi uma carta eclética e um pouco contraditória.

O favorito para a presidência do partido era Mário Alves, mas devido a problemas de saúde acabou por recusar o cargo, que ficou com Apolônio de Carvalho, que o assumia a contragosto. Depois de quase três décadas de militância se tornava presidente de partido. A organização surgia humilde, não tendo o material humano e a estrutura do antigo PCB. Perdera grande parte dos militantes de São Paulo – atraídos para a ALN de Marighella – e do Rio de Janeiro – que se vincularam ao PC do B –, mas mantinha de longe a maior estrutura da região Nordeste. O partido nascia, a princípio, com o objetivo de ser uma organização de massas, trazendo os trabalhadores, operários e agricultores de volta para a militância, não planejando entrar na luta armada, uma posição que não era compartilhada por todos os membros, principalmente os mais novos.

O momento era auspicioso para a revolução. Em maio, nas ruas de Paris, os jovens se juntavam pedindo um novo futuro, mais solidário e humano, "sejamos realistas, exijamos o impossível". Na Ásia, os vietnamitas, um grupo de desnutridos plantadores de arroz, aterrorizavam as forças americanas na mais vexatória derrotada militar da história do país. Os Estados Unidos, o coração do império, não estavam imunes às revoltas. Os negros iam às ruas lutando por direitos iguais e o assassinato de Martin Luther King, em abril, contribuiu ainda mais para a radicalização, com o movimento pacifista contra a guerra do Vietnã crescendo em todo o país. Até mesmo a morte de Che Guevara teria o efeito de incentivar na militância. Enquanto isso, no Brasil, militantes treinados em Cuba e na China voltavam ao país com um vasto conhecimento de guerrilha.

No Brasil, o AI-5 seria o fim de qualquer possibilidade de diálogo. Dentro do PCBR, a pressão pela opção armada crescia, a despeito das negativas do comitê central que tinha sua própria dissidência. No final de 1968, Mário Alves partiu para Cuba. O objetivo da viagem era vender o PCBR para os cubanos como uma organização viável e importante na luta.

Mário Alves, porém, não encontrou um ambiente favorável na ilha caribenha. Os cubanos estavam convencidos que a ALN era a grande organização brasileira, preferindo negociar com Marighella em vez do PCBR. Na ilha, também teve contato com o treinamento e as táticas cubanas, o que teve um grande efeito em suas ideias. Na volta ao Brasil, em maio de 1969, assumiu o cargo de presidente no lugar de Apolônio de Carvalho, se fixando no Rio de Janeiro. Estava frustrado com a organização do partido e achava que era hora do PCBR se engajar na luta, o que o colocou em desacordo com os velhos amigos. Foi a primeira e última vez que Mário Alves e Gorender discordaram de uma posição: o primeiro empolgado com a luta armada, o outro, reticente. Apolônio de Carvalho já se colocara contra a luta armada.

As histórias de vida de Gorender e Apolônio de Carvalho não impediram que fossem abertamente criticados pela militância como "comunistas de direita", até mesmo de covardes. Apesar disso, tinham mais propriedade para falar sobre luta armada do que a grande maioria dos brasileiros e não conseguiam compartilhar a excitação de seus camaradas. Não havia muitos veteranos de guerra no país e, fora das forças armadas, ainda menos. Juntos, os dois eram militares experientes, tendo um lutado na FEB e outro na Guerra Civil Espanhola e na Resistência Francesa.

Para começar, Gorender conhecia os militares, tinha dividido o alojamento, as refeições, as dores e as alegrias com os mesmos homens que agora comandavam as forças do regime. Podia discordar da sua posição política e até mesmo odiar alguns deles, mas sabia que não eram burros ou ingênuos. Ao contrário da propaganda, via o exército brasileiro como uma entidade eficiente, organizada e bem gerida, a vitória não seria fácil e muito menos rápida. Os veteranos também sabiam que uma vitória militar ia muito além das ações diretas e voluntariosas. A guerra, seja ela de guerrilha ou de exércitos tradicionais, é vencida com uma logística eficiente. O campo de batalha é apenas a ponta do *iceberg*, onde a organização em comunicações e suprimentos são os verdadeiros responsáveis pelos resultados, algo que ainda não era claro que os comunistas conseguiriam realizar. Sem um bom apoio de retaguarda, os militantes lutariam até a exaustão, diante de um exército com recursos quase infinitos no momento.

Além disso, conheciam a guerra pelo que ela é. Ao contrário dos outros militantes, atraídos pela morte heroica dos mártires e a glória da batalha. Uma juventude que cresceu em meio às fotos de Che e Fidel fumando juntos na selva, sonhando em participar da glória comunista, lembrando das fotos da parada da vitória, em Moscou, com o Marechal Zhukov em seu corcel branco, liderando as tropas que erradicaram o nazismo.

Gorender sabia o que havia por trás dessa visão romântica, do devastado porto Nápoles cruzara uma Itália destruída pela guerra, os mortos congelados e as crianças desnutridas. Uma vitória nos moldes pregados por Marighella teria um preço alto e poucos seriam os vencedores.

Apolônio de Carvalho provavelmente compartilhava esse sentimento, fora derrotado na Guerra Civil Espanhola e vitorioso na França, quando pessoalmente comandou a libertação de Toulouse. Membro ativo da Resistência Francesa, tinha participado de operações de guerrilha urbana e terrorismo na Europa, operações não muito diferentes das que os brasileiros executavam agora, 20 anos depois. Sabia dos riscos e dos custos, as prisões, as torturas, a morte de inocentes e muito mais.

Os dois, porém, estavam contra o espírito da época e, mesmo com as lideranças ainda discutindo os prós e contras da entrada do PCBR na guerrilha, a militância tinha seus próprios planos. No mesmo mês, maio, que Mário Alves voltou ao Brasil para assumir a presidência do PCBR, o Comitê Regional de Pernambuco resolveu agir. Com o objetivo de não chamar muita atenção, deslocaram os melhores militantes para João Pessoa, onde roubam uma remessa de dinheiro da Companhia Cruz. A ação recebeu bastante atenção da imprensa, sendo a primeira do tipo na região Nordeste. A ela se seguiram diversos roubos de agências bancárias e outras ações do tipo, em Recife.

O ano de 1969 foi de extremos para os comunistas. As forças do regime estavam despreparadas para esse tipo de ação, assim com as forças policiais. Os assaltos a banco não eram uma cena comum nas grandes cidades brasileiras. As instituições financeiras eram presas fáceis para os militantes bem treinados. A audácia dos comunistas também pegou de surpresa os militares, sendo o sequestro de embaixador americano um ato espetacular, que chamou a atenção da mídia mundial.

No começo de 1969, os comunistas estavam empolgados com os resultados das atividades urbanas e com dinheiro suficiente para iniciar o segundo e grande passo, a guerrilha rural. A ALN mais uma vez deu o passo à frente e anunciou, em um manifesto transformado em *slogan*, que 1969 seria o ano da guerrilha, desenvolvendo um complexo plano.

O centro das ações seria o sul do Pará, constituindo-se no ponto de encontro de quatro colunas de militantes, que viriam de diferentes regiões do país, de Dourados, no Mato Grosso, da Chapada Diamantina, na Bahia, do oeste paulista e do norte do Paraná. A ideia era que esses grupos, talvez à semelhança da Grande Marcha de Mao Tsé-Tung, aliciassem os camponeses durante o trajeto, queimando cartórios, atacando latifundiários e distribuindo comida.

Todos os agrupamentos teriam algum tipo de estratégia. Ainda em 1968, a Dissidência Estudantil de Niterói compraria duas fazendas no Paraná, pensando em iniciar a guerrilha na região de Foz do Iguaçu. A Vanguarda Popular Revolucionária (VPR), no fim de 1969, criaria um campo de treinamento de guerrilha no Vale do Ribeira, em São Paulo, considerando que era mais seguro e menos custoso treinar os combatentes no próprio país ao invés de enviar contingentes para Cuba ou China. Ao fim do treinamento, os guerrilheiros seriam deslocados para fazendas compradas pela ALN no Rio Grande do Sul e no Maranhão. Enquanto a Vanguarda Armada Revolucionária (VAR) compraria uma fazenda no sul do Pará para treinar seus combatentes. O PCBR não ficaria de fora, comprando dois sítios no Paraná com a ideia inicial de aliciar agricultores e incentivar a guerrilha na região.

40. A REPRESSÃO ORGANIZADA

Gorender teria a infelicidade de ver todos os seus receios se concretizarem, mais rápido do que poderia imaginar. O governo sabia que estava perdendo a guerra, por isso, no dia 29 de junho, foi iniciada a Operação Bandeirante (OBAN). Era um órgão ilegal do governo, não constava oficialmente de nenhum documento oficial e, assim, estava livre para agir fora de qualquer parâmetro ético ou legal. Foi formada com membros das três armas e das forças policiais. Por estar fora do sistema oficial, não podia contar com verba federal, problema resolvido desviando dinheiro de outros órgãos e por meio de doações de empresários anticomunistas. O mais famoso deles, Henning Albert Boilesen, seria executado por militantes do MRT e da ALN, em 1971.

A sede da OBAN ficava em São Paulo, local onde a guerrilha era mais ativa. O governo de São Paulo disponibilizou uma antiga delegacia de polícia política, localizada na rua Tutoia. O prédio, hoje o Memorial da Resistência, se tornaria um dos mais cruéis centros de tortura e detenção da história do Brasil. A iniciativa seria um grande sucesso, dificultando muito a vidas dos guerrilheiros, e calando a própria oposição dentro do exército, que não via com bons olhos a entidade realizando estas funções. O êxito em São Paulo levaria à oficialização do órgão e sua expansão para todo território nacional. Em setembro de 1970 seria criado o Destacamento de Operações de Informação – Centro de Operações de Defesa Interna (DOI-Codi). O Dops, antigo órgão de repressão da ditadura, se tornaria na maior parte do país em um apêndice do DOI-Codi. Espalhado pelo Brasil, o controle da seção paulista ficaria com o major Carlos Alberto Brilhante Ulstra, um oficial metódico e sanguinário que levou a repressão a um nível desumano.

Os guerrilheiros então passariam a conviver com uma repressão cada vez mais organizada, que dificultava seus movimentos e ações. O crescimento do número de grupos envolvidos também levou a uma série de ações desastradas, que não renderam dinheiro e levaram à prisão de militantes os quais, sob tortura, acabavam por delatar os companheiros.

A repressão não seria o único problema e, em meados de 1969, uma série de problemas com a doutrina foquista, que seriam a causa da derrota, começavam a se delinear na cabeça de Gorender. A ideia inicial de atuar na cidade roubando bancos para financiar a guerrilha rural tinham problemas estruturais, os roubos chamavam muito a atenção e se tornavam cada vez mais difíceis. O dinheiro roubado então era gasto no próprio funcionamento do grupo, sobrando pouco para investir nas operações rurais.

Ao abraçar a luta armada, a esquerda abriu mão de ser uma organização de massas, se distanciando, aos poucos, dos setores mais populares e dos opositores moderados do regime. As ações violentas também levavam à morte de seguranças e guardas que reagiam aos assaltos e, até mesmo, inocentes que estavam no lugar errado na hora errada. A mídia, controlada pelo governo, explorava as histórias dessas pessoas à exaustão. Havia sempre espaço para criticar o terrorismo de esquerda e nunca o do governo, que acontecia nos porões do DOI-Codi e das carceragens. Isso fez com que o número de possíveis recrutas das organizações de esquerda diminuísse sensivelmente, uma sangria constante levando a que os grupos, ao invés de crescer, diminuíssem.

A conjuntura social também contribuiu. A partir do final de 1969, a crise econômica acabou, o doloroso ajuste proposto pelo regime chegava ao fim e, aos poucos, o país retomava o crescimento, era o início do milagre econômico. A esquerda acreditava que o modelo proposto levaria ao aumento da desigualdade e mais tensão social, não foi o que aconteceu e, mesmo com uma expansão desigual, todos os setores prosperaram. Com a economia em ordem, a popularidade do governo aumentou, e uma porcentagem significativa da população passou a considerar que a perda de liberdade era compensada pelo aumento da renda, o que contribuiu ainda mais para o isolamento dos grupos de esquerda.

Em 1969 esse quadro ainda não estava claro, mas Gorender já via sinais inquietantes de que a luta não ia bem. Mário Alves retornara ao Brasil, se fixando no Rio de Janeiro e se mostrava disposto a aderir à luta armada. Foi nesse espírito que, em meados de 1969, Gorender viajou para o Rio de Janeiro para discutir a situação do PCBR, como já havia feito várias vezes. A reunião foi tensa e constrangedora. Os dois amigos estavam em campos opostos, pela primeira vez, desde que se conheceram. Militantes experientes já haviam visto a política dividir famílias, amigos, desfazendo os mais fortes laços. Porém, estavam dispostos a impedir que isso acontecesse com eles, buscando uma discussão franca e cordial de ideias.

Mesmo com toda a repressão, não pensaram que essa poderia ser a última vez que se veriam, Mário Alves morreria nas mãos da polícia no ano seguinte. Se soubessem, talvez tivessem falado mais do que apenas de política partidária e amenidades. Anos depois, o que restou dessa reunião foi um maço velho de documentos. Gorender já estudava na época, a história do Brasil e, sabendo disso, Mário Alves trouxe de Minas Gerais alguns documentos que o companheiro estava buscando, uma espécie de oferta de paz, uma amostra de respeito e amizade, apesar das disputas políticas. Inadvertidamente para Gorender, os documentos se tornariam um símbolo da amizade dos dois, um laço que começou na Bahia quase três décadas atrás e sobreviveu à distância e à política. Uma amostra do respeito mútuo e admiração que os dois tinham. Apesar de tudo isso, a reunião fracassou, nenhum dos dois mudaria de posição.

As circunstâncias também contribuíam para acirrar as disputas. As ações armadas do PCBR na região Nordeste haviam diminuído graças à atuação do "bom burguês", codinome de Jorge Medeiros do Valle, funcionário de uma agência do Banco do Brasil no Rio de Janeiro que, por meio de artifícios contábeis, desviava dinheiro para as organizações de esquerda. Graças a isso, o PCBR conseguiu financiar parte da estrutura que esperava utilizar na guerrilha rural. A operação, porém, não durou, sendo Medeiros preso em julho de 1969, o que levou a organização a voltar a considerar os assaltos a bancos.

Após a reunião, Gorender voltou para São Paulo, onde seu núcleo crescia timidamente. O recrutamento se mostrava particularmente difícil. Com a ditadura fechando o cerco sobre a política e os grupos guerrilheiros chamando a atenção, poucos jovens se interessavam em participar de uma organização pacífica que buscava cooptar as massas. O que os jovens queriam era pegar em armas e partir para o ataque, limitando bastante o crescimento do PCBR.

A busca por documentos e livros era também uma parte importante da sua vida no momento, tinha a ideia de escrever um livro sobre a história do Brasil. A historiografia oficial comunista entendia o período colonial brasileiro possuindo raízes feudais, um conceito que sempre incomodou Gorender. Assim, antes mesmo do golpe e nas longas horas que passou escondido e isolado, começou a vislumbrar sua própria interpretação do passado brasileiro. Nessa empreitada, era necessária a consulta de documentos e livros, algo corriqueiro para um pesquisador normal, mas muito difícil para um líder comunista procurado pela polícia.

A solução era se apoiar em amigos e companheiros que não eram procurados para conseguir os livros, entre eles Sonia Irene do Carmo e Valdizar Pinto do Carmo, um casal de militantes do PCBR que se tornariam amigos íntimos da família Gorender. Sonia era estudante de Ciências Sociais da USP e tinha acesso à vasta biblioteca da universidade, recebendo constantemente pedidos de Gorender. Sonia cedia a casa para reuniões do partido, o que facilitava os encontros entre os dois. Diversas vezes, durante a ilegalidade, Mário Alves e Apolônio vinham para São Paulo onde eram conduzidos por Sérgio Sister, outro militante que se tornaria amigo de Gorender no futuro, para a casa de Sonia, onde discutiam o futuro do movimento, nesse processo também trocavam os livros.

Enquanto o amigo remava contra a maré em São Paulo, Mário Alves viajou para o Nordeste em setembro, onde em contato com o braço armado do PCBR na região ficou ainda mais empolgado com as possibilidades da guerrilha. O assunto estava decido, voltando ao Rio passou a organizar a primeira ação armada do PCBR na região Sudeste.

41. O FIM DO PCBR

Os militantes do PCBR no Rio se dedicavam com entusiasmo à organização da primeira ação do partido; enquanto isso, os comunistas sofriam o maior golpe desde de 1964. No dia 4 de novembro, em São Paulo, Marighella foi emboscado e executado pela polícia. O inimigo público número 1, o homem mais temido pelo regime, morreu depois de uma intrincada operação que, a partir de uma série de prisões e torturas, conseguiu localizá-lo e se aproximar do veículo no qual ele se dirigia ao seu ponto de encontro. O seu algoz, o delegado Sérgio Paranhos Fleury, era um dos mais sanguinários e famosos membros da repressão, liderando o que ficou conhecido como esquadrão da morte, um destacamento da polícia com a missão de executar militantes políticos e posteriormente pessoas consideradas inimigos da sociedade que o financiava.

As notícias sobre a morte de Marighella chegaram à imprensa com alarde, momento de luto para alguns e festa para outros. Gorender viu na execução do amigo uma prova incontestes da sangria que sofriam as organizações comunistas. Sem conseguir enfraquecer o regime ou instigar a revolta popular, as organizações de guerrilha estavam acuadas. As forças da repressão continuavam a evoluir, havia cada vez mais batidas policiais e revistas aleatórias nas grandes cidades, o que dificultava ainda mais os movimentos dos comunistas. Ulstra e Fleury eram sádicos e sanguinários, mas também muito competentes no que faziam, sendo que as operações do Dops e do DOI-Codi prendiam cada vez mais militantes.

Se para Gorender, a morte de Marighella era o momento de repensar a estratégia, para os militantes do PCBR era a hora de agir. No dia 17 de dezembro de 1969, um grupo invadiu a agência do Banco Sotto Maior, na Praça do Carmo, zona norte do Rio de Janeiro, uma ação cuidadosamente planejada. Um grupo ficou encarregado de mapear e ligar para os telefones em volta do banco, evitando assim que um dos vizinhos avisasse a polícia. A operação propriamente dita seria feita por dois carros roubados, um com os assaltantes, seis pessoas que realizariam a operação, e um de apoio com mais quatro pessoas.

O assalto foi inicialmente um sucesso, com o grupo saindo do banco com 79 milhões de cruzeiros. Os militantes então se dirigem a um local predeterminado para trocar de carro. No caso do grupo que estava com o dinheiro, a troca é um sucesso. O outro grupo, porém, tem problemas na hora da troca, topam com uma patrulha. Dois militantes dos que estavam no carro conseguem fugir, sem problemas. Os dois últimos entram em um terceiro veículo e tem início uma perseguição, que termina com uma troca de tiros, onde um policial é morto e um dos guerrilheiros é preso, Paulo Sérgio Paranhos, codinome Vicente, motorista da operação.

Estudante e bancário, Paranhos é jovem e sem experiência na militância. Levado para a carceragem, é barbaramente torturado, entregando informações preciosas para os policiais. Os órgãos da repressão rapidamente agiram recuperando parte do dinheiro e prendendo alguns militantes. A prisão de Paranhos instaura o caos no PCBR do Rio. Com a estrutura comprometida, as lideranças teriam de ser rapidamente mudadas de lugar e os aparelhos desativados, novas locações e linhas de comunicação teriam de ser criadas. O dinheiro fora, em parte, recuperado e alguns militantes presos. No final, a ação, tão cuidadosamente preparada, fora um fracasso.

O insucesso da operação acirrou ainda mais a disputa dentro do PCBR entre os críticos e entusiastas da luta armada. Não havia mais entendimento entre as duas partes e, como última tentativa, foi marcada uma reunião do comitê central para o dia 16 de janeiro. Gorender se despediu de Idealina e Ethel, que passariam as festas de final de ano com a família no Rio de Janeiro. Solitário, em São Paulo, ruminou os últimos acontecimentos e os rumos da revolução. O ano de 1970 prometia ser duro, não via futuro na luta armada que sufocava as organizações de esquerda.

A situação da PCBR não era muito melhor, a reunião de janeiro selaria o racha no partido, o resultado, porém, ainda não era claro. Um dos grupos sairia como vencedor, assumindo o controle do comitê central, mas não era possível saber qual deles. Ao outro restaria se submeter e realizar a oposição de dentro, ou sair do partido, fundando uma nova organização ou sendo assimilado pelas outras que ainda estavam ativas. O que Gorender não sabia era quão próximo o partido estava da destruição.

As ações acabaram por chamar a atenção das autoridades para o partido, que agora era o foco da repressão. No dia 11 de janeiro, as forças policiais prenderam, em um cinema na Baixada Fluminense, Salatiel Teixeira Rolim. O militante cometera um descuido, voltara ao bairro onde mais atuava e era conhecido da população. Preso, foi entregue ao quartel do exército na rua Barão de Mesquita e, torturado, acabou entregando a localização de alguns aparelhos do PCBR.

Rolim era um dos membros fundadores do PCBR, mas há algum tempo estava afastado, militando pela ALN quando foi preso. A informação que dera aos policias era antiga, talvez pensasse que esses aparelhos já estivessem desativados. A ordem dentro da guerrilha é que a partir do momento que um dos membros é preso toda a estrutura está comprometida e deve ser rapidamente desativada. Por descuido, porém, as autoridades do PCBR não seguiram essa regra. Com uma informação válida, além do que já haviam extraído de Paranhos em mãos, o DOI-CODI inicia uma operação que em menos de um mês praticamente acabaria com o PCBR.

As prisões começariam já no dia 12, no Rio de Janeiro e Paraná, seguindo durante todo o mês. A delação também cobraria um preço caro para Rolim que seria "justiciado", morto pelos poucos remanescentes do PCBR, em 1973. Apolônio de Carvalho era um dos encarregados de organizar a reunião ampliada do comitê central, que aconteceria no dia 16 de janeiro. Essa seria a reunião final, colocando face a face as duas alas do partido. Estavam previstos dois informes para abrir as discussões, um de Mário Alves defendendo a transferência imediata das lideranças para o campo e o início da guerrilha rural e outro, contra esta tese, de autoria do próprio Apolônio.

Assim como Gorender, Apolônio também sentia que essa reunião selaria o fim do PCBR, confirmando o racha dentro da organização. Terminado o rascunho do seu informe, deveria ser entregue a Romeu Bertldi, encarregado de produzir várias cópias, que seriam entregues aos membros. Mas o militante não apareceu no ponto de encontro estabelecido. A prudência indicaria que algo estava errado, sendo melhor assumir uma posição mais cuidadosa. Porém já era 13 de janeiro e, com apenas três dias para a reunião, Apolônio tomou uma decisão temerária. Mesmo com toda a experiência adquirida na Guerra Civil Espanhola e na Resistência Francesa, foi ao encontro de Romeu, no local onde estava morando. Sabia que caso houvesse algum problema haveria um sinal pré-estabelecido no jardim. Ao verificar que estava tudo normal, entrou na casa e logo deu de cara com dois canos de revolver, a polícia havia tomado o local e pegava uma presa maior que o esperado.

O próximo a cair seria Mário Alves. No dia 13 saiu de casa e falou para a esposa, Dilma Borges, que se ausentaria por alguns dias, deveria ir a um ponto de encontro onde um dos militantes do partido o levaria para o local da reunião. No final, voltou para casa, não havia aparecido ninguém. Repetiu o processo no dia 14 e 15, sempre sem sucesso. Isso já deveria ser um sinal de alerta, mas não podia suportar a ideia de ficar de fora de uma reunião tão importante por excesso de prudência. No dia 16 optou por sair de novo, foi sua última tentativa e erro fatal. No ponto de encontro, seria preso.

O partido no Rio estava praticamente acabado e, com isso, as forças da repressão se voltaram para São Paulo. Gorender vivia sua vida partidária normalmente. Ao contrário dos amigos presos por um descuido, ele buscava seguir à risca todas as regras da ilegalidade, ironicamente esse foi seu maior pecado. Completamente isolado, nenhum dos militantes conseguiu alertá-lo das quedas no Rio de Janeiro. Sem conhecimento da situação do PCBR, foi preso no dia 20 de janeiro, dia de seu aniversário.

Em uma noite de muita chuva, se dirigiu à casa de Aytan Sipahi, médico militante do PCBR, que se tornaria um grande amigo no futuro, para uma reunião e, antes mesmo de entrar, da janela do andar térreo saíram uma carabina, uma metralhadora e um revólver: eram membros do esquadrão da morte, a mais temida força da polícia paulista.

Caía o último dirigente do PCBR. A organização estava em frangalhos, as fazendas do Paraná foram invadidas pelos militares, a direção no Rio de Janeiro fora presa, assim como a maior parte dos militantes em São Paulo. Na região Nordeste, porém, o partido continuaria organizado e, em julho, o novo comitê central lançaria mais um manifesto, um texto longo e prolixo criticando as atitudes dos velhos dirigentes. Presos à mesma estratégia do resto da esquerda, continuariam com as ações armadas, os assaltos e os sequestros, diante de uma repressão cada vez mais experiente.

Os militares perderiam os últimos escrúpulos e os militantes mais importantes passaram a ser executados a sangue frio. Fechando o cerco sobre as organizações comunistas, os últimos remanescentes foram sendo aniquilados um a um. O sucesso de 1969 não se repetiria, com as prisões e execuções se multiplicando em 1972 e 1973. Os quatro últimos remanescentes do PCBR seriam encontrados carbonizados dentro de um carro em Jacarepaguá, no dia 28 de outubro de 1973. Acaba assim a breve história do Partido Comunista Brasileiro Revolucionário.

PARTE 8
TORTURA, PRESÍDIO, JULGAMENTO E A SOBREVIVÊNCIA NUMA COMPLICADA LIBERDADE

42. PRISÃO E TORTURA

No início da noite do dia 20 de janeiro, depois de um dia abafado de verão na capital paulista, uma forte chuva castigava a cidade, quando Gorender chegou na casa de Aytan Sipahi. O médico, membro do PCBR, vivia como muitos outros, numa situação de semilegalidade e, como não era oficialmente procurado pela polícia, hospedava militantes fugitivos e cedia o lugar para reuniões.

Gorender não sabia, mas Aytan já havia sido preso há alguns dias e, antes mesmo de bater na porta, viu da janela do térreo as armas apontadas. A casa estava tomada pela polícia, pouco adiantaram as desculpas ensaiadas e o documento de identidade falso: estavam à sua espera. Jogado dentro do camburão, com policiais por todos os lados, ouvia a conversa da viatura com a central, comunicando a prisão de Jacob Gorender. O carro seguia vagarosamente em direção ao centro da cidade, mais especificamente para o Largo General Osório 66, onde funcionava o Dops.

O Departamento de Ordem Política e Social (Dops) foi criado em 1924, tendo funcionado continuamente até 1983, passando por diferentes estruturas e funções, de acordo com o governo no poder. Foi utilizado pelo Estado Novo para vigiar os sindicatos e perseguir dissidentes políticos. Colocado no ostracismo durante o período republicano, não estava

preparado para enfrentar a luta armada, o que levou a criação do DOI-
-CODI pelos militares. No final de 1970, porém, a entidade já havia evoluído e os anos de enfrentamento contribuíram para a eficiência e crueldade
dos seus membros.

Em São Paulo, a sede da entidade ficava em um antigo prédio, próximo
da Estação da Luz. O complexo, construído na década de 1910, foi projetado
para ser a sede administrativa da ferrovia. Com o crescimento da cidade e a
decadência desse meio de transporte o prédio perdeu sua função, sendo re-
novado e reaberto em 1940, como a delegacia do DOPS. O edifício de quatro
andares possuía celas, escritórios, depósitos e salas de tortura.

Chegando à delegacia, foi levado ao terceiro andar. Logo ao entrar,
Gorender percebeu a decoração – fios, cabos, cordas, bastões, funis e ba-
terias estavam espalhados e, no meio da sala, duas mesas grandes, conec-
tadas por um grosso cabo de madeira. Foi despido e colocado contra a parede enquanto entrava na sala, gritando ordens, o delegado Ivair Garcia
de Freitas. Estava para começar a sessão de tortura.

A tortura fazia parte do imaginário dos comunistas e os militantes sabiam que, no caminho para a revolução, se encontrariam em salas como
a que estava Gorender. A propaganda soviética exaltava a figura do militante superior, que não sentia fome, frio ou medo e cuja coragem e dignidade suscitava a admiração dos seus algozes, incapazes de conjurar uma
tortura que pudesse quebrar a inabalável vontade dos revolucionários.
Uma vasta quantidade de folhetos, brochuras e livros tratava do assunto.
Havia inclusive diversos manuais sobre como se portar durante a tortura, com regras e técnicas para não se quebrar. No caso brasileiro, o mais
famoso era o livro, de 1951, *Se fores preso, camarada* – no qual, por meio de
exemplo e situações, explicava como o verdadeiro revolucionário deveria
se portar desde a abordagem até o julgamento. Na primeira página, já
colocava o tom da discussão "A prisão se enfrenta com coragem. É um
ponto de honra para o militante revolucionário". O comportamento perante os algozes era um ponto de honra para os comunistas, nele é que os
verdadeiros revolucionários aparecem.

"A prisão não é senão um dos múltiplos aspectos da luta que susten-
tamos, mas é também a oportunidade que se apresenta a cada militante

para provar sua fidelidade à revolução e demonstrar que jamais se deve esquecer seu dever de contribuir sempre para o fortalecimento do partido, defendendo sua organização e o seu prestígio".

Para os que se rendiam ou confessavam, não havia perdão. Não se devia aturar a covardia e a traição dos militantes, que ao trair a revolução estavam sujeitos a penas duras, desde a expulsão do partido até a execução sumária. Salatiel, o principal responsável pela prisão de Gorender, e que alguns dias antes havia confessado a localização dos aparelhos do PCBR, seria executado pelos poucos remanescentes do partido, em 1973.

Gorender conhecia muitas dessas histórias e sabia que sua hora havia chegado, teria seu quinhão de sofrimento e humilhação em nome da revolução. No dia de seu aniversário de 47 anos, nu, naquela sala abafada do terceiro andar do Dops, estava determinado a superar qualquer provação com a coragem e dignidade que era esperada de um líder comunista.

Envolto pelos policiais, a sessão começou com choques elétricos, depois de um tempo passaram para pontapés e tapas e o famoso telefone, um tapa simultâneo em ambos os ouvidos que atordoa a vítima. Enquanto torturavam, também faziam perguntas sobre companheiros, projetos, aparelhos e outros temas. Depois de um tempo, foi colocado no pau de arara, preso de ponta cabeça pelos pés e pelas mãos ouviu um dos torturadores dizer que seria capaz de colocar até mesmo um perneta nessa posição. Começou então o uso da água, simulando afogamento, o que também intensificava a potência dos choques elétricos.

A tortura não visa matar ou marcar permanentemente o indivíduo, mas extrair informações, sendo que em alguns casos as sessões eram acompanhadas por um médico ou enfermeiro, que tinha a função de evitar excessos dos torturadores. Depois de 6 horas, por volta das 3 horas da manhã, os policias sentiram que haviam chegado ao limite. Gorender foi solto, vestido e colocado em uma poltrona confortável no canto da sala, de frente para uma grande janela. Sabia, pelas histórias, que começaria a parte de pressão psicológica onde os guardas alternariam perguntas com insultos e xingamentos.

Apesar da imagem de porões escuros e enfumaçados, as salas de torturas do Dops ficavam no terceiro andar do prédio. A construção, feita no estilo dos anos 1910 da capital paulista, possuía uma série de janelas de mais de dois metros com a cúpula em meia lua. Da poltrona, Gorender via a vastidão da cidade que dormia pacificamente, a torre da estação da Luz e, mais próximo, o luminoso do antigo hotel Flórida. Nesse ponto, estava muito cansado. Teria de aturar esse tratamento por dias ou meses. Então, tomou uma decisão e tudo ficou escuro.

Quando voltou a si estava coberto de sangue, viu a janela quebrada e um grupo de policiais enfurecidos, até mesmo o delegado Ivair foi acordado e estava de pijamas na sala gritando. Um dos policiais dizia que ele não se livraria tão fácil e teria de sofrer muito. Um enfermeiro foi chamado para fazer um curativo nos cortes e a sessão recomeçou. Por volta das 7 horas da manhã, com os torturadores cansados, Gorender foi conduzido a sua cela.

Os prisioneiros ficavam no térreo do edifício, que tinha o formato em T. Um corredor estreito e sem luz natural, com celas de ambos os lados, terminava em outro corredor transversal com três celas individuais e uma coletiva, esse setor era conhecido popularmente como Fundão, e era geralmente reservado para as mulheres. Na época, só havia duas ocupantes no setor, Sonia Irene do Carmo e Helenita Sipahi, companheiras respectivamente de Valdizar Pinto do Carmo e Aytan Sipahi, todos membros do PCBR e presos na mesma operação.

As presas foram removidas da sua cela e levadas para a outra ala. Gorender, dirigente do partido, ficaria completamente isolado. Não teve muito tempo para se aclimatar, apenas descansar um pouco e, lembrando que fora preso no dia de seu aniversário, pensar em um verso de Camões "O dia que nasci morra e pereça\ Não queira jamais o tempo dar". Vieram buscá-lo novamente à 1 hora da tarde. Um par de guardas o conduziu ao terceiro andar, mais uma vez. Lá, em outra sala, foi colocado diante do próprio Fleury, que apenas olhou Gorender nos olhos e disse "você é meu prisioneiro". Depois disso, um médico entrou na sala para fazer o diagnóstico do estado do preso. De ar debochado, com avental branco que destacava o bordado azul com seu nome, dr. Damasco, fez um breve exame em Gorender e concluiu, com um pouco de ironia, que ele estava bem. O que queria dizer que poderia ser submetido a novas torturas.

A rotina se repetiria por vários dias, torturas variadas seguidas por um breve interrogatório com Fleury, que criticava os movimentos guerrilheiros, elogiava delatores e falava dos companheiros presos. O cansaço e a perda frequente de consciência, levaram Gorender a considerar que poderia ter deixado escapar alguma coisa. Depois de um tempo, porém, as torturas pararam e foi levado para prestar depoimento.

O policial encarregado era o investigador Luís Apolônio, com mais de 70 anos, uma figura lendária na luta entre oposição e governo, tendo perseguido, com grande êxito, o PCB já nos anos 1930. Mesmo sem curso superior, dava aulas na academia de polícia, o que lhe rendeu o apelido de professor. Gorender foi levado a um grande cômodo no primeiro andar, com uma mesa grossa no meio. Quase não se viam as paredes escondidas por fichários e armários. Neles, estava armazenada toda a história da repressão em São Paulo, nomes, organizações, cargos e tudo que foi acumulado pelos investigadores.

De frente para Gorender, Apolônio começou a conversa avisando que não torturava. Um comentário, de certa maneira, tragicômico, já que toda a tortura possível havia sido feita por outros na sala do andar de cima. A essa observação, se seguiram uma série de perguntas genéricas. O que trouxe grande alívio, já que estava claro que os investigadores não haviam extraído nada durante a tortura. Um nome, porém, ficou ausente da conversa, mais uma vez nenhuma pergunta foi feita sobre Mário Alves, o que no momento fez Gorender pensar no pior.

Concluída essa etapa, era normal que os presos fossem enviados para o presídio Tiradentes, porém, no seu caso, os policiais, provavelmente devido ao seu cargo no PCBR, decidiram mantê-lo preso mais tempo no Dops. Foi reconduzido a sua cela, onde ficaria completamente isolado do mundo.

As celas não passavam de um corredor alargado, pintado de cinza, que terminava em um pequeno cômodo com um urinol e um chuveiro. A única luz vinha de uma janela no fundo, a cerca de três metros do chão. Como móveis, apenas bancos de concreto grudados na parede e uma cama, pouco mais que um cobertor no chão. Ficaria completamente isolado, não teria companheiros em sua cela, ou nas próximas. As portas de madeira possuíam uma pequena grade frontal, apelidadas de guichês pelos presos, de onde se podia ver o movimento e conversar, rapidamente, pelas costas dos guardas, com os outros companheiros.

Ficaria cerca de dois meses no Dops, na solitária, perdendo a conta dos dias que passava na penumbra. Sem nada para ler, ver ou ouvir, apenas o cinza desbotado das paredes e a pouca luz do sol que entrava pela janela, lembrando que do lado de fora a vida seguia completamente alheia ao seu sofrimento, convivendo constantemente com o retorno dos torturadores para mais outra sessão. Todas as vezes que um novo preso chegava, ou era retirado da cela, uma campainha soava, som que assustava os presos, que não sabiam o que poderia acontecer. As celas do Dops foram criadas para oprimir seus cativos, deixando homens e mulheres à beira da loucura, mais uma parte da tortura.

Sozinho e isolado, vendo apenas o cinza das paredes, Gorender se cansou. Não daria mais satisfação para seus carcereiros de outra sessão de tortura, nem se arriscaria a dizer, em um momento de fraqueza alguma informação valiosa. Tentaria, mais uma vez, se matar. Era uma decisão consciente e pragmática, não tinha nenhum tipo de dilema moral sobre o ato que estava prestes a cometer. Ao ser preso, o primeiro e único dever de um militante comunista é não cooperar com seus carcereiros. Nessa luta, não existe nenhum limite ético ou moral, a segurança do partido se sobrepõe a tudo. O suicídio então era uma atitude não apenas válida, mas também incentivada. Uma atitude eternizada nas pílulas de cianureto carregadas pelos espiões nos filmes.

A decisão acarretava um problema prático. Não fora o primeiro, nem o último preso a pensar em suicídio e todos os objetos que pudessem servir para esse propósito eram mantidos a distância dos presos. Não possuía uma corda forte o suficiente para se enforcar ou uma faca afiada. A solução foi usar os engates da dentadura para cortar os próprios pulsos, operação dolorida, mas eficiente. Se não fosse encontrado pelos guardas, certamente teria atingido o seu objetivo, porém acabou sendo socorrido pelos carcereiros.

Ao contrário da outra tentativa, que foi tratada com desdém, a segunda vez alarmou os guardas, que não haviam conseguido extrair nenhuma informação através da tortura física, nem com o isolamento na solitária. Agora o preso parecia mais resoluto que nunca em não se render e tudo indicava que, caso continuasse no Dops, terminaria como mais um desaparecido. Por isso, os encarregados decidiram que esse preso não tinha mais utilidade. Seria primeiro tirado da solitária e colocado em uma cela compartilhada, onde ficaria cerca de 15 dias, até ser transferido para o presídio Tiradentes.

A ex-presidenta Dilma Rousseff, presa no Dops nesta mesma época, relata que viu Gorender como um velhinho em consequência das barbaridades sofridas, com bandagens nos pulsos. Em uma ocasião, Gorender disse para ela e sua companheira de cela, Leslie Denise: "Cuidado. Só você pode se derrotar".

Gorender se orgulharia do comportamento que teve no Dops, não cooperando de nenhuma forma com seus carcereiros. Sua confissão, porém, teria mais um caráter simbólico, na prática não possuía nenhuma informação particularmente útil para as forças da repressão. Seus contatos em São Paulo e no Rio de Janeiro estavam todos presos e o PCBR do Sudeste destruído. Não participara de nenhuma ação armada e não tinha conhecimento sobre as atividades dos outros grupos.

43. O PRESÍDIO TIRADENTES

A transferência para o presídio Tiradentes era um momento de grande alívio para os presos. No Dops, estavam na ilegalidade, fora do sistema prisional e sem nenhuma proteção jurídica, sujeitos a torturas e maus-tratos. As famílias não eram avisadas, os presos não tinham direito a um advogado e, caso viessem a falecer, seriam enterrados em uma cova clandestina, se tornando mais um dos desaparecidos. No Tiradentes, a situação era diferente. Ao serem transferidos, se tornavam oficialmente presos políticos, não eram mais torturados e podiam entrar em contato com as famílias, recebiam visitas uma vez por semana e seriam eventualmente julgados.

Hoje, quem passa pelo grande arco de pedra próximo à estação Tiradentes do metrô, em São Paulo, tem apenas um vislumbre do que foi uma das mais antigas prisões do Brasil. A Casa de Correção de São Paulo, ou Cadeia da Luz, como era conhecida, foi inaugurada em 6 de maio de 1852, com o propósito de ser uma casa de correção e depósito de escravos, onde os cativos ficavam até serem vendidos.

A prisão passaria por uma série de mudanças arquitetônicas e institucionais durante os mais de 100 anos em que ficou aberta. Com o fim da escravidão, perderia uma de suas funções primárias e, depois, com a modernização do sistema prisional, teria o número de presos reduzido.

Apenas nos anos 1930, com o Estado Novo, assumiria a vocação de prisão política. O regime de Vargas mandou muitos dos seus desafetos para a casa de correção, o mais famoso deles o escritor Monteiro Lobato. Com a redemocratização, o presídio perderia parte de sua função, voltando a ser uma cadeia comum.

Após a volta da repressão, em 1964, os militares optaram por reutilizar a cadeia para abrigar presos políticos, que inicialmente conviviam com presos comuns. Com o passar do tempo, duas alas do presídio foram reservadas para aqueles que se opunham ao regime, os pavilhões 1 e 2 para os homens e, para as mulheres, uma ala mais antiga. Na parte de trás do presídio, ficava uma torre circular, construção maciça que possuía uma única porta que dava origem a um grande salão, com uma escada em ferradura que levava a um mezanino, de onde os guardas podiam ver as celas na parte de baixo. Esse local, onde antigamente os escravos ficavam acorrentados à espera de um comprador, era agora reservado às mulheres. Pela sua estrutura em forma de torre, o pavilhão foi apelidado de 'torre das donzelas'.

O único contato entre os dois pavilhões era feito por um grande portão de ferro que separava os dois pátios, mas que só era aberto uma vez por semana, no dia de visitas. Mas os presos tinham algumas maneiras de se comunicar. Aqueles que eram civilmente casados tinham direito a visitas íntimas e, nessas raras ocasiões, levavam o que foi apelidado de balinhas, um papel de seda com letra muito pequenas que era embrulhado em durex, ficando do tamanho de uma bala, que era discretamente trocado entre os casais. Outra forma era a Teresa, uma corda feita de barbante, com a mensagem presa em uma das pontas, que era jogada de uma cela para outra e assim, sucessivamente, até chegar ao destinatário.

As condições no presídio eram duras, até mesmo para os padrões da época, com a mesma estrutura arquitetônica do século XIX, muita umidade e um forte cheiro de creolina nas celas. Os presos tinham direito a apenas duas horas de banho de sol. No auge da repressão, o presídio chegou a conter cerca de 400 presos políticos, número que variava dependendo do momento, além de duas centenas de presos comuns amontoados em celas separadas e em piores condições.

No Tiradentes, os presos também tinham a possibilidade de contatar novamente os entes queridos. Do lado de fora, a comunicação também era complexa. Os conhecidos, ao notarem um desaparecimento, não podiam ir aos órgãos da repressão, pois ao perguntar sobre o paradeiro de uma pessoa acabavam por alertar a polícia da sua atuação e, caso não estivesse preso, passaria a ser perseguido.

44. IDEALINA

Idealina não teria esse problema, já que sabia onde Gorender estava, mas teria suas próprias complicações. Fora passar as férias no Rio com a família e, isolada, não ficou sabendo das quedas do PCBR. Pressentindo algo, porém, optou por deixar Ethel com os parentes. Voltando a São Paulo, foi presa assim que entrou em casa, os policiais estavam de tocaia esperando para ver se aparecia mais algum militante.

Como o marido, foi conduzida para o Dops no largo general Osório. Nada constava nos autos contra sua pessoa e a polícia não possuía nenhuma informação comprometedora, por isso não foi torturada, passando diretamente para o depoimento. O próprio Fleury conduziu o interrogatório, que começou perguntando se conhecia Mário Alves, Apolônio de Carvalho e Marighella. Como essas eram figuras públicas e Idealina havia feito campanha para eles na época da legalidade, respondeu que conhecia todos.

A próxima etapa foi em torno da sua família, se havia mais comunistas e, para isso, Idealina já tinha ensaiado. No começo da repressão, seu pai reuniu as filhas e explicou que, caso fossem presas, deveriam dizer que na família ele era o único comunista, sindicalista e membro fundador do PCB. Fazia pouco sentido esconder a história da família. Uma velha estratégia dos torturados, para atrasar o processo e ajudar o preso a se recuperar, primeiro se entrega o nome dos companheiros mortos, depois aqueles que estão presos e, por fim, os que são conhecidos da polícia.

O interrogatório não levou a lugar nenhum e, como a polícia não tinha nada de concreto, Idealina foi conduzida para sua cela. No caminho, teve tempo para conversar pelo guichê, rapidamente, com Sérgio Sister, um dos membros do PCBR, sobre as quedas do partido. Ficou inicialmente 19 dias em uma cela solitária, provavelmente sem saber que Gorender se encontrava a apenas algumas portas de distância, completamente isolado do mundo.

Posteriormente, Idealina foi transferida para uma cela coletiva, que no momento estava quase lotada. Encontrou algumas companheiras como Elza Lobo, a Maria Metralha, uma mulher que havia conhecido na URSS pelo codinome de Eva, além de Leslie Denise, Maria Luísa Beloque e Terezinha Zerbini. O clima era tenso, na penumbra da cela muitas mulheres tentavam se recuperar das torturas sofridas, ou se preparavam psicologicamente para a próxima sessão. Cada uma lidava com a situação à sua maneira. A prisão sempre fez Idealina se sentir como um canário e, semelhante a uma ave enjaulada, ela passava o tempo cantando. Durante os 25 dias que permaneceu no Dops, nas celas e nos corredores escuros do primeiro andar, se podia ouvir as mais diversas canções, o que a fez conhecida dos guardas e de outros prisioneiros.

Após esse período, foi transferida para o Tiradentes, colocada em uma cela grande na 'torre das donzelas', com cerca de uma dúzia de presas. Muitas das presas ainda tentavam se recuperar das torturas, enquanto outras não sabiam o paradeiro de amigos e companheiros. Idealina era uma pessoa alto astral e, durante o tempo que esteve presa, além de cantar, tentava animar o ambiente. Contava histórias, fazia piadas e, com outras presas de espírito similar, conseguiam tirar uma risada até mesmo das mais deprimidas.

O dia a dia da cela também proporcionava algum divertimento, principalmente quando Idealina cozinhava. Os presos políticos comiam a mesma comida dos comuns, que era preparada no Carandiru. As refeições chegavam em péssimas condições, mal cozidas e praticamente intragáveis. Como no Tiradentes os presos tinham acesso a alguns utensílios de cozinha, era comum que a comida fosse repreparada. Assim, cada dia uma dupla era designada para a tarefa. A de Idealina era uma jornalista chamada Edith, e a inabilidade das duas na cozinha sempre divertia as presas.

Durante o período, não recebeu nenhuma visita. Apenas conseguiu avisar a família, por conta de uma pessoa do Rio de Janeiro que veio encontrar outra presa. Mesmo assim, dado o histórico da família, não havia muito que poderiam fazer. Foi finalmente libertada em abril, os militares não tinham nada contra ela e um pedido de prisão preventiva foi negado pelo juiz. Poderia esperar o julgamento em liberdade e deixar a cidade apenas com permissão judicial.

45. INQUÉRITO POLICIAL MILITAR

Apesar de subverterem as instituições democráticas, os militares se preocuparam em manter certo ordenamento jurídico. Nesse sentido, os militares promulgaram uma série de novas leis no código da Lei de Segurança Nacional, tipificando uma série de crimes políticos, como subversão da ordem e tentativa de revolução. Estes crimes seriam julgados em tribunais especiais militares.

A primeira etapa do processo era o Inquérito Policial Militar (IPM), a partir de 1969, feito pelo Dops e DOI-Codi, a etapa em que estavam Idealina e Gorender. A partir daí, as provas eram julgadas pela Auditoria Militar, que funcionava como tribunal de primeira instância, formada por um conselho permanente, composto por quatro oficiais e um juiz civil, presidida pelo militar de mais alta patente. Os presos condenados nesta instância tinham a opção de recorrer ao Superior Tribunal Militar, composto por 15 membros escolhidos pelo presidente da república, dez oficiais, sendo três da marinha e da aeronáutica e quatro do exército, além de cinco juízes.

A justiça militar não era complacente com os presos, e sujeita a uma série de arbitrariedades, mas também gozava de bastante liberdade e podia chegar a vereditos supreendentemente justos. Apesar dos problemas, era a única arena onde os advogados tinham espaço para defender seus clientes e denunciar as arbitrariedades da ditadura. Também era importante conseguir que os tribunais reconhecessem a prisão de algum militante, pois a partir do momento que o Estado confirmasse que alguém estava sob sua tutela, esta pessoa não podia mais ser considerada desaparecida. Gorender e Idealina foram defendidos em São Paulo, na Auditoria Militar, pelos advogados Raimundo Pascoal Soares e Anina Cavalcanti e no STM, do Rio de Janeiro, por George Tavares, juristas experientes que se tornaram conhecidos por defender presos políticos. O processo de Idealina corria na Auditoria Militar de São Paulo, por isso não podia se afastar da cidade sem autorização e apenas por um período determinado. Assim que foi libertada, conseguiu permissão para passar um tempo no Rio de Janeiro, tinha de reencontrar Ethel e colocar a família a par da situação.

Voltou para a capital paulista, mais uma vez sem Ethel. Sua filha estava mais segura no Rio, onde se dava muito bem com os primos. Além disso, Idealina não tinha emprego, dinheiro ou local para morar, sendo melhor manter a filha distante até se estabelecer. A situação era difícil, com o processo militar e a repressão no auge, era praticamente impossível conseguir um emprego, assim, durante esse período dependeram da solidariedade das famílias. A de Idealina estava mais próxima, além de possuir larga experiência nesse tipo de situação, a de Gorender estava mais longe, mas não menos preocupada.

A vida de Gorender o levaria para longe da Bahia, onde seus irmãos se estabeleceriam, mas, mesmo não podendo viajar com frequência, conseguiu manter contato. Apenas um dos irmãos seguiria os passos na militância. José, mais conhecido como Yuca, que trabalhava como jornalista, foi membro do PCB na Bahia. Apesar dos outros não se envolverem em política, se solidarizaram com a situação do irmão, dando uma contribuição importante para o sustento da família. Simão, o irmão do meio, que trabalhava em publicidade no Rio de Janeiro, foi muito presente em todos os momentos.

Em São Paulo, Idealina se estabeleceria em uma pensão para moças na Rua Júlio de Castilhos, no bairro do Bom Retiro. Lá, com trabalhadores temporários e migrantes, passou a maior parte do tempo em que

Gorender esteve preso. Frente à situação do período, era melhor que os moradores não soubessem da sua situação e, para despistar, saía todos os dias pela manhã e voltava à tarde, dando a impressão de que trabalhava.

As horas longe da pensão eram preenchidas com longas caminhadas pela cidade. Idealina viria a conhecer, como poucos, o centro de São Paulo. Nessas andanças, conseguiu perceber que era frequentemente seguida por um homem, perseguição discreta, mas que com o tempo se tornou óbvia. As forças da repressão não acreditavam na sua inocência e, apostando em um vacilo, colocaram um policial para segui-la, que por um tempo teve a monótona missão de andar pelo centro de São Paulo a espera de um encontro, ou de uma fuga, que nunca aconteceu.

O segundo passo era confirmar que Gorender estava de fato preso e não desaparecido. Uma vez confirmada a situação, era necessário entrar com um pedido de visita na auditoria militar. O prédio da auditoria ficava na Avenida Brigadeiro Luís Antônio 1249, no bairro da Bela Vista. Um antigo casarão do século XIX, comprado pelo exército em 1938, funcionava como tribunal militar desde então, tendo suas funções expandidas com a ditadura. No dia de entrar com o pedido, Idealina e Socialina foram juntas falar com o juiz.

Na entrada da auditoria militar ficava, como secretário, um sargento negro alto que todos chamavam de Robertão. Postado em sua mesa, de frente para as irmãs, começou primeiro perguntando seus nomes e, ao ouvir as respostas, sua fisionomia mudou. Diante de tão clara atitude subversiva, ficou primeiro incrédulo, depois consternado, até que resolveu levar o pedido diretamente para o juiz auditor. Nelson Machado Guimarães, o responsável pela auditoria de São Paulo, ficou menos impressionado e rapidamente concedeu o direito de visita.

Nos sábados de manhã, as celas do Tiradentes vibravam de excitação, eram dias de visitas. Os presos se arrumavam no melhor das suas condições, faziam a barba, lavavam as roupas, penteavam os cabelos e colocavam o melhor sorriso para receber os entes queridos, enquanto os menos afortunados assumiam uma pose estoica, remoendo a sorte de seus companheiros. Os pátios eram abertos e, ao contrário dos outros dias que ficavam vazios, se enchiam com os gritos das crianças e os abraços.

Idealina, Socialina e Ethel colocaram suas melhores roupas e fizeram o curto trajeto até o presídio. Para chegar a Gorender, porém, tinham que passar pela revista, nuas e apalpadas pelas seguranças, diante de uma Ethel bastante confusa. No encontro, muita emoção – fazia mais de seis meses que não se viam e, depois de tantas dificuldades, era incrível que todos estivessem bem. Colocando o papo em dia, falaram também do paradeiro dos seus companheiros, Apolônio de Carvalho e Mário Alves, um momento triste.

46. MÁRIO ALVES E APOLÔNIO

Mário Alves continuava desaparecido. Não havia notícias suas desde que saíra de casa no dia 16 de janeiro para ir à reunião do Comitê Central. Os detalhes eram escassos na época, como ainda são hoje. Mas o certo é que foi preso em algum lugar do trajeto e levado para o DOI-Codi, que na época ficava no 1º Batalhão da Polícia do Exército, na Rua Barão de Mesquita um imponente prédio de dois andares. Na época, as instalações eram mais precárias que o Dops de São Paulo, sendo possível aos presos escutarem as torturas e o que se passava na guarnição. Mário Alves foi torturado por mais de oitos horas, mantendo uma atitude irônica e desafiadora diante dos polícias que, enfurecidos, o empalaram com um pedaço de metal com estrias.

Os últimos a ver Mário Alves com vida foram os presos Antônio Carlos Nunes de Carvalho, Augusto Henrique Maria D'Aurelli e Manoel João da Silva, chamados pela manhã para limparem a cela. Lá, encontrariam o dirigente do PCBR semiconsciente envolto em sangue e fezes. Feito o trabalho, retornariam à cela, de onde mais tarde conseguiriam espiar Mário Alves sendo carregado pelos policiais, para nunca mais ser visto. Seu corpo nunca foi localizado.

Quando Gorender se encontrou com Idealina, a viúva de Mário Alves, Dilma Borges, já iniciara uma campanha pelo esclarecimento do desaparecimento do marido. Mesmo diante da perseguição da ditadura e da censura que imperava na época, conseguiu, por meio de cartas, depoimentos e protestos, chamar a atenção nacional e internacional para a situação dos presos políticos. Dilma se tornaria um símbolo da luta contra a ditadura para o esclarecimento dos crimes dos militares.

Apolônio de Carvalho, por sua vez, se encontrava preso no Rio de Janeiro. Assim como Gorender, foi rendido quando entrava na casa de um companheiro na Vila da Penha. Apolônio, porém, tinha experiência como subversivo, tendo estado em situações semelhantes na Espanha e na França, levando sempre na cabeça o lema da Resistência Francesa "se tiver de morrer, levo alguns inimigos comigo".

Saindo da casa, onde fora acuado, antes de entrar no carro, golpeou o policial que o acompanhava e saiu em desabalada carreira, mas a rua estava cercada, conseguiu chegar à esquina apenas para ser rendido novamente. Na segunda tentativa, os militares teriam sucesso em colocá-lo no carro, mas se esqueceriam de algemá-lo. No trajeto, Apolônio continuou a maquinar maneiras de fugir. A melhor seria fazer o carro bater. Esperou a velocidade aumentar e, do banco de trás, se jogou em cima do motorista. Teve sucesso em fazer o carro bater, mas o impacto não machucou os policias, dos quais as coronhadas fizeram Apolônio desmaiar.

Sem maiores incidentes chegaria a Barão de Mesquita, o mesmo local que alguns dias depois Mário Alves encontraria seu fim. As sessões de torturas foram longas e seguiram o mesmo roteiro dos outros presos, com choques elétricos, pau de arara, afagamentos e tapas. Foi encerrada pelo médico, que constatou que o prisioneiro chegara ao limite e provavelmente morreria se continuasse. Ao contrário de São Paulo, o Rio de Janeiro não possuía um Tiradentes e nos cinco meses que esteve preso Apolônio passou por diversos quartéis.

47. O "APARELHÃO"

Gorender e Idealina conversaram sobre os amigos, o dia a dia e os planos futuros. Assim, passaram rapidamente as poucas horas de visita. No fim, os livres voltariam para seus afazeres, enquanto os detentos retornavam a suas celas para esperar o próximo sábado, separado por sete longos dias. Ao contrário da energia da manhã, no sábado à noite as celas mergulhavam em uma melancolia silenciosa, com os presos, cada um pensativo em seu canto.

Na manhã do dia seguinte, parte da emoção da véspera já havia se dissipado e os presos retornavam à rotina. Domingo era dia de limpeza e futebol. Na cela 5 os beliches eram retirados, funcionando de arquibancada do lado de fora da cela, dois caixotes eram utilizados como gols e uma bola era feita de meias velhas, as partidas duravam 5 minutos cada uma, uma boa maneira de iniciar mais uma longa semana.

O presídio é como uma grande universidade, o que rendeu ao Tiradentes o apelido de Aparelhão pelas forças da repressão. Os presos eram pessoas inteligentes, cultas e com vasta experiência de vida, sem muito a fazer além de ler e conversar. As celas tinham televisão, mas esta não podia ficar ligada o tempo todo, apenas em situações especiais, geralmente para o futebol e o Jornal Nacional.

A busca por literatura ocupava uma parte importante da vida dos presos. A entrada de livros e revistas era permitida pelos carcereiros, apenas o material considerado subversivo era proibido. Livros sobre sociologia, política e marxismo, apesar de proibidos encontravam seu caminho até os prisioneiros, que desenvolveram diversas maneiras de escondê-los. A mais comum era arrancar a capa de um livro considerado subversivo e colocar no lugar a capa de algum romance qualquer. Os guardas não eram muitos cultos e geralmente liam apenas a capa. Também era possível misturar trechos de obras subversivas com livros normais, tornando ainda mais difícil que fossem pegos.

Na época, Gorender já tinha interesse em escrever sobre a história do Brasil, principalmente o tema da escravidão, no que se tornaria sua primeira obra: *O escravismo colonial*. As longas horas preso seriam perfeitas para aprofundar suas reflexões. Idealina, que passaria a visitá-lo semanalmente, traria todos os livros sobre história do Brasil que podia encontrar. Como não havia restrições ao tema, os livros entravam com facilidade.

Gorender passaria a maior parte de seus dias estudando e remoendo uma ideia que o incomodava há muito tempo. O PCB oficialmente acreditava que o passado colonial brasileiro possuía raízes feudais ou semifeudais, uma maneira de vincular o país ao processo revolucionário profetizado por Marx. Outros grupos entendiam o escravismo simplesmente como um modo de produção secundário, vinculado ao capitalismo colonial. Gorender não concordava com nenhuma dessas visões, mas não tinha o embasamento necessário para construir uma abordagem melhor. Assim, durante muitos anos, estudou incansavelmente a história do país em busca de elementos que pudessem construir sua própria interpretação.

Quando não estava estudando, preenchia o tempo conversando com os companheiros de cela. Os militares não estavam particularmente interessados nas intrincadas redes de alianças e ideologias que permeavam os diversos grupos formados, assim não havia uma lógica na distribuição dos presos. Gorender foi colocado na cela 3, onde, na época, ficavam os mais velhos, junto com uma dúzia de outros presos.

Compartilhar uma cela gera um vínculo especial entre os ocupantes. Juntos 24 horas por dia, sem muito a fazer, além de conversar, acabavam se conhecendo a fundo. Os problemas, as angústias, os medos que não eram revelados nem para os familiares acabavam confidenciados para alguns companheiros de cela. Da prisão, saíam companheiros para a vida toda. A convivência também gerava atritos, com pequenas manias e atitudes irritantes, provocando conflitos. A vivência de Gorender no Tiradentes foi tranquila, não se envolvendo em grandes conflitos ou disputas. Seus companheiros de cela, porém, sabiam que era sujeito a súbitos arroubos de irritação. No centro da cela ficava uma pequena mesa azul redonda e, quando Gorender se sentava sozinho, tamborilando com os nós dos dedos o tampo, todos sabiam que estava incomodado.

Das celas do Tiradentes surgiram grandes amizades. A maior parte dos ocupantes da cela 3 vinham das Forças Armadas de Libertação Nacional, uma dissidência do PCB centrada em Ribeirão Preto, chefiada pelo estudante de direito Wanderley Caixe, mas também havia militantes de outras facções. Na cela 3, Gorender faria duas amizades para a vida toda: Alipio Freire e o Marujo Otacílio.

Alipio Freire era um militante da Ala Vermelha, organização maoísta surgida a partir de uma cisão do PCdoB, em 1967. Tornou-se amigo e confidente de Gorender para o resto de sua vida. O outro era o Marujo Otacílio, membro da VAR, tendo atuado na marinha como suboficial. Após deixar a cadeia, se exilou com a família na Suécia. Ele e Gorender continuaram a se corresponder por muitos anos. O Marujo continuaria na militância, atuando na guerrilha em Angola e Moçambique, de onde enviaria cartas amarguradas sobre a pobreza africana e as difíceis condições para o sucesso de uma revolução comunista no continente, criticando principalmente as lideranças do MPLA e da FRELIMO.

Fora da cela, Gorender reforçou a amizade com antigos companheiros do PCBR. Adilson Citelli, Sérgio Sister, Aytan Sipahi e Valdizar Pinto do Carmo. Idealina, nas suas visitas de sábado, viria também a conhecer mais a fundo esses companheiros, com os quais antes só tinha contatos rápidos, no paranoico ambiente da ilegalidade. Idealina visitava o Tiradentes todos os sábados, a maior parte das vezes sozinha, e em outras acompanhada por Ethel, que vinha do Rio de Janeiro especialmente para ver o pai.

A vida seguia monótona e os presos buscavam sempre maneiras de ocupar o tempo e se manterem ativos. Com tantos intelectuais reunidos, uma das ideias foi que os mais experientes lecionassem para os outros presos. Assim, os mais velhos, como Arruda Câmara, Espinosa, Carlos Roberto Pittoli, e o próprio Gorender, entre outros, davam aulas sobre os mais variados temas. Como estava estudando história do Brasil, Gorender optou por organizar uma exposição sobre esse tema.

Nem todos os carcereiros e militares eram anticomunistas sádicos e assim a rotina dos presos funcionava em torno das índoles dos guardas, mais ou menos lenientes. Alguns carcereiros mantinham os presos em suas celas o tempo todo, outros, ao iniciarem o turno, abriam as celas e permitiam que os detentos circulassem livremente. As aulas de Gorender então ficaram agendadas para as terças às noites, quando o guarda era mais simpático e costumava liberar os presos.

A política era um tema delicado no presídio, com a intricada rede de alianças e disputas entre as facções comunistas se refletindo lá dentro. Quando Gorender chegou à prisão o tema em voga colocava, de um lado, os que defendiam a continuidade da luta armada e, do outro, os que começavam a enxergar as deficiências dessa tática. Na visão de Gorender, era o tímido início de uma autocrítica.

As aulas eram terreno fértil para discussões, às vezes acaloradas. Gorender era muito respeitado, tanto pela idade quanto pela cultura, mesmo entre os rivais políticos. Sempre muito cuidadoso, estruturou suas classes se apoiando no material que lia e longe de grandes polêmicas. Apenas na última aula escandalizou seus alunos ao afirmar que a economia brasileira estava no auge do ciclo de expansão.

Após o golpe de 1964, os primeiros anos da ditadura foram de saneamento econômico com arrocho salarial, desemprego e baixo crescimento. A partir de 1968, porém, a situação mudou e o PIB passou a se expandir em ritmo acelerado, era o Milagre Econômico. A economia do Brasil cresce mais de 10% ao ano, entre 1970 e 1973. A esquerda considerava que esses dados não refletiam a realidade brasileira, vendo uma expansão apenas nos setores mais ricos, aumentando a desigualdade e gerando uma massa de proletários frustrados com as elites que enriqueciam. Um terreno fértil para a revolução. Gorender, com a sua coerência tradicional, não conseguiu acreditar nessa visão. Mesmo com a desigualdade presente, viu uma melhora significativa na vida dos mais pobres, sendo pouco provável que se levantassem contra um governo, mesmo que autoritário, que gerava bem-estar. Para horror dos diversos sociólogos presos.

A rotina era quebrada apenas ocasionalmente, como no dia 21 de maio. Pela manhã, na cela 6 do pavilhão 2, que também abrigava presos políticos, cinco presos saíram vestindo suas melhores roupas. A saída não programada de presos era incomum e a escolha do vestuário gerava ainda mais suspeitas, tornando-se logo o assunto do presídio. No final da tarde, as dúvidas foram respondidas: como era de praxe, os televisores foram sintonizados no telejornal e lá estavam os cinco companheiros, vestidos com as melhores roupas, se declarando arrependidos e exaltando o governo Médici e suas conquistas. O presídio entrou em rebuliço e logo, por meio da comunicação intercela, a notícia chegou ao pavilhão 1, e todos, inclusive Gorender, ficaram à espera dos arrependidos.

Pressentindo a possível reação dos detentos, os presos só retornaram ao Tiradentes às 2 horas da manhã, mas mesmo assim não tiveram sucesso. Quando a porta se abriu, o pavilhão 2 entrou em ebulição, alertando o pavilhão 1 e os presos comuns. Os presos gritavam palavras de ordem contra a ditadura, amaldiçoando os traidores. Os outros membros da cela 6 se recusavam a deixar os detentos entrarem. Da sua cela, Gorender sentia que o presídio estava à beira da rebelião.

Os ânimos só se acalmaram com a chegada do carcereiro-chefe, Italianinho, magrelo e baixinho, sempre com brilhantina no cabelo. O policial, ao entrar no pavilhão, soltou um grito que pôde ser ouvido por todo o presídio, e se tornaria famoso entre os presos "foda-se a ditadura! Eu quero paz no meu plantão". Mais calmo, ficou acordado que os presos levariam seus colchões, deixando os cinco sozinhos na cela, a solução definitiva ficaria para o dia seguinte. Ficou combinado também que, na manhã seguinte, haveria uma conversa com o diretor do presídio Olinto Denardi. Cada cela enviaria um representante. Gorender seria o escolhido da sua e, na sala do diretor, junto com os outros presos, comunicaram que caso os cinco não fossem embora, os problemas continuariam. O delegado concordou e, sem demora, os cinco foram removidos do presídio, Gorender não teria mais notícias deles.

Idealina continuaria visitando-o todos os sábados, levando sempre muita comida. Como no presídio feminino, a qualidade das refeições era péssima, vinda do Carandiru crua e mal preparada. Assim, os presos que tinham acesso a pequenos fogões, repreparavam as refeições adicionando novos ingredientes. As visitas tradicionalmente traziam os mais variados produtos para os presos, que eram divididos entre os companheiros de cela. Desta forma, procurava-se atender às necessidades de todos e não só dos que recebiam visitas, ou ainda em função da condição econômica dos familiares, ou se vinham de carro ou não.

As visitas aos sábados só eram canceladas em situações especiais. Na semana do dia 11 de junho todas as visitas foram canceladas, a segurança reforçada e os carcereiros adquiriram um tom grave. Para os presos mais experientes isso significava apenas uma coisa, havia ocorrido outro sequestro.

48. OS SEQUESTROS

O sequestro do embaixador americano, em 1969, foi uma das ações de maior sucesso da luta armada e, com o cerco se fechando, essa estratégia foi adotada pelos remanescentes da luta armada. O sequestro de diplomatas apresentava uma série de oportunidades, permitia a troca de presos políticos e expunha a ditadura, obrigada a ler os manifestos dos militantes e se explicar no exterior. Além disso, as ações do tipo em 1970 deram a sensação de que os guerrilheiros continuavam organizados e capazes de enfrentar o governo.

Em março de 1970, a VPR, comandada por Lamarca, sequestrou o cônsul japonês Nobuo Okushi, trocado posteriormente por cinco presos políticos. O alvo seguinte foi o embaixador da Alemanha ocidental, Ehrenfried von Holleben, levado no dia 11 de junho, aproveitando a euforia da Copa do Mundo, sendo posteriormente trocado por 40 presos políticos.

A ação foi capitaneada pela ALN, com ajuda material e de pessoal da VPR. O sucesso em mais um sequestro passou para o público a ideia de que as organizações de esquerda continuavam fortes, sendo perseguidas sem sucesso pelo governo. Essa imagem não podia estar mais distante da realidade. No momento do sequestro, a ALN se encontrava sem militantes e dinheiro, sendo obrigada a pedir ajuda à VPR. Após a libertação dos presos, o embaixador alemão foi obrigado a ficar no cativeiro mais 24 horas. A Kombi que o levaria ao local de troca havia sido rebocada por estar estacionada em local proibido e não havia outro veículo disponível. Na despedida dos seus captores, a última coisa que o embaixador disse foi "pensei que vocês fossem mais organizados". Gorender não estava entre os presos trocados, sempre enfatizava que não queria ir para o exílio, e do sequestro restou-lhe apenas perder um dia de visita. Para Apolônio de Carvalho foi diferente, significou o caminho para a liberdade.

Apolônio estava na PE da Vila Militar, um dos centros de tortura da repressão no Rio de Janeiro. Lá, em uma das visitas, sua esposa Renée contou, discretamente, que ele não havia sido esquecido e que os companheiros planejavam sua libertação. Logo depois foi transferido para o Batalhão de Comunicação. Lá, ficou em uma cela sem janelas e sem direito a banho de sol, mas a segurança era relaxada e o tratamento mais humano. Assim, sua esposa conseguiu, com a roupa limpa, contrabandear um radinho, onde podia ouvir música e as notícias. O tratamento dos guardas era cordial, às vezes até amigável. Uma noite, enquanto ouvia as notícias, bateram na porta. Estava sendo convidado para assistir ao jogo entre Brasil e Inglaterra pela Copa do Mundo no descanso dos oficiais. Aceitou a proposta e, na caserna, junto com os inimigos declarados, torturadores e torturados assistiram à seleção bater o time inglês por 1 a 0.

Logo depois, escutaria no rádio notícias sobre o sequestro do embaixador alemão. Na manhã seguinte, seria liberado pelo banho de sol e, por alguma desculpa qualquer, foi fotografado, sinal claro de que algo aconteceria. Na madrugada do dia 14 para o 15 de junho, o carcereiro bate na sua porta e transmite uma mensagem rápida. "Amanhã bem cedo, Apolônio, você vai sair. Vai para Argélia. Um belo país. Boa viagem". Nas negociações, ficou acordado que os prisioneiros seriam levados para Argélia, agora independente e controlada por um governo de esquerda, próximo aos comunistas. O embaixador seria libertado apenas quando os 40 presos estivessem seguros na capital do país africano. Na manhã seguinte, junto com outros presos, foi levado ao Galeão e embarcaram em direção a Argel.

No aeroporto de Argel, a imprensa internacional se misturava com representantes de diversos grupos da esquerda mundial, que tinham vindo apoiar os brasileiros. Os militantes então escolheram três companheiros para conversarem com os jornalistas Ladislau Dowbor, Fernando Gabeira e Apolônio, que, por ser o mais velho e possuir uma longa história na militância, se tornou o líder informal. Diante de jornalistas do mundo inteiro, expuseram as arbitrariedades do regime, a perseguição política e a luta pela democracia, justificando também os sequestros, que geravam certo desconforto na opinião pública internacional.

Apolônio posteriormente partiu para a Europa. Havia interesse da mídia e dos movimentos de esquerda pela situação do Brasil, e Apolônio recebeu diversos convites para palestras e entrevistas. Na condição de líder, e pela sua história como militante, foi um dos escolhidos para representar a resistência.

49. O PROCESSO

No Brasil, Gorender acompanhou apenas marginalmente os acontecimentos, estava agora absorto em preparar sua defesa, o dia do julgamento se aproximava. No grande dia, saiu da prisão e foi levado à Auditoria Militar, fazendo o breve trajeto entre o presídio e a Avenida Brigadeiro Luiz Antônio, 1249. Na Auditoria, os presos ficavam em uma edícula, atrás da casa, fortemente vigiados à espera de serem chamados para o tribunal, onde seriam julgados por quatro oficiais e um juiz civil.

Conversando com seu advogado, consideraram importante destacar sua atuação na FEB, e a melhor maneira era ele ir ao tribunal carregando a Medalha de Campanha, dada aos integrantes da FEB. Havia apenas um contratempo, a condecoração havia se perdido durante os longos anos de ilegalidade. A solução encontrada, como não eram gravadas com o nome do combatente, foi pegar uma emprestada.

Assim, Idealina partiu atrás dos velhos companheiros de batalhão, em busca de um que estivesse em São Paulo e disposto a emprestar a medalha. A procura foi, no final, bem-sucedida e, no dia do julgamento, um velho soldado apareceu na porta da Auditoria para entregar a medalha para Idealina, que, na entrada da sala de julgamento, nas breves palavras que trocou com seu marido, pôde colocar a medalha em seu peito. Gorender enfrentaria o tribunal ostentando no peito a prova da sua atuação na luta pela liberdade e democracia.

Muitos consideravam a Auditoria Militar como um jogo de cartas marcadas, que pouco se importava com a lei. Gorender, porém, levou a sério toda a situação e, colocando em prática o que aprendera nos poucos anos de estudante de direito, montou, em parceria com seus advogados, uma defesa que considerava irrefutável. Na cadeia escreveria uma peça, intitulada *Subsídios para as razões finais*, que seu advogado Raimundo Pascoal Barbosa anexou nos autos.

Gorender, diante de seus acusadores, leria a mesma peça, começando, para a surpresa dos presentes se declarando marxista e alegando que pela lei não poderia ser autuado pelas suas ideias. Seu único crime, pelo qual se declarava culpado, era a fundação do PCBR, em 1968, que pela Lei de Segurança Nacional de 1967, era passível de um a dois anos de prisão. Com isso, escapava da nova lei de 1969, que aumentava a pena para cinco anos. O tribunal se viu diante de um fato que não esperava, um preso que se declarava marxista e culpado.

No final, o tribunal não tinha muito que fazer, Gorender não havia participado de nenhuma ação armada e, a não ser que os juízes quisessem fabricar evidências e dar um veredito arbitrário, tinham de concordar com o acusado. Foi condenado a dois anos de prisão pelo crime de criação do PCBR. A medalha chamaria atenção e, ao final do julgamento, os quatro oficiais responsáveis pelo julgamento ordenaram que todos deixassem a sala, queriam falar a sós com o réu. Sozinhos, os militares ansiosos pediram para Gorender contar histórias de guerra, sobre sua vivência na FEB.

Idealina foi absolvida pela ausência de provas.

Gorender teve sua pena reduzida no Supremo Tribunal Militar no Rio de Janeiro, seu advogado George Tavares conseguiu que a pena de cinco anos de prisão, por causa das cadernetas de Prestes, fosse anulada, assim retornava à condição de réu primário, sujeito à pena mínima de um ano. Seus companheiros Adilson Citelli, Aitan Sipahi e Sérgio Sister receberiam punições semelhantes, a exceção ficou por conta de Valdizar Pinto do Carmo que, por uma antipatia profunda do juiz, recebeu quatro anos de prisão, sem maiores explicações.

Gorender não chegou a cumprir dois anos de prisão e, em outubro de 1971, um ano e dez meses depois de ter sido preso naquela noite chuvosa de janeiro de 1970, foi libertado. Na saída, uma grata surpresa: quando foi preso carregava muitos escritos que tinha feito durante as longas horas sozinho na ilegalidade, textos que falavam da história do Brasil, filosofia e marxismo. Gorender julgava que os órgãos da repressão haviam se apoderado dos textos e que eles haviam sido destruídos ou perdidos. Na hora de receber seus pertences, ficou chocado ao ver os papéis. O censor, ao ler o material e constatar que não havia nada de relevante para a polícia ou de subversivo, os guardou junto com o resto das coisas, que foram devolvidas um ano depois.

O alívio e a felicidade de passar pelos portões como um homem livre, de abraçar a mulher a filha se mesclavam com a preocupação. Dentro da prisão, as coisas eram certas e os dias passavam iguais, sem mudanças, agora se deparava com a incerteza. Era um homem de quase 50 anos que praticamente nunca tinha tido um emprego formal fora do PCB, militante comunista e ex-presidiário.

50. O DIFÍCIL RECOMEÇO EM LIBERDADE

Em 1971, ao sair da cadeia, Gorender encontrou um ambiente ainda tenso. Os ex-prisioneiros políticos viviam uma situação de semilegalidade, seus movimentos continuavam a ser vigiados e, caso a luta armada se intensificasse novamente, corriam o risco de serem presos pelo regime outra vez. Muitos dos recém-libertados percebiam que não eram tratados da mesma maneira, amigos de longa data agiam como estranhos e familiares mantinham distância. Isto levava a que muitos deles se relacionassem quase que exclusivamente com ex-presos políticos, uma comunidade de exilados no próprio país.

Muitos optavam pela rota do aeroporto, deixando o país, como no caso do Marujo Otacílio, que foi com a família para a Suécia. Mesmo não satisfeito com as condições no país, Gorender ainda queria escrever seu livro sobre a história do Brasil, o que seria muito difícil se estivesse no exterior. Agora em liberdade e, pela primeira vez em muitos anos, sem ser procurado pela polícia, tinha acesso a bibliotecas e arquivos, podendo avançar muito na sua pesquisa. Havia, porém, o problema do seu sustento e da família.

Sem condições, Ethel continuou a morar no Rio, e o casal reunido alugou um quarto na Rua Bartira, em Perdizes, enquanto Gorender procurava trabalho. A situação não era fácil, as empresas tinham desconfiança em contratar antigos militantes. No caso de Gorender, um ex-dirigente bastante conhecido, a situação era ainda mais difícil.

Como era comum, o casal se apoiou na comunidade de militantes e Gorender passou a trabalhar como *freelancer*. Alguns antigos companheiros, que estavam empregados em editoras, enviavam-lhe trabalhos de tradução, geralmente francês e espanhol, principalmente os amigos que trabalhavam na Editora Abril. Para não causar problemas e evitar incômodos, decidiram que Idealina assinaria as traduções.

Os funcionários da Abril não deixavam de se assombrar com a cultura e erudição da senhora que chegava na editora, com os trabalhos em uma bolsa de crochê, acompanhada da filha de 10 anos. Nesse processo, Idealina se tornaria a autora ou tradutora de diversos trabalhos, alguns deles bastante populares, como no caso da série *The Hardy Boys*, um conjunto de histórias de mistério, infantojuvenis, que tinham como protagonistas dois irmãos adolescentes que resolviam casos policiais. Séries desse tipo eram comuns na época, quando a televisão e o videogame ainda não haviam dominado todo o tempo dos jovens, e tinham uma tiragem bastante importante. Idealina foi a orgulhosa tradutora de três edições: "O Tesouro da Torre", "A Marca na Porta" e os "Amigos Desaparecidos". As traduções de Gorender também foram uma das últimas atividades remuneradas de Idealina.

As possibilidades profissionais de Idealina eram ainda menores que as de Gorender. O machismo da época tornava o mercado de trabalho naturalmente mais restrito para as mulheres, além disso, estava com mais de 50 anos, sem experiência prévia. Os anos de fiéis serviços na embaixada da Tchecoslováquia não apareciam bem no currículo, sendo nos anos na ditadura militar um grande e claro sinal de alerta para eventuais novos empregadores.

Gorender podia ser um líder comunista nato e um grande intelectual, mas sofria para executar as atividades corriqueiras do dia a dia. Fazer compras, consertar a casa e organizar a rotina estavam além da sua capacidade e do seu interesse. Assim, Idealina, sem muitas perspectivas de um emprego bem-remunerado, acabou por assumir as tarefas cotidianas de dona de casa e Gorender continuou no mercado de trabalho.

O dinheiro aos poucos começa a entrar nas contas da família e assim conseguiriam se mudar para um apartamento na rua Heitor Penteado, comprando móveis e, pela primeira vez, uma televisão 14 polegadas, em 24 prestações em um grande magazine da cidade. Com a vida estruturada, puderam trazer Ethel, que continuava no Rio de Janeiro, para São Paulo. Na capital paulista, foi matriculada novamente no Scholem Aleichem, onde cursaria o ginásio. Estava agora com 10 anos e, pela primeira vez em muito tempo, a família teve um período de normalidade.

A situação política ainda era tensa, a guerrilha não havia sido erradicada e a ditadura continuava a perseguir e eliminar opositores. Alguns cuidados ainda eram necessários e a família não se relacionava abertamente com qualquer pessoa. Mas com os laços cortados com a luta armada e sem se envolver com política, eram deixados em paz. Ethel começou no novo colégio e, como qualquer menina, passou a ter mais amigas, sair de casa e interagir. Idealina também passou a ter mais liberdade, mesmo que seu círculo de amizades estivesse restrito a antigos combatentes.

A situação era cômoda, mas o dinheiro era curto e inconstante. O trabalho como *freelancer* sustentava a família, mas apenas isso. Assim, Gorender foi obrigado a procurar uma nova fonte de renda recorrendo à comunidade de ex-militantes. A solução veio com a ajuda de Antônio de Pádua Prado Jr, o Paeco, um militante que trabalhava com *marketing* e que conseguiu para Gorender um emprego numa pequena empresa de publicidade, no centro de São Paulo, o que seria um grande choque cultural.

Apesar de ser um trabalhador incansável, não tinha muita experiência no mercado. Desde que abandonara a redação do *Estado da Bahia*, em 1943, seu único patrão fora o PCB. Além disso, o clima caótico das enfumaçadas redações baianas na época do Estado Novo pouco tinham em comum com a monótona rotina de trabalho da nova empresa, de segunda a sexta, das 9 às 17 horas. A nova profissão logo se tornaria um fardo difícil de suportar. Era um militante comunista de corpo e alma, fora preparado desde a juventude para fazer a revolução. Agora, pouco mais de ano depois de ser preso, se encontrava no centro do capitalismo.

A publicidade é uma das bases do capitalismo, inventando neuroses e necessidades que só podem ser suprimidas com a compra de produtos inúteis e pouco duráveis. Gorender passava seus dias preso nessa engrenagem, participando voluntariamente de tudo aquilo que buscara destruir desde que tomara conhecimento das ideias comunistas na faculdade de direito da Bahia. Seu desespero era também fruto da falta de tempo. Entre as longas horas de trabalho, a vida familiar e compromissos diversos, restava pouco tempo para escrever sua obra. As ideias estavam lá, apenas precisava de tempo para estruturar seu pensamento e passá-lo para o papel. Precisava de tempo e paz para escrever, duas *commodities* escassas na sociedade capitalista.

51. A PUBLICAÇÃO DO
O ESCRAVISMO COLONIAL

Sem muitas opções, e cada vez mais infeliz no trabalho, colocou o orgulho de lado e resolveu pedir ajuda aos amigos. O plano era simples: iria aos companheiros pedir dinheiro para poder parar de trabalhar e se dedicar apenas ao seu projeto. Para muitos essa seria uma tarefa impossível, porém os anos de militância, sempre com muita dedicação e honestidade, trouxeram muito prestígio para Gorender.

Os amigos que tinham condições se dispuseram a ajudar, contribuindo com o que podiam. Um, porém, se destacou, sendo o responsável pela maior parte do dinheiro. Jacques Breyton era o que os militantes da época chamavam de burguês do bem. Francês de nascimento, havia lutado na Resistência Francesa durante a segunda guerra. Temendo mais um conflito em larga escala no continente, se mudou para o Brasil no início dos anos 1950, fazendo fortuna com uma empresa de material de iluminação. Foi casado com a fotógrafa Nair Benedito, que fez história em uma época que o ramo era dominado por homens.

Apesar de fazer parte da alta burguesia paulista, manteve laços estreitos com a esquerda. Durante a ditadura, apoiou financeiramente e materialmente a resistência, escondendo Marighella por um período em sua casa, o que lhe rendeu uma estadia no presídio Tiradentes, entre o fim de 1970 e o início de 1972. Na prisão, conhecera Gorender, forjando uma amizade duradoura. Sempre disposto a ajudar os companheiros, se empolgou com o novo projeto de Gorender e disponibilizou uma soma significativa para ajudar o intelectual.

A empreitada havia sido um grande sucesso. Com o dinheiro de Breyton, mais a contribuição de alguns amigos, calculou que tinha condições de ficar cerca de três anos sem precisar trabalhar, se dedicando inteiramente aos estudos. Pediu demissão da agência de publicidade e voltou a se dedicar aos estudos, sua verdadeira vocação.

Agora que a família estava legalizada, Ethel estabelecida na escola, e Gorender distante da militância e com estabilidade pelos próximos três anos, outro assunto surgiu, o casamento. Apesar de estarem juntos há quase duas décadas, nunca haviam formalizado sua união. Na posição de líder comunista, Gorender sempre evitou qualquer união formal, já que isso colocaria em risco Idealina e Ethel, que poderiam ser perseguidas pelo regime, como eventualmente foram. Uma união religiosa também não fazia sentido, já que ambos, como comunistas, eram ateus. Agora, com tudo isso no passado, resolveram formalizar o relacionamento. A formalização da união se deu em um cartório de Perdizes, em 25 de março de 1975, tendo como testemunhas Aytan e Helenita Sipahi e Jacques e Nair. Em seguida, houve um almoço na casa de Breyton, para a família e alguns amigos próximos.

Gorender se dedicou com afinco à nova tarefa. O dinheiro duraria até 1976, no que seriam os anos mais produtivos de sua vida. Sem grandes preocupações, conseguiu terminar de escrever *O escravismo colonial*, além de coletar muito do material para o que se tornaria o *Combate nas trevas*. Desde que fora preso, e no longo tempo que ficou confinado, Gorender tinha na cabeça a ideia de escrever sobre o período que vivera. Sabia que o golpe de 1964 e a luta armada constituíam uma ruptura importante na história do Brasil, algo que deveria ser analisado a fundo. Como dirigente do PCB, e posteriormente do PCBR, foi uma testemunha privilegiada desse processo, inclusive para fazer uma autocrítica de todas as ações da esquerda que, em sua opinião, haviam levado ao golpe e à resposta desastrosa que foi a luta armada. O momento, porém, não era propício para tal empreitada, a luta armada ainda não havia sido totalmente contida e o governo continuava a perseguir todos aqueles que consideravam uma ameaça. Assim, Gorender, com cuidado, começou pacientemente a coletar o material, entrevistas, inquéritos e documentos, procurando organizar suas ideias, à espera do momento adequado para publicá-las.

O trabalho compensaria e, em 1976, olharia com satisfação para a velha máquina de escrever Olivetti, ao colocar o ponto final na sua primeira obra acadêmica: *O escravismo colonial*. O livro foi escrito sem ajuda de assistentes, secretárias e outras facilidades encontradas no mundo acadêmico. Gorender, inúmeras vezes, pegava ônibus para realizar consultas na Biblioteca Mário de Andrade, no centro da cidade.

Esta preocupação de Gorender com o trabalho intelectual, assim como o apoio, inclusive financeiro, de seus amigos engajados na luta da esquerda, deve ser compreendida a partir da militância política do autor. É inegável que Gorender gostava de estudar e tinha vocação acadêmica, mas, antes de tudo, ele era um marxista. O trabalho intelectual, nesta perspectiva, é parte importante da ação revolucionária. Grandes líderes, como Lenin, Trotsky, Mao ou Stalin deixaram uma obra escrita refletindo sobre o marxismo. Não se trata apenas de escrever um livro, mas de avançar a reflexão sobre a realidade brasileira, desde o pensamento marxista.

Marx é um autor europeu, que escreveu na Europa e estava muito preocupado com as formas mais avançadas do capitalismo, de onde surgiram as primeiras formas de organização comunista. A história se apresenta em um esquema conhecido de sucessão de modos de produção: comunismo primitivo, escravismo ou modo asiático, feudalismo, capitalismo e socialismo. É a partir dessa leitura, presente em Marx, que os partidos comunistas, de uma forma dogmática, incentivam a compreender a realidade social. Este esquema, que funciona bem quando se olha a Europa, apresenta algumas dificuldades para pensar a evolução de sociedades coloniais. Se na história da Europa o escravismo é uma realidade longínqua e o feudalismo importante e bem delimitado, nas sociedades coloniais, o escravismo é uma forma de organização muito recente e o feudalismo praticamente inexistente. Gorender, no *O escravismo colonial*, através de uma pesquisa exaustiva e sempre procurando usar categorias de análise do materialismo dialético, vai apontar o papel determinante do escravismo na formação das sociedades coloniais, chegando inclusive a apontar sua importância para a acumulação primitiva de capital, fundamental para o surgimento do capitalismo inicial. O escravismo, nas sociedades coloniais, que rapidamente se tornariam capitalistas, é parte de um modo de produção específico, com características próprias, cuja correta compreensão é necessária para poder superar o capitalismo que surge nestas sociedades.

Trata-se de uma abordagem original dentro do marxismo, que vai dialogar de uma forma complexa e profunda com a realidade histórica dos países coloniais, de uma forma geral, e muito especificamente com a história do Brasil. Mas, apesar da documentação cuidadosa, seu interesse tende a se limitar aos estudiosos do marxismo.

Os que não estão acostumados com o meio editorial podem considerar que escrever um livro é um grande feito, mas os iniciados sabem que essa é apenas a metade do caminho, é preciso ser publicado. O caminho da máquina de escrever para a livraria é intrincado, sujeito a arbitrariedades, e onde sorte e contatos são essenciais. Gorender confiava na qualidade de sua obra, mas sabia que isso pouco importava, a história está recheada de grandes escritores que não viram seus trabalhos publicados. Fato muito conhecido, Kafka, talvez o mais influente escritor do século XX, morreu amargurado sem conseguir vender suas histórias.

Gorender buscava publicar um livro acadêmico de história com uma abordagem marxista inovadora, algo que sabia que não seria fácil. Era um desconhecido e, para aqueles que não tinham contato com sua história, um senhor de mais de 50 anos que não havia nem terminado a faculdade de direito, buscando publicar um controverso livro de história do Brasil. Felizmente, sabia qual porta bater primeiro, utilizando a comunidade de antigos militantes políticos. Um dos companheiros que haviam doado dinheiro para sua empreitada autoral era José Adolfo Granville. Antigo membro do PCB, deixou a organização para se juntar à ALN. Preso em janeiro de 1969, cumpriria pena no Tiradentes com Gorender, onde fortaleceriam a amizade. Em 1976, Granville trabalhava na Editora Ática, uma das mais importantes do país, e conseguiu fazer o livro chegar ao conselho editorial.

O conselho editorial é a principal barreira para a publicação de um livro, formado geralmente por acadêmicos e intelectuais, o conselho avalia a qualidade da obra e decide se recomenda a publicação ou não. No caso de uma editora de prestígio, o nível de exigência é bastante alto e a maioria das obras é barrada. Gorender precisaria contar com a sorte nesse ponto, confiava na qualidade de sua obra, mas possuía uma abordagem controversa e pouco usual, se caísse nas mãos de um historiador de mente aberta tinha boas chances de ser publicada, caso terminasse na mesa de um purista, certamente seria descartada como uma aventura teórica mal formulada.

O conselho editorial da Ática contava com nomes de peso, inclusive vários professores da USP, como o historiador Alfredo Bosi, o antropólogo Rui Coelho, o geógrafo Aziz Ab'Saber e o sociólogo Douglas Monteiro. O grupo, que geralmente recebia teses acadêmicas para avaliar, ficou curioso com o manuscrito que tinha em mãos. Não era uma tese e vinha de um autodidata que nem o curso superior havia concluído. O grupo, porém, logo se encantou com a obra que tinha em mão, vendo um trabalho brilhante, recomendando a publicação.

O processo todo duraria dois anos, com a obra sendo publicada em 1978. Logo ao chegar às livrarias se tornaria um grande sucesso, recebendo até mesmo uma resenha de página inteira na revista *Veja*. Receberia uma reedição no mesmo ano de 1978. Embora ainda não fosse respeitado academicamente, Gorender era um nome conhecido na esquerda e, apesar da derrota da luta armada, o marxismo continuava muito influente, havendo grande interesse por novas abordagens a partir dessa teoria.

Dentro da academia, a obra seria recebida com alarde, tendo seus detratores e defensores. Na UNICAMP, poucos se interessaram pela nova abordagem, enquanto na USP muitos a consideraram revolucionária. Gorender passaria a ser constantemente convidado para aulas e palestras na universidade. Alfredo Bosi, que avaliara seu livro e se tornaria um amigo próximo, garantindo que no Instituto de Estudos Avançados da USP, onde era diretor, houvesse sempre uma porta aberta. Na Escola de Comunicações e Artes, onde Adilson Citelli, antigo companheiro de PCBR e Tiradentes, se tornaria professor em 1986, seria sempre bem recebido.

52. O TRABALHO NA EDITORA ABRIL

O reconhecimento acadêmico traria uma grande satisfação pessoal para Gorender, mas de volta a 1976, tinha problemas mais mundanos. O dinheiro que juntara três anos antes estava próximo do fim e, inevitavelmente, teria de arrumar alguma forma de sustento; apenas esperava que não tivesse de voltar à publicidade. A solução veio novamente graças à rede de amigos formada nos anos de militância. Valdizar Pinto do Carmo, antigo militante do PCBR e depois presidiário no Tiradentes, convenceu a diretoria da Abril Cultural a empregar Gorender.

A Editora Abril foi fundada em 1950 pelo italiano Victor Civita, que desembarcou no Brasil com os direitos da publicação das histórias do personagem Pato Donald, de Walt Disney. A partir das histórias em quadrinhos, dominaria o mercado de revistas, se tornando um dos mais influentes conglomerados no Brasil. Publicações como a revista *Veja*, lançada em 1968, a *Placar*, em 1970, e a *Playboy*, em 1975, se tornariam parte do dia a dia dos brasileiros. Nos anos 1960, revolucionaria novamente o mercado editorial com as coleções da Abril Cultural. O sistema era simples, a empresa montava uma coleção temática e a cada semana um novo fascículo chegava às bancas, modelo depois expandido para músicas e filmes.

A ideia foi um sucesso, a escala de produção da Abril garantia preços competitivos e seu sistema de distribuição levava os produtos para todo o Brasil. Assim, livros que antes só podiam ser encontrados nos grandes centros urbanos, ou em bibliotecas, agora estavam à disposição de um público mais amplo. As coleções da Abril se tornaram comuns nos lares brasileiros, fazendo parte da infância e das memórias de muitas pessoas. Em 1976, quando Gorender chegou na Abril, a editora havia acabado de lançar a coleção *Os Pensadores*, composta de 56 fascículos, abordando desde pensadores pré-socráticos aos pós-modernos nas mais diversas áreas do conhecimento, como Antropologia, Sociologia e Psicologia entre outras. Com o enorme sucesso, uma reedição já estava sendo preparada, agora com 68 fascículos. E essa empreitada teria a contribuição de Gorender.

Hoje, com a internet, todo o conhecimento da humanidade está a um clique de distância, mas organizar esse tipo de coleção em 1976 era complexo. Junto com o texto era necessário escrever a biografia do autor, introdução, notas explicativas, apêndices, o que na época demandava longas horas de pesquisa em bibliotecas e entrevistas com especialistas. Assim, a editora necessitava de pessoas qualificadas, com ampla cultura geral e boa escrita, um conjunto de habilidades difícil de encontrar.

O passado revolucionário não impressionou os avaliadores. De fato, a maior parte dos funcionários tinha algum envolvimento com a esquerda. A indústria cultural dependia de funcionários qualificados para continuar funcionando. Eles escreviam as novelas, publicavam as revistas e imaginavam os comerciais. Nesse ambiente, a maior parte das pessoas era de esquerda, muitos membros do partido comunista. Grandes grupos, como Globo e Abril, dependiam desses profissionais para continuar funcionando e, como bons capitalistas, no fundo não se importavam com as preferências pessoais dos seus funcionários, desde que fizessem um bom trabalho e não causassem transtornos.

No caso da Globo, conta-se que eventualmente o Dops batia na porta do estúdio à procura de algum funcionário, supostamente envolvido em atividades subversivas. Nessas situações, o próprio Roberto Marinho descia para falar com os policiais e, com uma atitude amistosa, dizia para não se preocuparem, "dos meus comunistas, cuido eu", falava para os investigadores, que satisfeitos iam embora.

Na Abril, Gorender encontrou um ambiente mais amistoso que na agência de publicidade. Trabalhava com amigos, como Valdizar, lidando com temas que gostava e para os quais tinha talento. Dedicou-se à nova atividade com a diligência que teve em todas as empreitadas, logo seria efetivado, subindo na hierarquia da empresa, até coordenar a coleção *Os Economistas*. Lançada em 1983, com 47 fascículos, a coleção englobava todos os grandes nomes da área, de Adam Smith aos mais modernos, incluindo quatro livros dedicados a Marx.

O trabalho na Abril trouxe uma estabilidade antes desconhecida para a família. Gorender conseguira um emprego estável e bem-remunerado e, pela primeira vez, podiam dispor de alguns confortos reservados para a classe média paulistana. A família muda-se para uma casa maior no Sumarezinho. O trabalho também trazia algumas vantagens: a Abril produzia milhares de cópias de seus produtos e o que não era vendido acabava nas mãos dos funcionários, assim, Gorender sempre trazia para casa, depois de um longo dia de trabalho, exemplares de livros, como os da coleção *Clássicos da Literatura Universal*, teatro, discos de música popular, jazz, e revistas diversas. A cultura permeava as conversas em casa, era possível frequentar cinemas, teatros e concertos de música clássica, muito apreciados por Gorender. Embora não praticassem esportes, pais e filha apreciavam assistir competições de futebol, lutas de boxe e reunir amigos em eventos como Copa do Mundo e Olimpíadas. Jacob frequentava o clube da Faculdade de Medicina da USP em Pinheiros aos finais de semana, onde realizava caminhadas.

Em 1978, conseguem ter um telefone em casa. Para Idealina é uma forma de contato maior com suas irmãs no Rio de Janeiro, aonde ia uma ou duas vezes ao ano. Embora com a vida mais estável, sente falta da grande família. Seu pai, o velho Hermogêneo, faleceu em fevereiro de 1976, sendo enterrado no Cemitério do Caju no Rio, com todos filhos, netos e amigos cantando baixinho a Internacional.

Ethel, com ajuda de Paeco, consegue uma bolsa de estudos no Colégio Equipe, no qual faz o colegial entre 1976 e 1978. Um colégio também à frente de seu tempo, em que faz várias amizades para toda a vida. Com ajuda de outro amigo da família, faz o cursinho pré-vestibular Pré-Médico, também com bolsa de estudo, em 1979.

O trabalho, apesar de árduo, não tomava todo o tempo de Gorender, que podia se dedicar também aos estudos e projetos pessoais. Em 1981, lança *A burguesia brasileira*, pela Editora Brasiliense. Aqui, retomando a reflexão histórica a partir da abolição da escravatura, chegar até o período militar, com a burguesia instalada como classe dominante principal e o golpe de 1964 enquanto elemento de um processo de modernização conservadora. O texto se baseia nas conclusões já apresentadas no livro anterior e mantém a mesma perspectiva metodológica de avançar a reflexão marxista à luz da realidade das sociedades coloniais e, especificamente, da sociedade brasileira.

Aytan Sipahi, em seu depoimento, se refere a Gorender como "nosso Gramsci", ou ainda "o Gramsci brasileiro". A comparação, provavelmente, faz referência ao papel do intelectual italiano no desenvolvimento do eurocomunismo e do chamado, na época, marxismo ocidental. Gramsci, apresentando categorias como bloco histórico, hegemonia e intelectual orgânico, procura fazer dialogar a teoria marxista com a sociedade contemporânea europeia, na qual as práticas democráticas estão mais arraigadas e a população mais ciosa de seus direitos individuais. Seria uma interpretação teórica que se diferencia da teoria e prática do marxismo no leste da Europa, URSS, China e demais países do oriente, mas sempre respeitando as categorias fundamentais do materialismo dialético, ou ainda do marxismo-leninismo, segundo alguns leitores. Pode-se perceber Gorender fazendo um movimento teórico similar, agora com relação às sociedades escravistas modernas, como Brasil e Estados Unidos da América. Trata-se, assim, de aprofundar o pensamento marxista tendo como base a escravidão colonial e seu papel enquanto modo de produção diferenciado, cuja correta interpretação permite perceber a acumulação capitalista primitiva nesse contexto e a evolução posterior da dominação capitalista.

A mudança de vida da família Gorender coincidiu com transformações mais amplas da sociedade brasileira. A execução dos últimos guerrilheiros no Araguaia, em 1974, colocou um fim definitivo à luta armada e, sem o perigo apresentado pelos comunistas, o governo começou a relaxar algumas das medidas repressivas. Apesar de não sofrer mais oposição da militância organizada, os generais sentiam a maré mudar, o milagre econômico que garantira o apoio de setores importantes da sociedade dava claros sinais de esgotamento. O país ainda crescia, mas não com o mesmo ímpeto – o primeiro choque do petróleo, em outubro de 1973, enfraquecera a economia, que sofria com o aumento da inflação e dívidas, principalmente a externa.

A inflação era um velho problema da economia brasileira, responsável por muitas das crises que atravessaram o país. O aumento dos preços prejudicava principalmente os mais pobres, que viam seu poder de compra diminuir mês a mês, jogando a população contra governos, sejam de direita ou de esquerda, democráticos ou autoritários. A crise levou primeiro ao crescimento do partido do Movimento Democrático Brasileiro (MDB), único partido de oposição, que conquistou vitórias importantes nas eleições de 1974, e depois ao ressurgimento de movimento operário. Em 1978, uma série de paralisações espontâneas no ABC paulista, sede da indústria automotiva e coração industrial brasileiro, deram início ao renascimento do movimento operário. A sociedade civil também voltava a se organizar e, em 1978, foi fundado no Rio de Janeiro o Comitê Brasileiro pela Anistia, o ar começava a mudar e muitos sentiam que o fim do regime militar se aproximava.

O ano de 1979 seria de grandes transformações para o Brasil. Começando do outro lado do mundo, em fevereiro, revolucionários comandados pelo aiatolá Khomeini tomaram o poder no Irã, expulsando o Xá Reza Palevi do país. A agitação e troca de governo causariam a interrupção na produção de petróleo do país, o que levou os preços do ouro negro a dispararem no mercado mundial, era o segundo choque do petróleo. Para o Brasil, a crise significou o fim do período de crescimento econômico, o país mal se recuperara do choque de 1973 e não teria forças para superar essa nova barreira, o petróleo era o principal produto de importação do país, a dívida externa explodiria, levando à hiperinflação.

Em agosto de 1979 seria aprovada, no Congresso, a Lei da Anistia, todos os crimes políticos, tanto dos militantes de esquerda quanto das forças do regime foram prescritos, uma página era virada na história brasileira, colocando para trás a luta armada e a repressão. Para os exilados, seria o momento de voltar ao país. Apolônio e Renée de Carvalho, há quase dez anos no exterior e morando agora na França, não perderam tempo, a saudade dos trópicos apertava de tempos em tempos e, finalmente, poderia ser saciada. Desembarcaram no Rio de Janeiro e no aeroporto do Galeão uma grande festa foi armada por militantes novos e antigos para receber os que retornavam. Com Gorender, o encontro foi mais emotivo, seria a primeira vez que se viam desde o PCBR e, entre eles, pesava a ausência de Mário Alves, ainda desaparecido e cujo assassinato nunca seria esclarecido.

55. O COMBATE NAS TREVAS

As mudanças continuaram em 1980 e, enquanto a crise econômica se agravava com a Guerra Irã-Iraque, que aumentava ainda mais o preço do petróleo, era fundado em São Paulo o Partido dos Trabalhadores (PT). Surgido a partir das greves do ABC paulista, era um agrupamento eclético de opositores ao regime, juntando grupos sindicais, estudantes, católicos ligados à corrente da teologia da libertação, antigos comunistas, entre outros. O PT nascia como alternativa de esquerda ao regime e excitava a todos aqueles que acreditavam em um país mais justo e democrático.

Apolônio de Carvalho não perdeu tempo em se envolver, sendo um dos membros fundadores. A tortura e o exílio não tiraram seu espírito de luta e, mesmo com 68 anos, embarcava em mais uma empreitada. Ethel, agora com 19 anos e cursando medicina na Universidade de São Paulo, também se filiou. Como muitos jovens da época, não viveu em tempos de democracia e sentia que esse era o momento da virada. Gorender, porém, foi mero espectador da agitação que tomava conta dos amigos e da família.

Estava agora com 57 anos e cansado, era uma testemunha viva do breve século XX. Para Ethel e muitos outros jovens, era a luta por uma democracia que nunca haviam experimentado. Para Gorender era apenas mais um capítulo. Nascera na República do Café com Leite, viu o Estado Novo, República Populista, Ditadura Militar, assistira a todas as aventuras políticas do século XX brasileiro. Junto com Idealina, eram comunistas, criados no seio do PC, com seus comitês e células, sem vontade de militar em outro lugar. Apesar de entender que a luta agora era um modelo legalizado, não tiveram interesse em participar do novo partido. O PT era um amontoado de grupos e interesses conflitantes, construídos para participar do jogo democrático e vencer eleições. Não estavam lá para inflamar a população ou subverter o regime.

Gorender via o seu futuro na academia, sempre tivera vocação para a pesquisa e o estudo, colocados em segundo plano pela atuação no PCB. Agora se via livre das amarras ideológicas e institucionais do partido comunista, e sentia que o envolvimento com o PT ou qualquer outro grupo tiraria sua isenção metodológica, principalmente com o próximo trabalho. Enquanto todos olhavam ansiosamente para o futuro, Gorender pensava no passado.

A anistia era o final de um capítulo que se iniciara em 1964, um momento marcante da história brasileira e que angustiava Gorender. Os erros de Prestes, a tomada do poder pelos militares, a derrocada do PCB, a ascensão e destruição da luta armada, Gorender sabia que precisava analisar e documentar este período. Durante os anos de chumbo essa era uma tarefa perigosa, principalmente para um ex-militante comunista. Com a abertura política, essa tarefa ficou acessível e ele a abraçou com afinco, sempre que os compromissos profissionais e familiares permitissem.

Assim o tempo foi passando entre estudos, família e o trabalho na Abril. Os que conheciam Gorender superficialmente não imaginavam que aquele homem diminuto havia lutado na Segunda Guerra Mundial, sido torturado no Dops e fundado um partido comunista. Em 1986, aos 63 anos, se aposentou. Ethel estava formada em medicina, e caminhava com as próprias pernas, já ajudava financeiramente em casa, a pensão da FEB mais a aposentadoria garantiriam o seu sustento e o de Idealina pelos anos que lhes restavam. Agora, sem amarras e preocupações, podia se dedicar inteiramente aos estudos e, sem as obrigações trabalhistas, conseguiu terminar o que seria seu livro mais famoso e polêmico.

Em 1987 lançou o *Combate nas trevas*, novamente pela Editora Ática, dedicado à memória de Mário Alves, uma obra documental de grande envergadura. Visitara diversos arquivos, consultara jornais da época e entrevistara militantes comunistas e militares. Construiu um panorama que ia da criação da república populista ao fim da luta armada, analisando os antecedentes do golpe e a trajetória dos diversos grupos guerrilheiros. O trabalho foi aclamado, tanto por antigos comunistas quanto pelos militares, pela sua diligência com os dados e imparcialidade. Se nos livros anteriores foi privilegiado um debate com o pensamento marxista, *Combate nas trevas* tem um caráter universal, é uma leitura relevante para todo aquele que se interesse pelo período e uma referência inevitável para pensar o Brasil atual.

O livro também teve seus críticos. Duas passagens, em especial, colocaram muitos antigos militantes contra Gorender. A primeira foi o capítulo intitulado "A violência do oprimido", no qual discutia, com a imparcialidade que dominava todo o livro, crimes cometidos pelos guerrilheiros, desde a morte de policiais e seguranças até o justiçamento de militantes considerados traidores, o que incomodou muitas pessoas de esquerda, que sentiam que essas atitudes não deveriam ser abordadas naquele momento. Em outra passagem, afirmava que os militares haviam encontrado Marighela por meio de uma confissão extraída de frades dominicanos, o que irritou alguns setores da igreja preocupados em defender o legado de luta pela democracia da instituição.

O livro colocara Gorender em evidência. Mesmo sem educação formal e sem assistir um curso acadêmico na universidade desde os anos 1940, se tornara um intelectual respeitado. Tinha três livros publicados: *O escravismo colonial*, *A burguesia brasileira* e agora *Combate nas trevas*. Era convidado para palestras, escrevia em jornais e revistas e se encaminhava para uma velhice bastante confortável.

Dentre seus onze livros publicados, talvez o terceiro em relevância, em resposta às análises conservadoras que ressuscitam antigas teses de um suposto escravismo brasileiro patriarcal e benigno, Gorender publica *A escravidão reabilitada*, também pela Editora Ática. Neste livro, contesta os que apregoavam a suavização do escravismo brasileiro, demonstrando a debilidade histórica e teórica destas análises, o que trouxe muita crítica do *establishment* acadêmico.

E depois de toda uma vida morando de aluguel, de inúmeras mudanças de endereço, em 1992, com um pouco das economias suas e de sua filha, Gorender, com ajuda ainda do seu irmão caçula Marcos, compra uma casa modesta em uma vila no bairro da Pompeia, em São Paulo.

Idealina já apresentava os primeiros sintomas do Mal de Parkinson, principalmente com dificuldade de locomoção. Nesta época entra em cena alguém que os acompanharia em toda sua trajetória final. Maria Pereira de Jesus, inicialmente diarista para auxiliar nas tarefas domésticas, assume, com o tempo, o papel de cuidadora, junto com suas irmãs Argemira e Eva, e exerce este papel com muito carinho, inicialmente com Idealina e depois com Gorender.

PARTE 9
O FIM DA URSS, A QUIMERA E AS ÚLTIMAS REFLEXÕES

54. CAI O MURO

Na pequena casa de classe média na zona oeste de São Paulo, três pares de olhos estavam fixados na TV. No ambiente, sem que ninguém falasse, pairava uma indagação. "Parecia tão sólido". Ao redor do mundo a cena se repetia, os atores e o cenário mudavam, mas não as imagens transmitidas por satélite.

Em Berlim Oriental, depois de uma confusa coletiva de imprensa onde ficou subentendido que não haveria mais restrições de viagem, milhares de cidadãos se dirigiram aos centros de controle que dividiam as cidades. Os guardas, pegos de surpresa pela multidão, não tinham muito que fazer e, como ocorreu em outras partes da URSS, se recusaram a disparar contra civis desarmados. À medida que a multidão crescia, cada vez mais ansiosa para atravessar os pontos de checagem, e diante da falta de reação das tropas de segurança, a situação saiu do controle e os cidadãos, munidos de pás e picaretas, passaram a derrubar o muro com as próprias mãos.

O dia 9 de novembro de 1989 entraria para a história. O Muro de Berlim, símbolo da Guerra Fria, que dividia o lado ocidental capitalista do oriental socialista, seria colocado abaixo pelos alemães orientais. Era o fim da Guerra Fria, a vitória do capitalismo vinha não das bombas ou da pressão americana, mas dos próprios trabalhadores cansados das lideranças corruptas, da escassez e da perseguição. Queriam os itens de consumo que a propaganda soviética tanto demonizava, o videocassete, o *fast-food*, o *blue jeans* e todas as outras porcarias produzidas a preços irrisórios pelas fábricas capitalistas. Um dia traumático e inesperado, todos os especialistas sabiam que a URSS estava entrando em um longo período de decadência, mas falharam ao prever o fim dramaticamente rápido do regime comunista. Naquele início de noite em Berlim, não foram os agentes secretos os primeiros a chegar, mas as câmeras de TV da CNN, que anunciaram para o mundo capitalista os eventos que ocorriam na Europa Oriental.

Gorender assistia impassível à televisão. Era o fim de uma esperançosa aventura, que começara com seu pai nas escadarias de Odessa em 1905, que o acompanhou nos cortiços da sua infância, nos campos de batalha da Itália e o levou da Bahia para o Rio de Janeiro, para a Rússia e para São Paulo. A experiência soviética, o sonho de um mundo melhor, mais justo e sem as amarras do capitalismo, tinha um final melancólico. O muro de Berlim seria apenas o começo, os governos comunistas da Europa cairiam um a um, culminando com a dissolução da URSS em 30 de dezembro de 1992. Em todos os países as cenas se repetiam, uma população extasiada saía às ruas para comemorar o fim do jugo soviético e a chegada do capitalismo, denunciando as mazelas do comunismo.

A esquerda mundial adotou uma posição distante dos acontecimentos na Europa Oriental. A URSS havia a muito se desviado dos ideais comunistas, era uma experiência fadada ao fracasso e não representava mais os ideais progressistas. Gorender, porém, com a coerência que sempre teve, não conseguiu se unir ao coro que diminuía a importância do fim do socialismo real.

O fim da URSS era o maior golpe sofrido pela esquerda em sua história. O regime comunista era um porto seguro para militantes do mundo inteiro, um local para a esquerda se espelhar, onde os comunistas de todos os lugares podiam treinar e se proteger de regimes capitalistas opressores. Além disso, enquanto existisse, o comunismo poderia ser reformado, mesmo com todos os problemas tinha chances de se tornar algo melhor, mais justo e humano, se aproximando um pouco mais do seu ideal. Afinal, o capitalismo se reformara tantas vezes, do capitalismo selvagem do século XIX, à social-democracia do pós-guerra e ao neoliberalismo de Ronald Reagan.

Muitos na esquerda também não percebiam que a URSS, com seus mísseis nucleares e monstruoso aparato militar, era a única nação capaz de fazer um contraponto à influência americana. Sem a oposição soviética, os EUA estariam livres para controlar o mundo, levando a democracia liberal a todos os cantos do planeta. "O fim da História", como no artigo de Francis Fukuyama.

A derrota do comunismo levou muitos militantes ao desespero, lágrimas, maldições e suicídios. Gorender, por sua vez, queria entender o fenômeno que, tudo indicava, iria definir o século XX e sabia que, para isso, tinha de estar no olho do furacão: Moscou. Porém não tinha os recursos para a viagem. A aposentadoria permitia que vivesse com certo conforto, mas não deixava espaço para extravagâncias e na época as passagens de avião eram caras, especialmente para a União Soviética. A falta de dinheiro não impedira que realizasse outras empreitadas acadêmicas e, assim, mais uma vez, recorreu aos amigos para financiar a viagem, que emprestaram de bom grado o que não faria falta. Conseguiu dinheiro para ficar dois meses e meio na URSS, partindo no meio de julho de 1991 para Moscou.

A Rússia que Gorender encontrou era muito diferente daquela que visitara em 1959. O primeiro McDonald's abrira na capital russa em janeiro de 1990 e, na praça vermelha, as longas filas não eram mais para visitar o mausoléu de Lenin, mas para comer hambúrgueres americanos. A Perestroika e a Glasnost criadas em 1985, na tentativa de dinamizar e democratizar a vida soviética, estavam fazendo efeito e nas ruas o governo era criticado abertamente. As antigas instituições, como a KGB, que incutiam medo na vida dos cidadãos, continuavam a ser respeitadas, mas seu prestígio diminuía rapidamente.

Gorender estava destinado a presenciar ao vivo os grandes momentos da história soviética: estava em Moscou quando Khrushchov fez seu discurso denunciando os crimes de Stalin e agora, em 1991, presenciaria um golpe de Estado. O fim da URSS parecia certo, Gorbachev havia se encontrado em com George Bush em dezembro de 1989, na prática colocando um fim na Guerra Fria. O líder russo havia também dado os primeiros passos rumo à democracia, reestabelecendo parte da independência das repúblicas soviéticas, que entre 1990 e 1991 tiveram suas primeiras eleições livres. Na Rússia, a maior e mais poderosa delas, Boris Yeltsin se tornou o primeiro presidente do país em julho.

A maioria dos cidadãos aguardava com ansiedade as transformações, acreditando que o nascente capitalismo era a solução de muitos dos seus problemas. Outros, porém, não se sentiam assim – a linha dura, os últimos resquícios dos tempos stalinistas, não se conformavam com as transformações e estavam dispostos a tentar, uma última vez. No dia 19 de agosto, membros conservadores do comitê central, aliados com setores do exército e da KGB iniciaram um golpe de Estado. Tanto Gorbachev quanto Yeltsin estavam fora de Moscou e a ideia era prendê-los enquanto os militares tomavam a cidade. Mas, por razões desconhecidas, Yeltsin conseguiu retornar a Moscou, se aquartelando na Casa Branca, sede oficial da presidência russa.

Cercado de tropas leais, convocou manifestações e uma greve geral. Os golpistas estavam contra a história, estavam em minoria e o sistema de repressão soviético era apenas uma sombra do que fora algumas décadas atrás. As imagens divulgadas pelas TVs ocidentais mostravam as gigantescas manifestações de uma população dispostas a morrer pela liberdade e democracia.

Gorender teve uma visão diferente dos acontecimentos, só ficou sabendo do golpe e das manifestações populares depois de uma ligação de um amigo do Brasil. A imprensa internacional havia sido avisada antes da população. Na Rússia, a primeira atitude dos golpistas foi interromper a transmissão de todos os canais de TV, que durante todo o processo passaram continuamente uma gravação do *Lago dos Cisnes*, o que era para os soviéticos um sinal claro de alguma agitação política, embora possa ter passado despercebido para Gorender. Mesmo depois de ser informado, não teve muito o que fazer, e sua percepção do movimento foi muito diferente da mostrada pelos canais estrangeiros. As greves e manifestações foram bastante limitadas, a vida continuou normalmente e, ao contrário do povo combativo alardeado pelas notícias, viu uma população cansada, ainda receosa da repressão e um sistema decadente que não tinha mais poder.

Era o último prego no caixão do regime comunista, o golpe foi repelido com facilidade, acelerando as transformações. Gorbachev renunciaria ao cargo de secretário-geral do partido comunista no dia 24 de agosto, transferindo posteriormente todos os ativos do partido para o Estado russo; e no dia 25 de dezembro renunciaria oficialmente, anunciando a criação da Federação Russa, a bandeira vermelha seria retirada do Kremlin, onde tremulava desde 1917, substituída pela tricolor russa. O golpe teve seis vítimas, três civis mortos nas manifestações, dois burocratas que se suicidaram para evitar a prisão e o marechal Sergey Akhromeyev.

A tragédia de Akhromeyev passou despercebida, ou até mesmo foi comemorada por uma população sedenta por mudanças. O militar, assessor de Gorbachev, mesmo não estando diretamente envolvido no golpe, se enforcou em seu escritório no Kremlin. Na carta de suicídio dizia que não queria viver para ver as instituições às quais havia dedicado sua vida desaparecerem. A história do marechal era similar à de muitos comunistas ao redor do mundo, inclusive Gorender.

Akhromeyev era veterano da Segunda Guerra Mundial. Militar condecorado, havia dedicado a vida toda à causa comunista. Fazia parte de um grupo que, mesmo com todos os problemas, continuava a acreditar na revolução, trabalhando incansavelmente todos os dias para melhorar o mundo e a URSS. Essas pessoas, como Gorender, viam tudo pelo que haviam lutado desaparecer em um piscar de olhos, toda a história das glórias comunistas, da Revolução de 1917, da Segunda Guerra, eram esquecidas enquanto o partido era retratado como uma organização burocrática, corrupta e sanguinária, apagando o esforço de milhões de homens e mulheres que deram tudo, até mesmo as suas vidas, pela revolução. Um mundo que Akhromeyev preferia não fazer parte, escolheu morrer junto com o partido ao qual dedicara toda a sua vida.

Gorender descreve a viagem:

> Eis que depois de mais de trinta anos, revia Moscou. Agosto de 1991. Viagem duramente cavada, sem convite de instituições so-

viéticas, em caráter particular, estrito. Se, em tais circunstâncias, encontrei dificuldades para contatar os meios acadêmicos, gozei de uma liberdade de movimentos de que os convidados oficiais não costumam dispor. Residi num subúrbio operário, andei por numerosos bairros e, uma vez que conheço a língua russa, pude travar contato com pessoas dos mais diversos meios sociais. Lia a imprensa diária e assistia a programas de televisão, conversava e discutia com russos e brasileiros residentes em Moscou... Depois de Moscou, passei por Varsóvia, Praga e Budapeste. Em julho, estivera em Havana... Acumulei assim elementos para extrair um balanço do antigo campo socialista. Balanço que sabia incompleto (precisaria ter visitado a China), imperfeito e transitório.

55. *HONORIS CAUSA*

Gorender retornaria ao Brasil, daria diversas entrevistas e escreveria vários livros discutindo a queda soviética, com o cuidado e coerência que marcaram toda a sua obra. Mas, ao contrário de seus trabalhos anteriores, essas obras não atrairiam a atenção do público ou da mídia. O socialismo real havia fracassado e não havia mais interesse em ouvir a opinião de um velho marxista sobre as causas e consequências do fim do comunismo.

Continuaria a escrever, discutindo as possibilidades do marxismo no século XXI, mas sem o mesmo brilhantismo e sempre sem encontrar uma resposta para a falência do socialismo real. Seria o socialismo errado ou será a humanidade que, simplesmente, não estava pronta para colocar os ideais comunistas em prática?

O fim do comunismo o afetaria mais que os gelados campos de batalha da Segunda Guerra Mundial ou as câmaras de tortura do regime militar. Passaria os anos que lhe restavam angustiado, tentando encontrar o sentido da própria história, de todo o esforço dedicado a um ideal que havia sumido do mundo sem deixar vestígio, a ponto de confidenciar aos amigos que às vezes sentia como se tivesse perseguido uma quimera toda a sua vida.

Assim os anos foram passando, e em 2004 arrumou as malas para passar alguns dias em Salvador. As viagens para terra natal se tornaram mais comuns depois que abandonara a ilegalidade, assim como o contato com os irmãos e agora com os sobrinhos e sobrinhas. Acostumou-se a passar as férias na casa da família, em Itaparica, onde da varanda passava longas horas contemplando o mar. Dessa vez, porém, a situação era especial, receberia o título de doutor *honoris causa* pela Universidade Federal da Bahia. Era o eterno retorno. Aos 81 anos, voltava para a universidade que abandonara seis décadas atrás para combater o fascismo que assolava a Europa. O diploma universitário na época parecia sem importância para um jovem que queria mudar o mundo com as próprias mãos.

Voltava um homem velho e realizado, o diploma era o reconhecimento final da comunidade acadêmica perante Gorender, que, mesmo sem educação formal e sem ter trilhado os intrincados caminhos da vida acadêmica, produzira uma obra de grande valor intelectual reconhecida por todos. A felicidade e bom-humor que apresentara ao receber o diploma pareceriam, para os mais distantes, uma mostra de orgulho e até mesmo soberba. Mas os mais próximos sabiam que não era um homem de grande vaidade e que aquele canudo tinha aplicações bastante práticas.

Mesmo sendo reconhecido e admirado por muitos na comunidade acadêmica, por razões burocráticas, não podia dar aulas no curso superior. Para todos os efeitos, em termos curriculares, possuía apenas o segundo grau completo. O diploma lhe abriria muitas portas, principalmente na Universidade de São Paulo, onde atuaria como professor visitante no Instituto de Estudos Avançados e na Escola de Comunicação e Artes.

56. IDEALINA, *IDISHE MAME*

Os anos continuariam passando, inclementes, cobrando sua conta tanto para Gorender quanto para Idealina. Em 2006, depois de um longo período de luta contra o mal de Parkinson, Idealina faleceria aos 84 anos. Já há algum tempo presa à cama e muito debilitada, chegava ao fim da sua jornada. Fora uma lutadora e comunista até o fim de seus dias. Assim como tantos outros, dedicara a vida à revolução. Ideologia que, transmitida pelo pai, a levara de Cruzeiro para o Rio de Janeiro, para URSS e para São Paulo, combatendo tanto o Estado Novo quanto a Ditadura Militar.

Gorender teria de passar os anos que lhe restavam sozinho, sem a companheira que sempre estivera ao seu lado, desde que se apaixonaram no gelado inverno soviético. A relação que durara mais de meio século bem que poderia ter ocorrido em outra era, quando a força militar da URSS era temida e a expansão do comunismo assustava conservadores do mundo inteiro. Uma relação inicialmente secreta, já que o dever revolucionário não devia ser perturbado por prazeres ou interesses pessoais, e que sobreviveu contra todas as possibilidades.

Já com mais de 80 anos, também sentia o peso do tempo, a audição já quase sumira e a memória, antes praticamente infalível, dava sinais de falha. Nos anos finais ensaia um retorno ao judaísmo, retomando o interesse na religião que seu pai renegara em nome de outro credo mais moderno, o comunismo.

Alguns dias após a morte de Idealina, Gorender diz à Ethel que quando morrer quer ser enterrado em um cemitério judeu. Durante todo o tempo em que estudou no Scholem Aleichem, inclusive aprendendo iídiche, Ethel não recorda manifestações do pai quanto à religião e suas datas de comemoração. Pelo contrário, Idê é quem era a real *"idishe mame"*.

Ethel entende e atende a solicitação do pai. Jacob disse em uma entrevista que "o fato de ser judeu exerce uma influência sobre meu modo de ver as coisas e a cultura", o que se reflete, de fato, na vida da sua família, todos cultos e solidários.

Gorender escreve em um de seus textos "o antissemitismo é uma ideologia de direita, o que não carece de demonstrações. Contudo há também um antissemitismo de esquerda... Se por um lado há o Holocausto, os comunistas em 1967 em Havana aprovaram uma resolução recomendando a extinção do Estado de Israel... Como se vê, quando se trata dos judeus, atua a propensão às soluções finais eliminacionistas. À direita, e às vezes, também à esquerda".

O risco de ser eliminado por ser judeu, acompanhou Gorender na Segunda Guerra Mundial e nos porões da ditadura.

Gorender faleceria no dia 11 de junho de 2013, com 90 anos. Estava já afastado da vida pública há alguns anos, praticamente esquecido entre a nova esquerda e os rivais neoliberais à direita. Mesmo assim, obituários foram publicados nos grandes jornais. O enterro foi realizado no Cemitério Israelita do Butantã. Uma cerimônia para a família e os poucos amigos ainda vivos. Não houve orações. Com o apoio e a aprovação do jovem rabino, todos os presentes cantaram a Internacional.

A música, composta em 1871, se tornou o hino oficial do comunismo internacional antes da Revolução Russa, acompanhando várias gerações de revolucionários. Nos tempos modernos a canção fora praticamente esquecida, relegada às aulas de história e à memória, cada vez mais desgastada, dos velhos revolucionários. Um gesto anacrônico, mas digno. Gorender vivera mais que o regime que queria implementar. Continuara, em essência, sempre a acreditar naqueles ideais. Nada mais justo que fosse enterrado como um comunista, um último gesto de respeito para com aqueles que dedicaram a vida a um ideal, hoje praticamente desaparecido.

A família Gorender, Rio de Janeiro (RJ), 1972.

Jacob e Idê, São Paulo (SP), 1973.

O casamento, 1975.

Os irmãos Gorender, José, Marcos, Simão e Jacob, em Salvador (BA), 1982.

Abaixo, Jacob, Redação da Editora Abril, São Paulo (SP), 1982.

Conferência sobre Marx na Biblioteca Municipal de São Paulo (SP), 1983.

Ethel, Jacob e Idê, São Paulo (SP), 1986.

Jacob em visita ao túmulo de Karl Marx, em Londres (Inglaterra), 1987.

Jacob, Idê, Ethel e amigos, em São Paulo (SP), 1989.

Acima, Jacob em São Paulo, 1989.
Abaixo, Jacob e Idê, em São Paulo (SP), 1989.

Jacob em Paris
(França), 1991.

Jacob em Budapeste
(Hungria), 1991.

Acima, Jacob com Oswaldo Peralva e Gerardo de Melo Mourão, em Praga (República Tcheca), 1991. À esquerda, Jacob em Cuba, 1991.

Acima, Jacob e o irmão José em Itaparica (BA), 1994.
Abaixo, Sociedade Israelita em Salvador (BA), 1994.

Acima, Biblioteca Nacional em Paris (França), 1998.
Abaixo, Recebimento do Troféu Juca Pato de
Intelectual do Ano, pelas mãos de José Mindlin, em
São Paulo (SP), 1999.

REFERÊNCIAS

ANDRADE, Caio. "A reorganização do Partido na 'Conferência da Mantiqueira'". *Fundação Dinarco Reis*. 27 ago. 2012. Disponível em: https://fdinarcoreis.org.br/fdr/2012/08/28/a-reorganizacao-do-partido-na-conferencia-da-mantiqueira-por-dinarco-reis/. Acesso: 25 jun. 2023.

ANTUNES, F. P. *História e memória social: depoimentos de presos políticos – Presídio Tiradentes (1969-1973)*. TCC. Universidade Federal de Uberlândia, 2008.

ARIAS, S. *A revista Estudos Sociais e a experiência de um marxismo criador*. Dissertação (Mestrado). Universidade Estadual de Campinas, 2003.

ASSOCIAÇÃO Brasileira de Imprensa. "Entrevista Apolônio de Carvalho". 17 jun. 2005. Disponível em: http://www.abi.org.br/entrevista-apolonio-de-carvalho/. Acesso: 25 jun. 2023.

BELÉM, Euler de F. "Apolonio de Carvalho, o brasileiro que lutou na Guerra Civil Espanhola e na Resistência Francesa". *Jornal Opção*. 29 jan. 2016. Disponível em: https://www.jornalopcao.com.br/colunas-e-blogs/imprensa/apolonio-de-carvalho-o-brasileiro-que-lutou-na-guerra-civil-espanhola-e-na-resistencia-francesa%C2%B9-56811/. Acesso: 25 jun. 2023.

BELLESA, Mauro. "Jacob Gorender, militante político e historiador, morre aos 90 anos". Instituto de Estudos Avançados da USP. 12 jun. 2013. Disponível em: http://www.iea.usp.br/noticias/jacob-gorender-historiador. Acesso: 25 jun. 2023.

BLAJBERG, I. *Soldados que vieram de longe*. Resende: AHIMTB, 2008.

BLAJBERG, I. "Um duplo perigo: soldados judeus na Força Expedicionária Brasileira". *Arquivo Maaravi*: Revista Digital de Estudos Judaicos da UFMG, 11(21), 2017, p.70-84.

BLOG Boitempo. "Jacob Gorender: trajetória crítica (entrevista ME#9)". 11 jun. 2013. Disponível em: https://blogdaboitempo.com.br/2013/06/11/trajetoria-critica-de-jacob-gorender-entrevista-publicada-na-margem-esquerda-9/. Acesso: 25 jun. 2023.

BUONICORE, Augusto. "Diógenes Arruda: O guerreiro sem repouso (1)". *Portal Vermelho*. 17 nov. 2009. Disponível em: http://www.vermelho.org.br/coluna.php?id_coluna_texto=2674&id_coluna=10. Acesso: 25 jun. 2023.

BUONICORE, Augusto. "Diógenes Arruda: O guerreiro sem repouso (2)". *Portal Vermelho*. 24 nov. 2009. Disponível em: http://www.vermelho.org.br/coluna.php?id_coluna_texto=2692&id_coluna=10. Acesso: 25 jun. 2023.

BRASIL: Nunca Mais! Digital. "Sumário do BNM 011. Ação Penal 34/70. Apelação STM n. 38.673". Disponível em: http://bnmdigital.mpf.mp.br/sumarios/100/011.html. Acesso: 25 jun. 2023.

CARTA Capital. "A Revolução de Jacob Gorender". 03 jul. 2013. Disponível em: https://www.cartacapital.com.br/cultura/a-revolucao-de-jacob-gorender-6327/. Acesso: 25 jun. 2023.

CARVALHO, Apolônio de. *Vale a pena sonhar*. São Paulo: Rocco, 1998.

COITINHO, A. do Carmo. "O Superior Tribunal Militar durante a ditadura brasileira: a atuação do Ministro General de Exército Rodrigo Otávio Jordão Ramos (1973-1979)". *XIV Encontro Regional da ANPUH-Rio Memória e Patrimônio*. Rio de Janeiro, 19 a 23 de julho, 2010.

CORTE, A. T. da. "Fazendo América em Niterói: Prestamistas e comerciantes judeus na capital fluminense". *Revista Maracanan*, 6(6), 2010, p. 183-206.

SÃO PAULO. "Presídio Tiradentes". Memorial da Resistência de São Paulo, 2014.

SÃO PAULO. "Auditoria da Justiça Militar". Memorial da Resistência de São Paulo, 2015.

DIAS, A. A. *A malandragem da mandinga: o cotidiano dos capoeiras em Salvador na República Velha (1910-1925)*. Dissertação de mestrado. Universidade Federal da Bahia. Salvador, 2004.

EARP, F. S. & FRIDMAN, F. "Crédito e cartões, os ambulantes judeus no Rio de Janeiro". *História Econômica & História de Empresas*, v. 6, n. 2, 19 jul. 2012.

FALCÓN, G. A. de O. *Um caminho brasileiro para o socialismo: a trajetória política de Mário Alves (1923–1970)*. Tese de pós-graduação em História. Universidade Federal da Bahia, 2007. Salvador, 2012.

FERREIRA, D. D. J. (2012). Tempos de lutas e esperanças: a materialização da revista *Seiva* (1938-1943).

FERREIRA, L. M. R. *Educação e Assistência Social: as estratégias de inserção da Ação Integralista Brasileira nas camadas populares da Bahia em O Imparcial (1933-1937)*. Dissertação de Mestrado em História. Faculdade de Filosofia e Ciências Humanas, UFBA, Salvador, 2006.

FILGUEIRAS, O. J. M. "Mário Alves, o guerreiro da grande batalha". *Revista Espaço Acadêmico*, 9(106), 2010, p.102-125.

FREIRE, Alipio; CARVALHO, Carlos Eduardo; NOGUEIRA, Rose. "Idealina Fernandes Gorender". Revista *Teoria e Debate*. 01 set. 1993. Disponível em: http://www.teoriaedebate.org.br/materias/nacional/idealina-fernandes-gorender?page=full. Acesso: 25 jun. 2023.

GOLLO, Luis A. "Apolônio de Carvalho, a vida do revolucionário daria um filme". *Agência Brasil*. 23 jun. 2009. Disponível em: http://memoria.ebc.com.br/agenciabrasil/noticia/2009-06-23/apolonio-de-carvalho-vida-do-revolucionario-daria-um-filme. Acesso: 25 jun. 2023.

GONDIM, Z. C. A. *O Brasil e a Segunda Guerra Mundial: a atuação da FEB*. Monografia. Universidade Federal do Rio Grande do Norte, Natal, 2003.

GORENDER, J. "Graciliano Ramos: lembranças tangenciais". *Estudos avançados*, 9(23), 1995, p. 323-331.

GORENDER, Jacob. *O escravismo Colonial*. São Paulo: Editora Ática, 1978.

GORENDER, Jacob. *A burguesia brasileira*. São Paulo: Editora Brasiliense, 1986.

GORENDER, Jacob. *O fim da URSS: origens e fracassos da perestroika*. São Paulo: Editoria Atual, 1992.

GORENDER, Jacob. *Marcino e Liberatore*. São Paulo: Editora Ática, 1992.

GORENDER, Jacob. *Combate nas trevas*. São Paulo: Editora Ática, 1998.

GORENDER, Jacob. *Marxismo sem utopia*. São Paulo: Editora Ática, 2000.

GORENDER, Jacob. *A escravidão reabilitada*. São Paulo: Expressão Popular/ Fundação Pérsio Abramo, 2016.

IEA – Instituto de Estudos Avançados da USP. "Liberalismo e escravidão". 21 mar. 2005. Disponível em: http://www.scielo.br/scielo.php?script=sci_arttext&pid=S0103-40142002000300015. Acesso: 25 jun. 2023.

LIMA, D. K. *"O Banquete Espiritual da Instrução": o Ginásio da Bahia, Salvador: 1895-1942*. Dissertação de mestrado em História. Universidade Federal da Bahia, Salvador, 2003.

LORÁND, Csibi. "November 4, 1956: Hungarian revolution meets a brutal end as soviet tanks roll into Budapest". *Bocskai Rádió*. 06 nov. 2015. Disponível em: https://www.bocskairadio.org/en/november-4-1956-hungarian-revolution-meets-a-brutal-end-as-soviet-tanks-roll-into-budapest/. Acesso: 25 jun. 2023.

MAESTRI, M. "O escravismo colonial: a revolução copernicana de Jacob Gorender". *Revista Espaço Acadêmico*, 35, 2004.

MAGALHÃES, Mário. "Há 70 anos, anistia libertava presos políticos da ditadura do Estado Novo". Blog. Disponível em: https://blogdomariomagalhaes.blogosfera.uol.com.br/2015/04/17/ha-70-anos-anistia-libertava-presos-politicos-da-ditadura-do-estado-novo/ Acesso: 25 jun. 2023.

MAGALHÃES, M. *Marighella: o guerrilheiro que incendiou o mundo*. São Paulo: Editora Companhia das Letras, 2012.

MARTINS, Bosco. "Exclusiva: Apolônio de Carvalho - Parte I". *Overmundo*. 06 abr. 2006. Disponível em: http://www.overmundo.com.br/overblog/exclusiva-apolonio-de-carvalho-parte-i. Acesso: 25 jun. 2023.

MARTINS, Bosco. "Exclusiva: Apolônio de Carvalho - Parte II". *Overmundo*. 06 abr. 2006. Disponível em: http://www.overmundo.com.br/overblog/exclusiva-apolonio-de-carvalho-parte-ii. Acesso: 25 jun. 2023.

MARXISTS Internet Archive. Imprensa Proletária. Disponível em: https://www.marxists.org/portugues/tematica/imprensa.htm. Acesso: 25 jun. 2023.

MARXISTS Internet Archive. "Jacob Gorender". Disponível em: https://www.marxists.org/portugues/gorender/index.htm. Acesso: 25 jun. 2023.

MARXISTS Internet Archive. "Entrevista ao Projeto Marcas da Memória – Jacob Gorender" (transcrição). 28 jan. 2012. Disponível em: https://www.marxists.org/portugues/gorender/2012/01/28.htm. Acesso: 25 jun. 2023.

MARXISTS Internet Archive. "Preparação, Formação e Educação dos Quadros do Partido. [Intervenção no IV Congresso do Partido Comunista do Brasil – PCB]". Disponível em: https://www.marxists.org/portugues/tematica/rev_prob/64/prep.htm. Acesso: 25 jun. 2023.

MERON, L. B. *Memórias do front: Relatos de guerra de veteranos da FEB*. Dissertação, Universidade Federal da Bahia, 2009.

MORASHÁ. "A comunidade judaica da Bahia". Mar. 2002. Disponível em: http://www.morasha.com.br/brasil/a-comunidade-judaica-da-bahia.html. Acesso: 25 jun. 2023.

NASSIF, Luis. "O jornalista João Falcão". Jornal *GGN*. 31 nov. 2011. Disponível em: https://jornalggn.com.br/blog/luisnassif/o-jornalista-joao-falcao. Acesso: 25 jun. 2023.

NETO, R. C. B. "Transpondo muros e regras: os aprendizes marinheiros da Bahia nas ruas de Salvador (1910-1942)". *Revista Brasileira de História & Ciências Sociais*, 1(2), 2009.

OLIVEIRA, D. D. & Rosty, C. "A Força Expedicionária Brasileira e a Segunda Guerra Mundial–Estudos e Pesquisas". DECEx–DPHCEx–CEPHiMEx, Rio de, 1-112, 2012.

PERALVA, O. *O retrato* (Vol. 61). São Paulo: Editora Globo, 1962.

PIMENTEL, C. H. L. "A esquerda militar no Brasil: os veteranos comunistas da FEB (1945-1950)". *Revista Veredas da História*, 3(2), 2016.

PINHO, A. M. *Uma história da literatura de jornal: O Imparcial da Bahia*. Tese de pós-graduação. Pontifícia Universidade Católica do Rio Grande do Sul, Porto Alegre, 2008.

QUADROS, C. F. "Experiências de formação política e intelectual de um comunista: família, etnia, leituras e militância estudantil de Jacob Gorender, um jovem membro do PCB em Salvador (1923-1943)". *Revista Mundos do Trabalho*, 8(15), 2016, p. 109-126.

QUADROS, C. F. D. *Jacob Gorender, um militante comunista: estudo de uma trajetória política e intelectual no marxismo brasileiro (1923-1970)*. Tese de doutorado. Universidade de São Paulo, 2015.

RABELO, Renato. "Centenário de Diógenes Arruda Câmara". *Blog do Renato*, 19 dez. 2014. Disponível em: https://renatorabelo.blog.br/2014/12/19/centenario-de-diogenes-arruda-camara/. Acesso: 25 jun. 2023.

REGINA, Claudia. "O combate de Jacob Gorender". Instituto de Estudos Avançados da USP. 13 jun. 2013. Disponível em: http://www.iea.usp.br/pessoas/pasta-pessoaj/jacob-gorender. Acesso: 25 jun. 2023.

RIBEIRO, Patrícia S. *Em luto e luta: construindo a memória da FEB*. Tese de doutorado, FGV-Rio de Janeiro, 2013.

RISÉRIO, A. *Adorável Comunista: História, política, charme e confidências de Fernando Sant'Anna*. Rio de Janeiro: Versal Editores LTDA, 2016.

SECCO, L. "A pré-história de Gramsci no Brasil (1927-1974)". *Revista Novos Rumos*, (32), 2012.

SILVA, J. S. L. da. "'Tudo cheirava a África': os clubes Africanos e os 'maltrapilhos' no Carnaval de Salvador no fim do século XIX ao início do XX". In: *Anais eletrônicos* do V Congresso Sergipano de História e V Encontro Estadual de História da ANPUH/SE. 24 a 27 de outubro de 2016.

SILVA, R. O. "O PCB e a composição social dos Comitês Populares Democráticos em Salvador (1945-1947)". *Revista de História* (UFBA), 5(1-2), 2013.

SILVEIRA, É. D. S. & MORETTI, C. Z. "Memórias de uma educação clandestina: comunistas brasileiros e escolas políticas na União Soviética na década de 1950". *Educar em Revista*, 193-208, 2017.

SOUZA, V. N. D. *O Partido Comunista (1922-1962): lugar de memória, espaço de disputa*. Dissertação. Universidade Federal do Rio Grande do Norte, Natal, 2007.

TAVARES, R. R. "'Caçador' e 'Bundão': Dutra e os desenhos da imprensa comunista (1945-1951)". *Domínios da Imagem*, 11(20), 311-333.

TÔRRES, R. M. "Relatos de viagem de brasileiros à URSS na Guerra Fria: Por uma tipologia possível (1950–1963)". *Anais do XXIX Simpósio Nacional de História*, 2017.

UOL. "Biografia de Apolônio de Carvalho". Disponível em: https://educacao.uol.com.br/biografias/apolonio-de-carvalho.htm. Acesso: 25 jun. 2023.

VENCESLAU, Paulo de Tarso. "Dossiê União Soviética: Testemunha da História". Revista *Teoria e Debate*. 01 out. 1991. Disponível em: http://www.teoriaedebate.org.br/materias/internacional/dossie-uniao-sovietica-testemunha-da-historia. Acesso: 25 jun. 2023.

VIANNA, M. D. A. G.; DE CARVALHO, R. L. & CASTRO, R. P. (Eds.). *Renée France de Carvalho: uma vida de lutas*. Editora Fundação Perseu Abramo, 2012.

Disponível em: https://www.marxists.org/portugues/tematica/revistas/principios/pdf/056.pdf

Disponível em: https://teoriaedebate.org.br/1990/07/01/jacob-gorender/

Disponível em: https://www.academia.edu/10458584/LOS_MILITANTES_COMUNISTAS_Y_LA_GUERRA_ANTIFASCISTA_EN_BAHIA
Disponível em: https://www.youtube.com/watch?v=iyUpIy8P4b4
Disponível em: http://bndigital.bn.br/acervo-digital/fundamentos/102725

ENTREVISTADOS (2019)

Adilson Citeli, Aitan Sipahi, Alipio Freire, Sérgio Sister, Tulio Vigevani e Valdizar Pinto do Carmo. Foram levantados dados também através de contatos por telefone e eletrônicos.

Jacob Gorender tem uma importante produção acadêmica em artigos, que pode ser acessada através das diferentes bases de dados. Sua filha, Ethel Gorender, conseguiu preservar alguns dos seus escritos, inclusive os originais de um livro que não chegou a ser publicado. Guardou também parte da correspondência recebida pelo seu pai, principalmente nos últimos anos. Deste conjunto talvez as mais interessantes sejam as cartas recebidas de "O Marujo" Otacílio, desde a África e a Suécia. Infelizmente, é pouco provável que as cartas de Jacob sejam possíveis de localizar.

SOBRE O AUTOR

Diego Monteiro Gutierrez é paulistano toda vida, formado em Jornalismo pela Universidade de São Paulo (USP), teve uma trajetória eclética e multidisciplinar, trabalhando com divulgação científica na Secretaria da Saúde de São Paulo, contribuições esporádicas para a *Folha de S.Paulo* e jornalismo esportivo no grupo Bandeirantes. Possui mestrado em Mudança Social e Participação Política pela Universidade de São Paulo (USP) e doutorado sobre a história do basquetebol pela Universidade de Campinas (Unicamp). Autor do livro *A História do Rugby no Brasil: (1891-2009)*, Edições Ludens, 2020.